Fédération Internationale des Instituts d'Études Médiévales
TEXTES ET ÉTUDES DU MOYEN ÂGE, 19

METAPHYSICS IN THE TWELFTH CENTURY

BREPOLS
2004

Fédération Internationale des Instituts d'Études Médiévales
TEXTES ET ÉTUDES DU MOYEN ÂGE, 19

Metaphysics in the Twelfth Century On the Relationship among Philosophy, Science and Theology

Edited by
Matthias LUTZ-BACHMANN
Alexander FIDORA
Andreas NIEDERBERGER

BREPOLS
2004

D/2004/0095/19

ISBN 2-503-52202-5

Printed in the E.U. on acid-free paper

TABLE OF CONTENTS

PREFACE

Metaphysics as a discipline is inseparably bound to the name and work of Aristotle, but even if its questions do not appear under the name of «metaphysics», they were already known before the reception of Aristotle's epistemology in the 13th Century. Thus we can observe a strong interest in genuine metaphysical questions especially in the 12th Century, mainly in the areas of natural philosophy and Divine Science, which lead M.-D. Chenu to speak of an «éveil métaphysique» in this period. The considerations of the authors of the 12th Century to this constellation of themes, which were above all nourished from the commentaries on Boethius and Neo-Platonic influences, anticipated not only essential elements of the metaphysical discussions of the 13th Century, but also provided through their attempts at mediation between the theory of principles, the philosophical doctrine of God and ontological inquiries, an original contribution to the history of metaphysics.

Many authors of the 12th Century move within this horizon of metaphysical questions even if their knowledge of the earlier and later classical world was rather varied. This volume begins with an explanation of one of the most important sources of metaphysical thinking in the late Antiquity, namely with the work of Boethius. Matthias Lutz-Bachmann (Frankfurt am Main) considers the systematic tradition of Aristotle's works in Boethius. He also reflects upon the preconditions for the «éveil métaphysique» during the 12th Century through considering the epistemological question to what extent one can look at Boethius as working within the scientific discipline of metaphysics. He concludes by considering the relation between metaphysics and theology in Boethius. Andreas Speer (Würzburg) sketches a general consideration of the core thematic of this volume, namely, the key concept of metaphysics in the philosophy of the 12th Century. This demonstrates the particular character of the varied authors of the 12th Century whose systematic importance ought not to be measured by the understanding of metaphysics in the 13th Century. It is only in later centuries that the philosophical force of this period would be demonstrated. In the following individual studies the emphasis shifts first to the Iberian Peninsula, more particularly to the area around Toledo, where one is able to observe a rich variety of translations of texts and even a consciousness of metaphysical questions manifested in a particular vocabulary. Charles Burnett (London) analyses texts of Hermann of Carinthia, Adelard of Bath and Dominicus Gundissalinus and considers in how far they received Aristotle's concepts and metaphysical themes through Arabic sources. With the aid of these three authors, he reflects upon how these ideas were transmitted to the texts of the 12th Century and what conclusion one can make concerning the mutual dependence of these authors. Alexander Fidora (Frankfurt am Main) deepens this engagement with Dominicus Gundissalinus through considering his conception of a metaphysics distinct from theology. He thus demonstrates Gundissalinus to be the earliest (at least so far discovered) author of a distinct conception of metaphysics not dependent on theology. Thomas Ricklin (Neuchâtel) looks at how Daniel of Morley's development of natural philosophy made a significant contribution to the spreading of metaphysical knowledge. Since, most especially in the natural philosophy debates of the 12th Century (as one can also see in a less radical form before Daniel in Adelard of Bath and William of Conches, for example), one can observe the originality of the discussion of the principle-theoretical and ontological explanations of the world and the cosmos.

The contributions of the debates around Toledo are supplemented through considerations of the parallel developments in Jewish and Arabic philosophy in *al-Andalus*. Yossef Schwartz (Tel Aviv) considers the relation between metaphysics and theology in the Jewish tradition of Halevi, Ibn Daud and Maimonides. He investigates the self-description and the practice of writing in the above mentioned authors. Using six criteria he reconstructs the relatively complex constellations of philosophy and theology in Jewish thinking during the 12th Century. Josep Udina (Barcelona) considers the achievement of

Maimonides in the context of the later history of metaphysics, most especially with reference to the philosophy of Hegel. He considers the particular metaphysical merit of Maimonides with reference to the Aristotelian thesis of the eternal nature of the world. With the aid of *Kitab fasl al-maqal*, of the medical doctor from Córdoba and philosopher Averroes Jack C. Marler (St. Louis/USA) considers to what extent the Arabic discussion of metaphysical questions in the 12th *Century* is bound to a particular understanding of politics. He defends the thesis that Averroes's writings derive their significance in the context of Platonic political philosophy.

Another point of emphasis in the discussions is that of the relation between metaphysics and theology in the high schools and in the cloisters in the land of the Franks during the second half of the 12th Century. Gillian R. Evans (Cambridge) considers the discussions concerning the scientific status of theology during the 12th Century by looking at the differences and parallels in the use of the expressions *theologia*, *studium sacrae scripturae* and the *sacra pagina*. The establishment of theology as a scientific discipline is based on the formal and institutional necessity of the consideration of the concepts of *ars* and *scientia*. Nevertheless, the substantive definitions are situated in the force field between the poles of the reception of Boethius and the ongoing reception of Aristotle. A central role within this discussion is played by the Cistercian Alan of Lille who both at the formal and material level made an important contribution to the differentiation of metaphysics from theology. Andreas Niederberger (Frankfurt am Main) with the aid of Alain of Lille's early work *Summa 'Quoniam homines'* investigates the varied developments between the doctrines of the principles of natural philosophy in relation to the negative theology of Pseudo-Dionysius the Areopagite. Following on from this investigation, Françoise Hudry (Paris) considers the differentiation between metaphysics and theology in Alain of Lille's *Regulae theologiae* and reflects upon the fresh importance, which the text plays in theological formation. Both at the level of contents and at the systematic level Françoise Hudry emphasises the importance of the *Liber de causis* and its metaphysical vocabulary for the conception of the rules.

The contributions which are here collected together were presented at a conference entitled «The relation between metaphysics and theology in the philosophical discussion of the 12th Century» which took place in Frankfurt am Main, Germany, in June 2001. The institutional context in which the conference was prepared was that of the research programme «The revolution in the scientific culture in the 12th and 13th Centuries» which is lead by Matthias Lutz-Bachmann. This programme is itself part of a group of eleven programmes which began in 1999 coordinated in the DFG-Forschungskolleg «Wissenskultur und gesellschaftlicher Wandel» at the Johann Wolfgang Goethe-University in Frankfurt am Main. The programme is concerned with researching into the epistemological foundation of the revolution in knowledge at the schools and universities during the 12th and 13th Centuries. In the course of this revolution, the structure of the Arts and the various disciplines of knowledge, as transmitted from the late Antiquity and the early Middle Ages, underwent deep changes. During this process of transformation the bases for scientific research and social-institutional consolidation were laid for the later rationalisation and illumination whose «dialectics» has been influential beyond the borders of Europe. In this sense, the work in this volume offers not only an exploration of the European history of knowledge but rather makes a real contribution to the philosophical discussion of the question concerning the epistemological foundation of human knowledge and scientific research which up until the present day is not a closed matter.

For their support in the preparation of the final manuscript we want to thank Pia Antolic and Ursula Johannsen.

Matthias Lutz-Bachmann
Alexander Fidora
Andreas Niederberger

VORWORT

Die Metaphysik als Disziplin ist untrennbar verbunden mit Namen und Werk des Aristoteles, doch sind die von ihr verfolgten Fragestellungen, wenn auch zunächst nicht unter dieser Bezeichnung, bereits den Autoren vor der Aristoteles-Rezeption des 13. Jahrhunderts bekannt. So lässt sich insbesondere im 12. Jahrhundert ein starkes Interesse an genuin metaphysischen Fragen, die unter den Titeln der Naturphilosophie oder der göttlichen Wissenschaft behandelt werden, ausmachen, was M.-D. Chenu dazu geführt hat, von einem «éveil métaphysique» in diesem Jahrhundert zu sprechen. Die Reflexionen der Autoren des 12. Jahrhunderts zu diesem Themenkomplex, die sich vor allem aus der Kommentierung des Boethius und den Einflüssen des Neuplatonismus speisen, antizipieren nicht nur wesentliche Elemente der metaphysischen Diskussionen des 13. Jahrhunderts, sondern liefern mit ihrem Vermittlungsversuch von Prinzipientheorie, philosophischer Gotteslehre und Ontologie zugleich einen eigenständigen Beitrag zur Geschichte der Metaphysik.

In diesem Horizont metaphysischer Fragestellungen bewegen sich zahlreiche Autoren des 12. Jahrhunderts, selbst wenn ihre jeweiligen Kenntnisse der antiken und spätantiken Vorgänger sehr unterschiedlich sind: Zur Erläuterung der für die lateinischen Autoren des Mittelalters bedeutendsten Quelle des metaphysischen Denkens der Spätantike beginnt der vorliegende Band mit Ausführungen zur Grundlegung der Metaphysik bei Boethius. Matthias Lutz-Bachmann (Frankfurt am Main) geht dabei der systematischen Überlieferung des Aristoteles in den Schriften des Aniciers und damit der zentralen Voraussetzung für den «éveil métaphysique» des 12. Jahrhunderts nach und diskutiert die epistemologischen Fragen, inwieweit im Blick auf Boethius überhaupt von einer wissenschaftlichen Disziplin der Metaphysik gesprochen werden kann, und in welcher Beziehung die Metaphysik bei Boethius zur Theologie steht. Der für die Erwägungen des Bandes insgesamt leitende Begriff der Metaphysik in der Philosophie des 12. Jahrhunderts wird sodann von Andreas Speer (Würzburg) in seinen allgemeinen Zügen skizziert und auf den Prüfstand gestellt. Hierbei zeigt sich der eigene Charakter der Leistungen verschiedener Autoren des 12. Jahrhunderts, deren systematische Bedeutung nicht am Metaphysik-Verständnis des 13. Jahrhunderts gemessen werden sollte und deren philosophiehistorische Wirkmächtigkeit erst die späteren Jahrhunderte erweisen. Bei den folgenden Einzeluntersuchungen liegt ein erster Schwerpunkt auf den Entwicklungen im Bereich der Iberischen Halbinsel und besonders im Toledaner Milieu, wo sich, angestoßen durch den kulturellen Austausch sowie vielfältige sprachliche Übersetzungen, schon früh ein metaphysisches Vokabular und Problembewusstsein beobachten lässt. Charles Burnett (London) analysiert Texte von Hermann von Carinthia, Adelard von Bath und Dominicus Gundissalinus hinsichtlich der Frage, inwiefern sich hier vermittelt über arabische Quellen eine Kenntnis aristotelischer Begriffe und Themen der Metaphysik abzeichnet. Anhand der drei Autoren führt er dabei vor, wie diese neuen Einsichten in den Texten des 12. Jahrhunderts tradiert werden und welche Schlüsse daraus wiederum für die Abhängigkeit der betrachteten Autoren voneinander gezogen werden können. Alexander Fidora (Frankfurt am Main) vertieft die Auseinandersetzung mit Dominicus Gundissalinus, indem er dessen Konzeption einer von der Theologie bereits klar geschiedenen Metaphysik thematisiert. So zeigt sich, dass Gundissalinus als erster uns bisher bekannter Autor den Begriff der Metaphysik explizit und distinkt gebraucht. Mit Daniel von Morley widmet sich Thomas Ricklin (Neuchâtel) einer Gestalt, die auf dem Hintergrund der Fortentwicklung der Naturphilosophie einen besonderen Beitrag zur Verbreitung des metaphysischen Wissens leistet. Denn gerade im naturphilosophischen Denken des 12. Jahrhunderts (wie es sich in weniger radikaler Form vor Daniel insbesondere bei Adelard von Bath sowie bei Wilhelm von Conches findet) wird die mögliche Eigenständigkeit prinzipientheoretischer und ontologischer Erklärungen der Welt und des Kosmos insgesamt erörtert.

Diese Beiträge zur Toledaner Debatte werden ergänzt durch Einblicke in die sich parallel vollziehenden Entwicklungen in der jüdischen und arabischen Philosophie in al-Andalus. Dem Verhältnis von Metaphysik und Theologie in der jüdischen Tradition bei Halevi, Ibn Daud und Maimonides geht Yossef Schwartz (Jerusalem) nach, indem er die Selbstbeschreibung und die Praxis des Schreibens der drei Autoren sowie ihre Rezeption untersucht. Anhand von sechs Kriterien rekonstruiert er dabei die z.T. komplexen Konstellationen, die sich in der Zuordnung zu Philosophie und Theologie für das jüdische Denken im 12. Jahrhundert ergeben. Josep Udina (Barcelona) betrachtet die Leistung des Maimonides vor dem Hintergrund der späteren Metaphysikgeschichte, d.h. insbesondere hinsichtlich seiner Würdigung in der Philosophie Hegels. Als besonderes metaphysisches Verdienst stellt er in diesem Zusammenhang Maimonides' Diskussion der aristotelischen These von der Ewigkeit der Welt dar. Anhand des Werkes *Kitab fasl al-maqal* des Cordobesischen Arztes und Philosophen Averroes beschäftigt sich Jack C. Marler (St. Louis/USA) mit dem Problem, inwiefern die arabische Auseinandersetzung des 12. Jahrhunderts mit metaphysischen Fragen in Verbindung mit einer bestimmten Konzeption der Politik steht. Er vertritt hierbei die These, dass die averroistische Schrift im Kontext der platonischen politischen Philosophie sowie ihrer spätantiken Deutungen zu erschließen ist.

Einen weiteren Schwerpunkt bilden die Diskussionen zum Verhältnis von Metaphysik und Theologie in den hohen Schulen und in den Klöstern in der Francia der zweiten Hälfte des 12. Jahrhunderts. Gillian R. Evans (Cambridge) nimmt die Auseinandersetzungen über den wissenschaftlichen Status der Theologie in dieser Zeit in den Blick, wozu sie sich zunächst mit den Differenzen und Parallelen im Gebrauch etwa der Ausdrücke *theologia*, *studium sacrae scripturae* und *sacra pagina* befasst. Die Etablierung der Theologie als Wissenschaft sieht sie formal und institutionell in der Notwendigkeit der Klärung der Begriffe *ars* und *scientia* begründet, wogegen die inhaltlichen Bestimmungen in der Spannung zwischen der Rezeption des Boethius einerseits sowie der allmählich einsetzenden Aufnahme des Aristoteles andererseits liegen. Eine zentrale Rolle innerhalb dieser Diskussionen nimmt das Werk des späteren Zisterziensers Alain von Lille ein, der sowohl inhaltlich als auch formal wichtige Beiträge zur Ausdifferenzierung der Metaphysik aus der Theologie leistet. Andreas Niederberger (Frankfurt am Main) untersucht anhand des alainschen Frühwerkes *Summa ‚Quoniam homines'* die dort entwickelten Unterscheidungen zwischen einer naturphilosophischen Prinzipienlehre sowie der im Anschluss an Pseudo-Dionysios negativ gedachten Theologie. Im Anschluss daran geht Françoise Hudry (Paris) den Differenzierungen zwischen Metaphysik und Theologie in seinen *Regulae theologiae* nach und erörtert die Neubestimmung der theologischen Ausbildung, die der Text vornimmt. Inhaltlich und systematisch unterstreicht sie die Bedeutung des *Liber de causis* und seines metaphysischen Vokabulars für die Redaktion der Regeln.

Die in diesem Band versammelten Beiträge sind aus einer Konferenz hervorgegangen, die unter dem Titel «Das Verhältnis von Metaphysik und Theologie in den philosophischen Diskussionen des 12. Jahrhunderts» im Juni 2001 in Frankfurt am Main stattgefunden hat. Der institutionelle Zusammenhang, in dem die Konferenz veranstaltet wurde, ist das von Matthias Lutz-Bachmann geleitete Teilprojekt «Die Umbrüche in der Wissenskultur des 12. und 13. Jahrhunderts», das gemeinsam mit elf weiteren Teilprojekten zum 1999 gegründeten DFG-Forschungskolleg «Wissenskultur und gesellschaftlicher Wandel» an der Johann Wolfgang Goethe-Universität Frankfurt am Main gehört. In ihm geht es um die Erforschung der epistemologischen Grundlagen der Wissensrevolution an den Schulen und Universitäten des 12. und 13. Jahrhunderts, in deren Verlauf die von der Spätantike an das frühe Mittelalter tradierte Ordnung der Künste und Disziplinen des Wissens einem tiefgreifenden Wandel unterzogen wird. In diesem Transformationsprozess werden die wissenschaftlichen und gesellschaftlich-institutionellen Grundlagen für den okzidentalen Prozess der Rationalisierung und der Aufklärung gelegt, deren «Dialektik» nicht nur die Geschichte Europas bis zum heutigen Tag bestimmt. Insofern tragen auch die Aufsätze dieses Bandes im Kontext des Frankfurter Forschungskollegs nicht nur zur Erforschung der europäischen Wissenschaftsgeschichte bei, sondern auch zur philosophischen Diskussion der Frage nach den epistemologischen Grundlagen des menschlichen Wissens und der Wissenschaften, die bis heute nicht abgeschlossen ist.

Wir danken Pia Antolic und Ursula Johannsen für ihre Unterstützung bei der Fertigstellung des Manuskripts dieses Bandes.

Matthias Lutz-Bachmann
Alexander Fidora
Andreas Niederberger

MATTHIAS LUTZ-BACHMANN

(Johann Wolfgang Goethe-Universität, Frankfurt)

METAPHYSIK UND THEOLOGIE. EPISTEMOLOGISCHE PROBLEME IN DEN *OPUSCULA SACRA* DES A. M. S. BOETHIUS

1. Explikation der Fragestellung

Mit seinen Kommentaren und Übersetzungen zentraler Texte der griechischen Philosophie, vor allem aber auch mit seinen eigenen systematischen Schriften, hat Anicius Manlius Severinus Boethius (ca. 480-524) die Debatten der Philosophie und der Theologie des Mittelalters nachhaltig geprägt. In meinem Beitrag geht es jedoch nicht um eine umfassende Würdigung von Boethius als «Lehrmeister des Mittelalters»[1], sondern um die speziellere Frage, wie sich in den *Opuscula Sacra*[2] Metaphysik und Theologie zueinander verhalten. Dabei bleibt allerdings für die Diskussion dieser Frage in diesem Band der Umstand von ausschlaggebender Bedeutung, dass Boethius mit seinem Beitrag zur Diskussion der Metaphysik auf die philosophischen Debatten insbesondere des 12., aber auch des 13. Jahrhunderts großen Einfluss genommen hat[3]. Die so auf Boethius zugeschnittene

---

[1] F. SASSEN, «Boethius – Lehrmeister des Mittelalters», in M. FUHRMANN u. J. GRUBER (ed.), *Boethius*, Darmstadt, 1984, p. 82-124.

[2] BOETHIUS, *Opuscula Sacra*, ed. H. F. STEWART u. E. K. RAND, *The Theological Tractates*, London/Cambridge, Mass., 1962; BOETHIUS, *Die Theologischen Traktate*, ed. M. ELSÄSSER, Hamburg, 1988. Ich folge hier der Ausgabe von STEWART/RAND.

[3] Zur Bedeutung des Boethius für die Philosophie des Mittelalters cf. u.a.: M. GRABMANN, *Die Geschichte der scholastischen Methode*, Bd. I, Freiburg i. Br., 1909, N. JANSEN, *Der Kommentar des Clarenbaldus von Arras zu Boethius' De Trinitate*, Breslau, 1926; E. K. RAND, *The Founders of the Middle Ages*, Cambridge, Mass.,

Fragestellung ist jedoch alles andere als selbstverständlich. Sie unterstellt nämlich bereits, was mein Beitrag erst belegen will, dass es sachlich angemessen ist, nicht nur im Blick auf die philosophischen Diskussionen des Mittelalters, sondern auch im Blick auf die *Opuscula Sacra* des Boethius von einer Differenz und Relation zwischen «Metaphysik» und «Theologie» zu sprechen.

Beide Begriffe unserer Fragestellung haben ihre unterschiedliche, zuweilen auch eng miteinander verflochtene Geschichte. Was sie jeweils bezeichnen, ist neben aller Kontinuität auch stark von dem Kontext abhängig, in dem sie verwendet werden. Daher soll zunächst kurz umrissen werden, wie hier «Metaphysik» und «Theologie» verstanden werden. Von «Metaphysik» soll gesprochen werden im Sinn der «gesuchten Wissenschaft»[4] des Aristoteles in dessen gleichnamigen «14 Büchern der Metaphysik». Sie wird dort bestimmt als die oberste der theoretischen Wissenschaften, wobei Aristoteles bekanntlich keine eindeutige Antwort auf die Fragen gibt, was die genaue Gegenstandsbestimmung dieser Wissenschaft ist und welchen Namen sie tragen soll: Erste Philosophie, Weisheit oder Theologie[5]. Da diese Disziplin Aristoteles zufolge in jedem Fall den Status einer Wissenschaft haben soll, muss sie wie jede Wissenschaft nach Aristoteles

---

1928; H. R. PATCH, *The Tradition of Boethius. A Study of his Importance in Medieval Culture*, New York, 1935; J. DE GHELLINCK, *Littérature latine au moyen âge*, Paris, 1939; G. SCHRIMPF, *Die Axiomenschrift des Boethius (De hebdomadibus) als philosophisches Lehrbuch des Mittelalters*, Leiden, 1966, N. M. HÄRING, *The Commentaries on Boethius by Gilbert of Poitiers*, Toronto, 1966; ders., *Commentaries on Boethius by Thierry of Chartres and his School*, Toronto, 1971; M. MCCORD ADAMS, *The Problem of God's Fore-knowledge and Free Will in Boethius and William Ockham*, Cornell Diss., 1967; A. GRILLMEIER, «Vom Symbolum zur Summa. Zum theologiegeschichtlichen Verhältnis von Patristik und Scholastik», in ders., *Mit ihm und in ihm*, Freiburg i. Br., 1975, p. 585-636; G. R. EVANS, «Boethian and Euclidean Axiomatic Method in the Theology of the Later Twelfth Century», in *Archives Internationales d'Histoire des Sciences* 30 (1980), p. 36-52; E. STUMP, «Topics: their Development and Absorption into Consequences», in N. KRETZMANN, A. KENNY, J. PINBORG (ed.), *The Cambridge History of Later Medieval Philosophy*, Cambridge, 1982, p. 273-299; dies., «Einleitung», in *Boethius' De Topicis differentiis*, Ithaca, 1978; L. OBERTELLO (ed.), *Atti del Congresso Internazionale di Studi Boeziani*, Roma, 1981; M. GIBSON (ed.), *Boethius. His Life, Thought and Influence*, Oxford, 1981; R. MCINERNY, *Boethius and Aquinas*, Washington, 1990; M. J. F. M. HOENEN u. L. NAUTA (ed.), *Boethius in the Middle Ages*, Leiden/New York/Köln, 1997.

[4] ARISTOTELES, *Metaphysik* A 2, 982a4.

[5] Cf. hierzu M. LUTZ-BACHMANN (ed.), *Ontologie und Theologie. Beiträge zum Problem der Metaphysik bei Aristoteles und Thomas von Aquin*, Frankfurt, 1988.

einen spezifischen Gegenstandsbereich besitzen, von dem sie handelt und dessen Existenz als gesichert gelten darf. Ferner müssen nach Aristoteles wesentliche Eigenschaften des Gegenstandsbereichs bereits bekannt sein, damit aus ihnen in den Beweisverfahren der Wissenschaft synthetische Urteile abgeleitet werden können. Aristoteles gibt selbst keine überzeugende Antwort auf die Frage, was der Gegenstandsbereich der «gesuchten Wissenschaft» ist. Diese Unklarheit in der Sache reflektiert sich in der Unentschiedenheit bei der Namensgebung der Disziplin.

Das bei Aristoteles ungelöste Problem versuchen die Kommentatoren und Interpreten seiner Philosophie mit ihren Vorschlägen zu lösen: Von Avicenna über Averroes bis zu den lateinischen Autoren des 12. und 13. Jahrhunderts[6] werden Lösungen gesucht, die stets auf eine epistemologisch zentrale Frage zu antworten versuchen: Wie verhält sich die von Aristoteles nur als Programm formulierte «gesuchte Wissenschaft» der Metaphysik zur Wissenschaft vom Göttlichen, zur Theologie? Für eine Antwort auf diese Frage erweist sich der Umstand als bedeutungsvoll, dass seit der Spätantike der philosophische Begriff der Theologie[7] zunehmend auch von den Vertretern der Offenbarungsreligion(en) zur Selbstbeschreibung ihrer Religion und deren Auslegung verwendet wird. Dies indiziert nicht nur ein gegenüber der Antike radikal verändertes Konzept von Religion, es führt im Blick auf unsere Frage nach dem Verhältnis von Metaphysik und Theologie dazu, dass diese Frage eine neue Dimension erhält, nämlich nun auch nach dem grundlegenden Verhältnis von Philosophie und Religion oder «Vernunft» und «Glauben» zu fragen. Eine Unterscheidung dieser beiden Frageperspektiven, nämlich der beiden Konzepte von Theologie im Sinne der philosophischen Theologie und der auf Offenbarung gestützten Theologie, und eine Entfaltung der Frage nach

---

[6] Cf. hierzu exemplarisch A. ZIMMERMANN, *Ontologie oder Metaphysik? Die Diskussion über den Gegenstand der Metaphysik im 13. und 14. Jahrhundert*, Leiden/Köln, 1965.

[7] Bekanntlich nimmt Varro aus der stoischen Philosophie die drei Theologiebegriffe auf: die mythische, die politische und die natürliche Theologie, wobei der stoische Begriff der natürlichen Theologie für das Programm einer philosophischen Theologie bei Platon und Aristoteles steht. Im Weiteren blende ich hier die Begriffe der mythischen und der politischen Theologie und die ihnen zugehörigen Religionsbegriffe aus; cf. hierzu meinen Beitrag: «Die Einheit der Vernunft und die Sprache der Religionen», in F. UHL u. A. BOELDERL, *Die Sprache der Religion*, Berlin, 2003, p. 333-347.

der Metaphysik, ihrem Gegenstand und ihrer Beziehung zur philosophischen Theologie – diese folgenreichen Differenzierungen gelingen in der Geschichte der lateinischen Philosophie erst auf der Grundlage eines von Aristoteles ausgehenden und dessen Epistemologie weiter entwickelnden Wissenschaftskonzepts, wie es im 13. Jahrhundert insbesondere von Thomas von Aquin im Anschluss an Dominicus Gundissalinus, Albertus Magnus und andere systematisch formuliert worden ist[8].

2. Glaubenslehre und Verstand

Die unter dem Titel der «Opuscula Sacra» an das Mittelalter tradierten Texte des Boethius sind dem Gehalt und der Intention ihres Autors nach «theologische» Traktate. Sie stellen sich genauerhin der Aufgabe, zentrale Begriffe der christlichen Glaubenslehre zu erörtern und mit den Mitteln einer der klassischen antiken und spätantiken Philosophie entnommenen Terminologie genau zu bestimmen. Offenkundig stehen die boethianischen Texte dabei im größeren Kontext der trinitätstheologischen und christologischen Debatten der spätantiken Christenheit im Anschluss an die zentralen theologischen Aussagen der Konzilien von Nizäa (325), Konstantinopel (381) und Chalkedon (451)[9]. So geht es Boethius in vier seiner fünf Traktate um die in den Bestimmungen der Konzilien zentralen Begriffe wie die «homoousia» oder «substantielle Gleichheit» des Sohnes mit dem Vater[10], das Bekenntnis des «einen» Gottes in der «Dreiheit» der Personen[11] oder die innere «Einheit» der «Person» Christi in der «Zweiheit» seiner beiden «Naturen»[12].

In der patristischen Forschung sind zumindest für die Traktate I, II und V der nähere Zusammenhang, Anlass und Zeitpunkt ihrer Nieder-

---

[8] Cf. hierzu THOMAS VON AQUIN, *In Boethium De Trinitate*, ed. B. DECKER, Leiden, 1965 sowie THOMAS VON AQUIN, *Summa Theologiae* I, q. 1.

[9] Cf. DENZINGER-SCHÖNMETZER, *Enchiridion Symbolorum, Definitionum et Declarationum de Rebus Fidei et Morum*, Freiburg i. Br., 1973, DS 125, DS 150, DS 300-302.

[10] Cf. DS 125 mit BOETHIUS, *Traktat* II, *op. cit.*, p. 32-36 und *Traktat* IV, *op. cit.*, p. 52-70.

[11] Cf. DS 150 mit BOETHIUS, *Traktat* I, *op. cit.*, p. 2-30 und *Traktat* IV, *op. cit.*, p. 52-70.

[12] Cf. DS 302 mit BOETHIUS, *Traktat* V, *op. cit.*, p. 72-128.

schrift durch Boethius plausibel dargelegt worden[13]. Lediglich für den Traktat III erscheint eine Zuordnung des Textes zu einer der theologischen Diskussionen im Umfeld der Debatten über die Konzilien von Nizäa, Konstantinopel, Chalkedon oder den «Neu-Chalkedonismus»[14] des fünften und sechsten Jahrhunderts unwahrscheinlich. Gleichwohl geht es auch in ihm um ein theologisches Thema, nämlich um die Frage der Rechtfertigung der biblisch-theologischen Lehre von der Schöpfung der Welt.

Die von der philosophischen Boethius-Forschung insgesamt bislang eher zu wenig berücksichtigte Positionierung der *Opuscula Sacra* im Kontext der theologischen Auseinandersetzungen ihrer Zeit erlaubt es, bereits in diesen Texten bei Boethius Ansätze für die epistemologischen Debatten zu entdecken, die im 12. und 13. Jahrhundert schließlich zur Herausbildung einer von der Philosophie unterschiedenen Wissenschaft der Theologie auf der Grundlage der Offenbarung geführt haben. Während das Ringen der frühen Christenheit um die richtige Auslegung ihrer Glaubensartikel bis zu Boethius primär an den inhaltlichen Fragen der Überlieferung interessiert war, betritt

[13] So datiert VIKTOR SCHURR in seiner Studie: *Die Trinitätslehre des Boethius im Lichte der skythischen Kontroversen*, Paderborn, 1935, die Niederschrift von Traktat V auf die Jahre 512/513 und die der Traktate II und I auf die Zeit zwischen 520 und 522/3 und hebt dabei als deren Hintergrund die theologischen Debatten um die Frage des «Theopaschitismus» und die reichs-kirchliche Kontroverse um das «acacianische Schisma» sowie die kaiserliche Politik des «Henotikon» hervor; cf. hierzu u.a. A. GRILLMEIER, «Vorbereitung des Mittelalters. Studie über das Verhältnis von Chalkedonismus und Neu-Chalkedonismus in der lateinischen Theologie von Boethius bis zu Gregor d. Gr. », in A. GRILLMEIER/H. BACHT (ed.), *Das Konzil von Chalkedon. Geschichte und Gegenwart* II, Würzburg, [5]1979, p. 791-839; cf. darin insbesondere die Beiträge von FR. HOFMANN, von R. HAAKE, von G. BARDY sowie von L. OTT, der in seinem Aufsatz «Chalkedon in der Frühscholastik» auch die mittelalterliche Wirkungsgeschichte der Auslegung der Glaubensaussagen von Chalkedon durch Boethius behandelt, *ibid.*, p. 873-939.

[14] Cf. hierzu die Studien von J. LEBON, *Le monophysisme sévérin*, Louvain 1909 sowie ders., «La christologie du monophysisme syrien», in A. GRILLMEIER u. H. BACHT (ed.), *Das Konzil von Chalkedon. Geschichte und Gegenwart* I, Würzburg, [5]1979, p. 425-580; CH. MOELLER, «Le chalcédonisme et le néo-chalcédonisme en Orient de 451 à la fin du VIe siècle», in *ibid.*, p. 637-720 sowie M. RICHARD, «Les florilèges diphysites du Ve et du VIe siècle», in *ibid.*, p. 721-749 und G. Graf, «Chalkedon in der Überlieferung der christlichen arabischen Literatur», in *ibid.*, p. 749-768 sowie «Le néochalcédonisme», in *Mélanges de Science Religieuse* 3 (1946), p. 156-161 und S. HELMER, *Der Neuchalkedonismus*, Diss. Bonn, 1962.

Boethius mit seinem Postulat: «fidem rationemque coniunge»[15] methodologisches Neuland. Die von ihm am Ende seines Traktats II: *Utrum pater et filius et spiritus sanctus de divinitate substantialiter praedicentur* geforderte Verbindung von «Glauben» und «Verstand» geht über das von Justin bis Augustinus entwickelte Programm eines «Glaubens, der nach Einsicht sucht» («fides quaerens intellectum») und der sich um dieser Aufgabe willen des Intellekts bedient, noch hinaus. Augustinus hatte den christlichen Glauben als eine Erkenntnis beschrieben, die aufgrund ihrer göttlichen Herkunft Weisheit genannt werden muss. Wissenschaft und Weisheit aber werden bei Augustinus gemäß der neuplatonischen Erkenntnislehre als Stufen eines Erkenntnisaufstiegs vom Sinnlichen und Veränderlichen über das begrifflich Allgemeine zur Schau des Ewigen oder transzendent Göttlichen geordnet. Daher differenziert Augustinus zu Beginn des Buches XIV seiner Schrift *De Trinitate* die stoische Definition der durch die Philosophie erschlossenen «Weisheit als einer Wissenschaft der menschlichen und göttlichen Dinge»[16] in den «sermo scientiae» und den «sermo sapientiae». So ist für Augustinus letztlich nur die Wissenschaft von den göttlichen Dingen «Weisheit» im vollen Sinn der aus der antiken Philosophie überlieferten Bedeutung des Begriffs, die Wissenschaft der menschlichen Dinge aber soll «Wissenschaft» im engeren Sinn heißen. Als diese ist sie Teil der *vita activa* und lehrt uns den rechten Gebrauch der irdischen Dinge, während die Weisheit im eigentlichen Sinn zur Lebensform der *vita contemplativa* zählt und dem «Genuß» der ewigen Dinge dient. Über die Weisheitseinsicht der antiken, insbesondere platonischen Philosophie, die die Unsichtbarkeit, Transzendenz und Unbegreifbarkeit Gottes gelehrt hatte, führt allerdings die Weisheitseinsicht des christlichen Glaubens hinaus; denn dieser, lehrt Augustinus, führt uns zu Christus und lässt uns dessen Einheit mit dem Vater schauen. In diesem Sinn schreibt Augustinus im Buch XIII von *De Trinitate*: «Unsere Wissenschaft ist also Christus, unsere Weisheit ist auch der gleiche Christus»[17]. Das Handeln Christi, insbesondere sein Leiden auf Erden, ist für Augustinus

---

[15] BOETHIUS, *Traktat* II, *op. cit.*, p. 36.

[16] AUGUSTINUS, *De Trinitate* XIV 1: «Disputantes autem de sapientia definierunt eam dicentes: Sapientia est rerum humanarum divinarumque scientia». Cf. hierzu auch CICERO, *De officiis* 2, 12, 5.

[17] AUGUSTINUS, *De Trinitate* XIII 19: «Scientia ergo nostra Christus est, sapientia quoque idem Christus est».

ein Gegenstand der wissenschaftlichen Beschäftigung mit den räumlich-zeitlichen Ereignissen seines Lebens, und im Durchgang durch die Wissenschaft schreiten wir zur Weisheitseinsicht «in Christus» als den «ewigen Logos» fort. Mit dieser Christuserkenntnis aber erfüllt und überbietet der christliche Glaube nach Augustinus das Programm der antiken Philosophie und ihrer Suche nach Weisheit.

Während sich Augustinus somit um eine Integration der Weisheitslehre der antiken Philosophie in die christliche Gotteslehre und um die Überbietung der philosophischen Weisheit durch eine «Weisheit aus dem Glauben» bemüht, hat es Boethius mit einer völlig anderen Herausforderung zu tun. Bei ihm geht es nicht (mehr) um die Integration und Überbietung der antiken Philosophie, sondern um eine innerchristliche Debatte, die trotz der Konzilsaussagen zwischen Nizäa und Chalkedon auch im 6. Jahrhundert noch immer nicht zu einem Abschluss kommen will. Der Rekurs auf den Verstand, den Boethius in seinen Traktaten fordert, soll nicht die grundsätzliche Rechtfertigung der christlichen Gottesrede vor der antiken Philosophie leisten, wohl aber die begriffliche Konsistenz der Glaubensaussagen der kirchlichen Tradition angesichts der arianischen, der nestorianischen oder der monophysitischen Häresien, also allesamt innerchristlicher Strömungen, demonstrieren. Die Überprüfung der Richtigkeit der kirchlichen Lehre geschieht bei Boethius nun aber nicht mehr auf dem Weg einer Beweisführung durch Autoritätsargumente, sei es im Rekurs auf die biblischen Texte, sei es im Rekurs auf die Tradition oder die Konzilien. Dieser Weg ist ihm bereits durch den Umstand versperrt, dass es die Konzilsdefinitionen der Kirche selbst sind, deren divergierende Interpretation in den Streit der Meinungen geführt hat. So bleibt ihm zur Auflösung der Verständigungsprobleme nur der Rekurs auf die Erkenntniskraft des Verstands und dessen Fähigkeit, «Begriffe» zu bestimmen und «Argumentationsregeln» festzulegen[18], um das Chaos der Meinungsdifferenzen methodisch zu bändigen und wahre Einsicht zu befördern. Das methodisch-rationale Verfahren soll Boethius dazu verhelfen, den Erkenntnisanspruch des christlichen Glaubens deutlich hervortreten zu lassen.

Diese Rolle des Verstandes zur Klärung der in den theologischen Aussagen verwendeten Begriffe wird in den Traktaten I und V von

[18] BOETHIUS, *Traktat* III, *op. cit.*, p. 40.

Boethius ausdrücklich hervorgehoben. So geht es Boethius im Traktat V (*Contra Eutychen et Nestorium*) um eine präzise Bestimmung der Bedeutung der Begriffe «Natur» und «Person»[19], die in der christologischen Debatte zwischen Eutyches, Nestorius und Cyrill, aber auch während und nach dem Konzil von Chalkedon relevant waren, während sich Boethius in Traktat I (*Quomodo trinitas unus Deus ac non tres dii*, auch *De Trinitate* genannt) mit der Frage der substantialen Einheit Gottes im trinitarischen Gottesbekenntnis beschäftigt. In beiden Traktaten ist der Problembearbeitung im engeren Sinn eine Art Vorrede vorausgeschickt, in der Boethius die jeweiligen Adressaten seiner Texte anspricht und in dieser Anrede zugleich die Probleme eines angemessenen Verständnisses der in der christologischen und trinitätstheologischen Glaubenslehre verwendeten Begriffe bezeichnet. Boethius verweist in beiden Vorreden auf das Problem einer allgemeinen «Unwissenheit», die sich in den öffentlichen Debatten noch dazu mit dem Laster der Anmaßung und Unverschämtheit verbindet, was die von ihm beklagte Unübersichtlichkeit noch verschlimmert[20]. In dieser Lage habe er, Boethius, sich entschlossen, die im Rekurs auf «die innersten Disziplinen der Philosophie»[21] von ihm erarbeitete Einsicht nun in Begriffe zu fassen und niederzuschreiben, um sie zunächst der Überprüfung und Kritik seines Gesprächspartners, an den der Text sich wendet, auszusetzen[22]. Das in seinen Traktaten schriftlich Niedergelegte dient, wie Boethius erklärt, dem philosophischen Gespräch und Austausch mit Symmachus, seinem väterlichen Freund, der hier für Boethius die Rolle des philosophischen Lehrers einnimmt. Damit schließt Boethius eindeutig an das spätantike Modell

---

[19] Cf. hierzu M. BERGERON, «La structure du concept latin de personne», in *Études d'histoire littéraire et doctrinale du XIIIeme siècle*, Paris, 1932; M. NÉDONCELLE, «Les variations de Boèce sur la personne», in *Revue des sciences religieuse* 9 (1955), p. 201-238; I. CRAEMER-RUEGENBERG, *Die Substanzmetaphysik des Boethius in den Opuscula sacra*, Köln, 1969, M. ELSÄSSER, *Das Person-Verständnis des Boethius*, Münster, 1973; M. LUTZ-BACHMANN, «'Natur' und 'Person' in den 'Opuscula sacra' des A.M.S. Boethius», in *Theologie und Philosophie* 58 (1983), p. 48-70; TH. KOBUSCH, *Die Entdeckung der Person. Metaphysik der Freiheit und modernes Menschenbild*, Freiburg, 1993; G. SCHLAPKOHL, *Persona est naturae rationabilis individua substantia. Boethius und die Debatte über den Personbegriff*, Marburg, 1999.

[20] Cf. BOETHIUS, *Traktat* V, *op. cit.*, p. 76.

[21] *Traktat* I, *op. cit.*, p. 4.

[22] *Traktat* V, *op. cit.*, p. 76.

der philosophischen Erkenntnissuche im Lehrgespräch[23] an, von dem diejenigen ferngehalten werden sollen, die das hier begrifflich Entwickelte mit ihrer «Vernunft nicht fassen können». Die in diesem Verfahren bei der Auslegung der religiös begründeten Gotteslehre methodisch eingesetzte Einsicht des menschlichen Verstands («humanae rationis intuitus») muss sich allerdings ihrer eigenen Grenze bewusst sein. So wie in den «übrigen Künsten» auch («ceteris quoque artibus») ist der Erkenntnisweg des Verstandes («via rationis»), der sich der Klärung der grundlegenden Begriffe und der Beweisführung aus den konsistent begründeten Begriffen bedient, von vornherein auf die Grenze festgelegt, die der menschliche Verstand auch sonst in keiner der anderen Künste überschreiten kann. Boethius vergleicht die Verstandeserkenntnis im Fall der von ihm intendierten Auslegung des christlichen Glaubens mit der Kunst der Medizin[24], die dem Kranken nicht immer Heilung bringt. So gibt es auch für das ‚Heilmittel' der Ver-standeseinsicht keine Garantie, dass sie ihr Ziel, eine angemessene Interpretation des christlichen Gottesbekenntnisses auf dem Weg der Verstandeseinsicht, auch erreicht.

3. Metaphysik und Theologie

In Traktat III (*Quomodo substantiae in eo quod sint bonae sint, cum non sint substantialia bona*, auch: *De hebdomadibus* genannt) beschäftigt sich Boethius mit einem philosophischen Argument für die biblische Schöpfungslehre, deren Beschreibung einer Erschaffung der Welt in sieben Tagen nur schwer mit der aristotelischen Lehre von der Ewigkeit der Welt in Übereinstimmung gebracht werden konnte[25].

---

[23] Cf. *Traktat* I, p. 4: «Conloquantur».

[24] *Ibid.*

[25] Daß neben den Fragen der Trinitätstheologie und Christologie auch die Thematik der Schöpfungslehre im 6. Jahrhundert virulent ist, belegen die Ausführungen eines Zeitgenossen von Boethius, nämlich des Johannes Philoponus. Johannes befasst sich wie Boethius sowohl mit den Grundbegriffen der Definition von Chalkedon als auch mit der Naturphilosophie des Aristoteles. Seine im Jahr 529 abgeschlossene Schrift gegen Aristoteles' Lehre von der Ewigkeit der Welt ist verloren, sie kann aber aus den Kommentaren des Simplicius und dessen Auseinandersetzung mit Johannes in Teilen rekonstruiert werden: SIMPLICIUS, *In Aristotelis Physicorum libros quattuor posteriores*, ed. H. DIELS (Commentaria in Aristotelem Graeca X), Berlin, 1895; cf. hierzu W. WIELAND, «Die Ewigkeit der Welt (Der Streit zwischen Johannes Philoponus und Simplicius)», in D. HENRICH u.a. (ed.), *Die Gegenwart der Griechen im*

Anders als in seinen übrigen Traktaten wählt Boethius hier nun ein Beweisverfahren, das sich epistemologisch an einer reflektierten Theorie wissenschaftlicher Erkenntnis orientiert. Boethius macht nämlich geltend, dass er sich in seinem Traktat einer Methode bedienen will, wie sie auch «in der Mathematik und den übrigen Disziplinen» der theoretischen Wissenschaften verwendet wird, nämlich der Methode der Axiomatisierung und der Beweisführung aus ersten Begriffen und Ableitungsregeln. In der Tat besteht das boethianische Verfahren darin, dass er von neun axiomatisch eingeführten Grundbegriffen und Regeln ausgeht, um mit ihrer Hilfe das Ziel seiner Beweisführung zu erreichen. Dieses gibt der Titel der Schrift an. Es besteht im Aufweis eines einsichtigen Grundes für die Annahme, dass die Einzeldinge oder, wie Boethius sagt, «Substanzen» in dem, was sie sind, gut sind, ohne doch an sich selbst gut zu sein. Dieses kommt Boethius zufolge allein Gott zu, der auf diesem Weg als die Ursache nicht nur allen Seins, sondern zugleich allen «Gutseins» der Einzeldinge erwiesen werden soll.

Epistemologisch betrachtet orientiert sich Boethius hier nicht an dem Verfahren der platonischen Dialektik oder aristotelischen Topik, sondern an der Methode der axiomatischen Beweisführung der Mathematik und überträgt dieses Wissenschaftskonzept von den Gegenständen der Mathematik auf den allgemeinsten Gegenstandsbereich unseres Erkennens, d.h. von den Grundbegriffen der Arithmetik und Axiomen der Geometrie auf das, was er selbst im ersten Axiom seines Traktats die «communis animi conceptio»[26] nennt.

Es sind somit die allgemeinsten Begriffe und Gesetze unseres Denkens, von denen Boethius in seinem Traktat ausgeht und die – anders als die Grundbegriffe der Mathematik oder der Physik – im Prinzip jedem Menschen einsichtig sind, «wenn er sie nur hört». Sie definieren – wie der Grundsatz, dass Gleiches von Gleichem abgezogen, wieder Gleiches ergibt – epistemologisch den Bereich der allen Menschen einsichtigen Begriffe und Prinzipien. Diese bilden in unserem Traktat den spezifischen wissenschaftlichen Gegenstandsbereich, mit dem sich Boethius beschäftigt. Auch wenn dies einen Erkenntnisbereich definiert, der im Prinzip allen einsichtig ist, so räumt er doch

---

neueren Denken. Festschrift für Hans-Georg Gadamer, Tübingen, 1960, p. 291-316.

[26] BOETHIUS, *Traktat* III, *op. cit.*, p. 40.

ein, dass faktisch nicht alle grundlegenden Begriffe oder Prinzipien allen Menschen einleuchten, sondern nur den Gelehrten, d.h. solchen Personen, die in einem Unterricht in sie eingeführt worden sind. Zu diesen zwar an sich allen, tatsächlich aber doch nur wenigen Gelehrten einleuchtenden Grundsätzen zählt Boethius das Prinzip, dass ein «Unkörperliches» an keinem Raum ist. Die grundlegenden Begriffe und ersten Prinzipien, die das menschliche Erkenntnisvermögen erkennt, sind für Boethius – wie aus den weiteren Axiomen ersichtlich wird – allen voran die Grundbegriffe «esse» bzw. «ipsum esse» («Sein») und «id quod est» («das, was ist»), dann die relationalen Bestimmungen, die von diesen Grundbegriffen ausgesagt werden können wie deren «participare» («teilhaben an») oder «habere aliquid» («etwas haben»), schließlich die weiteren attributiven Qualifikationen dieser Grundbegriffe wie Substanz oder Akzidens bzw. Einfaches oder Zusammengesetztes sowie die Grundsätze, dass «Verschiedenheit trennt», «Ähnlichkeit» aber der Grund für das Streben ist. Von den Grundbegriffen wird vermittels der genannten relationalen Bestimmungen das Axiom entwickelt, dass das «ipsum esse», das Sein selbst – anders als das «id quod est» – an nichts teilhat, weil eine Teilhabebeziehung die Existenz von etwas Bestimmtem bereits voraussetzt, das «ipsum esse» aber in diesem Sinne nicht «ist». Für den nachfolgenden Beweisgang ist schließlich das Axiom von ausschlaggebender Bedeutung, dass bei allem Einfachen die «Existenz» («esse suum») und «Einzelwesen» («id quod est») zusammenfallen[27].

Mit der Festsetzung der ersten Axiome definiert nun Boethius im Sinne einer wohlreflektierten Epistemologie den Gegenstandsbereich, mit dem er sich in seinem Traktat *De hebdomadibus* beschäftigt, um den von ihm gesuchten Beweis der Schöpfung der Welt zu erbringen. Auch wenn Boethius selbst hierbei den Terminus nicht verwendet, kann kein Zweifel bestehen, dass wir es hier mit einem Beweis zu tun haben, der epistemologisch zur Disziplin der Metaphysik zu zählen ist. Als Metaphysik verstehe ich dabei, wie bereits gesagt, die in den gleichnamigen Texten des Aristoteles «gesuchte» höchste theoretische Wissenschaft, die Aristoteles als die «Erste Philosophie» bezeichnet. Als die Wissenschaft von den allgemeinsten Begriffen, die an sich betrachtet allen einsichtig sind, ist diese Disziplin bei Boethius mit dem Begriff von «esse» und dessen Differenz zum Begriff des «id

[27] *Ibid.*, p. 40-42.

quod est» beschäftigt. Diese beiden Grundbegriffe werden in den weiteren Axiomen entfaltet, sie bilden somit den Gegenstandsbereich, von dem diese Disziplin Aussagen macht. Im Beweisgang des Traktats zeigt Boethius mit Hilfe seiner weiteren Axiome auf, dass nur das «Sein» mit seinem «Gutsein» identisch ist[28], während alles andere, also das «id quod est», nicht notwendigerweise und nicht ausnahmslos gut ist. Während das «Sein» selbst in der weiteren Argumentation von Boethius nun im Sinne der neuplatonischen Lehrtradition als das «erste Gute» bezeichnet wird, nennt er das «id quod est» ein «zweites Gutes», das nur deshalb gut ist, «weil es aus demjenigen fließt, dessen Sein gut ist»[29]. Diese Argumentation führt Boethius schließlich zur gesuchten Antwort auf die eingangs gestellte Frage, weshalb die Einzeldinge oder Substanzen nämlich in dem, was sie sind, gut sind, ohne selbst «substantiell» gut zu sein[30]. Seine Antwort verweist auf die Notwendigkeit, ein göttliches Prinzip anzunehmen, das «primum bonum», das zum einen als «esse» Grund für die Existenz der transzendenten, «überseienden» Einzeldinge, zum anderen als «primum bonum» die prinzipiierende Ursache für das «Gutsein» der Einzeldinge ist.

Interessant für unsere Fragestellung ist hier nun nicht eine Diskussion des Problems, ob Boethius in diesem Beweis tatsächlich sein Ziel erreicht. Diese Frage kann nur auf der Basis einer Überprüfung der Richtigkeit aller Grundbegriffe und ihrer Verknüpfung im Beweisverfahren entschieden werden. Von epistemologischem Interesse ist hier einzig die formale Struktur seines Verfahrens: Boethius bedient sich einer wissenschaftlichen Disziplin, deren Aufgabe es offenkundig ist, die allgemeinsten Begriffe unseres Erkennens vermittels der ersten Prinzipien so zu verknüpfen, dass sie uns weitere Einsichten eröffnen. Es ist dies eine Disziplin, die axiomatisch-deduktiv verfährt und einen

---

[28] *Ibid.*, p. 46: «Unum enim solumque est huiusmodi, quod tantum bonum aliudque nihil sit».

[29] *Ibid.*: «Primum enim bonum, quoniam est, in eo quod est bonum est; secundum vero bonum, quoniam ex eo fluit cuius ipsum esse bonum est, ipsum quoque bonum est».

[30] Bei Boethius ist ein doppelter Begriff von Substanz zu unterscheiden: Einmal spricht er von «Substanz» im Sinne der Rede von der «ersten Substanz» des Aristoteles, die das bestimmte Individuum oder Einzelding meint. Sodann spricht er auch von Substanz im Sinne der «zweiten Substanzen», also der Wesensaussagen, die durch die Art- und Gattungsbestimmungen ausgesagt werden. Dieser Wortsinn ist von mir mit «substantiell» – im Unterschied zu «substantial» für den ersten Wortsinn – wiedergegeben.

verglichen mit der Mathematik oder der Physik noch allgemeineren Gegenstandsbereich, ja den allgemeinsten Gegenstand der menschlichen Erkenntnis traktiert, nämlich die Begriffe «esse» und «id quod est». Diese Disziplin heißt in der Tradition, zumal in der späteren Aristoteles-Interpretation des Mittelalters, «Metaphysik». Wie Boethius in seinem Beweisgang darlegt, zielt diese Diszplin auf die Explikation eines Gottesbegriffs als Ursache des Gutseins der Substanzen, dessen notwendige Annahme Boethius zu beweisen sucht. Der Umstand jedoch, dass die von mir «Metaphysik» genannte Disziplin auf die Begründung eines Gottesbegriffs hin angelegt ist, macht sie aus der Sicht der aristotelischen Wissenschaftslehre als solche noch nicht zu einer Wissenschaft, die den Namen «Theologie» verdient. Damit sie entsprechend der Wissenschaftslehre des Aristoteles Theologie heißen kann, müsste die von Boethius vorgestellte Disziplin bereits in ihren Axiomen von einem Begriff Gottes ausgehen, dessen Existenz als schon bewiesen oder sogar als selbstevident vorangesetzt werden darf. Offensichtlich liegt im Traktat *De hebdomadibus* eine solche Argumentation nicht vor; denn Boethius geht systematisch nicht von einem Gottesbegriff oder der Annahme der Existenz Gottes aus, sondern beginnt mit einer Bestimmung der allgemeinsten Erkenntnisbegriffe und greift in seiner Argumentation auf einen Gottesbegriff aus, der erst auf diesem Weg eingeführt und bewiesen werden soll. Daher kann die hier von Boethius vorgestellte Disziplin im Sinne der Angaben der Wissenschaftslehre des Aristoteles als «Metaphysik» bezeichnet werden, die die Gotteslehre im Sinne der philosophischen Theologie als eines ihrer Beweisziele durchaus einschließt.

Ein differenzierteres Bild ergibt sich jedoch, wenn wir in unsere Rekonstruktion des Metaphysikkonzepts von Boethius noch die Wissenschaftseinteilung aus dem ersten Traktat[31] hinzunehmen. Dem äußeren Aufbau und der Nomenklatur der Wissenschaften nach schließt sich Boethius hier offensichtlich der Dreiteilung der theoretischen Wissenschaften in Buch E der *Metaphysik* des Aristoteles an[32], in der sachlichen Begründung der Grundlegung und Einteilung der Wissenschaften aber orientiert sich Boethius an der neuplatonischen Philosophie seiner Zeit. Dies zeigt sich bereits darin, dass Boethius in *De Trinitate* keine Pluralität von Wissenschaften vorsieht, sondern das

---

[31] Cf. BOETHIUS, *Traktat* I, *op. cit.*, p. 8-12.

[32] Cf. ARISTOTELES, *Metaphysik* E 1, 1025b-1026a32.

Konzept einer in sich gestuften Einheitswissenschaft vertritt, deren «Teile» er mit den Namen der aristotelischen Wissenschaften: Physik, Mathematik und Theologie belegt. Die hier von Boethius skizzierte Epistemologie steht im größeren Kontext seines ersten Traktats, der, wie bereits erwähnt, die Aufgabe verfolgt, zu zeigen, dass die vom christlichen Glaubensbekenntnis des Konzils von Konstantinopel (381) ausgesagte göttliche «Trinität» weder eine substantielle noch eine akzidentelle oder numerische Verschiedenheit Gottes meint[33]. Dieser für die christliche Glaubenslehre zentralen Herausforderung versucht Boethius – anders als Augustinus, auf dessen Schrift *De Trinitate* Boethius im Text verweist – durch eine präzise philosophische Fassung des Formbegriffs zu entsprechen. Der Begriff der Form, dem Boethius die Funktion der Wesenserkenntnis zuspricht, steht denn auch im Zentrum seiner hier vorgelegten Wissenschaftslehre[34].

Die «Physik» bildet die erste Stufe im Aufbau der spekulativen Wissenschaft bei Boethius. Sie beschäftigt sich ihm zufolge mit den «Formen der Körper zusammen mit der Materie». Es sind dies für Boethius diejenigen Formen, die selbst ohne die Körper, deren Form sie sind, ontologisch betrachtet nicht sind. Deshalb können sie auch «von den Körpern in Wirklichkeit nicht getrennt werden»[35]. Diese mit den Körpern unauflöslich verbundenen Formen der Einzeldinge bezeichnet Boethius auch als «inabstracta»; denn sie sind nur zusammen mit den Körpern und daher auch deren Veränderungen unterworfen («in motu»). Die «Mathematik» bildet die zweite Stufe der boethianischen Einheitswissenschaft. Sie beschäftigt sich mit den «Formen der Körper ohne Materie». Darunter versteht Boethius nun nicht einen Bereich «reiner Gedankendinge» oder Begriffe, sondern «Formen», die er selbst wiederum als «inabstracta» bezeichnet. Doch im Unterschied zu den physikalischen Formen betrachtet die Mathematik ihre Formen «ohne Veränderung» («sine motu»). Das heißt nicht, dass

---

[33] Boethius, *Traktat* I, *op. cit.*, p. 12: «Nulla igitur in eo diversitas, nulla ex diversitate pluralitas, nulla ex accidentibus multitudo atque idcirco nec numerus».

[34] Zur inhaltlich ausführlicheren Würdigung der Wissenschaftseinteilung in *De Trinitate* cf. meinen Beitrag: «Die Einteilung der Wissenschaften bei Thomas von Aquin. Ein Beitrag zur Rekonstruktion der Epistemologie in q. 5, a. 1 des 'Kommentars' von Thomas zum Trinitätstraktat des Boethius», in R. Berndt, M. Lutz-Bachmann u.a. (ed.), *'Scientia' und 'Disciplina'. Wissenstheorie und Wissenschaftspraxis im 12. und 13. Jahrhundert*, Berlin, 2002, p. 235-247, besonders p. 237-242.

[35] Boethius, *Traktat* I, *op. cit.*, p. 8: «Considerat enim corporum formas cum materia, quae a corporibus actu separari non possunt».

diese Formen einen anderen ontologischen Status besitzen. Im Gegenteil: Auch die mathematischen Formen haben für Boethius ontologisch gesehen keinen Bestand ohne die Körper, «von denen sie (ontologisch) nicht getrennt werden können»[36], denn auch sie existieren «in materia». Doch sie werden so betrachtet, als seien sie «ohne Materie und dadurch ohne Veränderung»[37].

Die «Physik» und die «Mathematik» beziehen sich daher auf denselben Gegenstandsbereich, nämlich die ontologisch betrachtet mit der Materie der wirklichen Einzeldinge in der körperlichen Welt verbundenen Formen, die das «Wesen» der Einzeldinge ausmachen. Beide wissenschaftlichen Stufen unterscheiden sich jedoch dadurch, dass die «Physik» die Formen der Körper so betrachtet, wie sie «actu», «wirklich», sind, nämlich mit ihnen stets verbunden. Daher sind sie auch den jeweiligen Veränderungen unterworfen, die die Körper durchlaufen. Die Mathematik betrachtet aber die Formen der Einzeldinge als solche, d.h. ohne die Materie, in der sie sind, und daher ohne Veränderung. Das Erkenntnisverfahren der «Physik» beschreibt Boethius als «rationabiliter» und das der Mathematik als «disciplinaliter». Es ist aber erst die höchste Stufe der Wissenschaft, die einen weiteren Gegenstandsbereich im Sinne eines neuen Bereichs des Wirklichen betrachtet, nämlich diejenigen Formen, die auch ontologisch gesehen ohne Körper und Materie existieren. Diesen dritten Teil der Wissenschaft bezeichnet Boethius als «Theologie». Ihr Gegenstandsbereich, von ihm «abstracta» genannt, kann gar nicht anders als «ohne Veränderung» («sine motu») betrachtet werden. Das qualifiziert das theologische Erkenntnisverfahren als «intellectualiter». Die Theologie ist den beiden vorausgehenden Stufen der Wissenschaft und der Erkenntnis überlegen, weil allein ihre Formen zu Recht «Formen» genannt werden dürfen, während die Formen der physikalischen und mathematischen Erkenntnis nur «Formen« heißen. In Wahrheit sind diese jedoch nichts anderes als die Abbilder («imagines») der wahren Formen, die die Theologie behandelt[38]. Den Formen, die der theologische Wissenschaftsteil betrachtet, spricht Boethius, vergleichbar den platonischen Ideen, die ontologische Aufgabe zu, dass «aus ihnen die

---

[36] *Ibid.*: «Haec enim formas corporum speculatur sine materia ac per hoc sine motu quae formae cum in materia sint, ab his separari non possunt».

[37] *Ibid.*

[38] *Ibid.*, p. 12: «Nam ceteras quae in corporibus sunt abutimur formas vocantur, dum imagines sint».

Formen kamen, die in der Materie sind und den Körper hervorbringen». Darin ist der ontologische Derivativ- und Abbildcharakter der physikalischen und mathematischen Formen begründet, während die wahre Form in letzter Instanz göttlicher Natur ist[39].

Die in *De Trinitate* als «theologischer Teil» des menschlichen Erkennens bestimmte Wissenschaftsstufe löst das Programm einer Disziplin ein, die Boethius in seinem Traktat *De hebdomadibus*, wie wir gesehen haben, einführt, und die ich im Blick auf die aristotelische Theorietradition, insbesondere der Philosophie des Mittelalters, als «Metaphysik» bezeichnet hatte. Sie kann «Metaphysik» genannt werden, weil sie, wie im ersten Axiom von *De hebdomadibus* angeführt, die allgemeinsten Begriffe und ersten Prinzipien des menschlichen Erkenntnisvermögens überhaupt behandelt und über sie vermittelt zu weiteren Erkenntnissen auf dem Weg von Beweisverfahren fortschreiten soll. Zugleich heißt sie aber auch bei Boethius «Theologie», da sie, wie in *De Trinitate* angeführt, aufzeigt, dass die allgemeinen und den anderen Wissenschaften zugrunde liegenden Erstbegriffe der Metaphysik, wie der Begriff der Form, ontologisch von der «göttlichen Substanz», d.h. dem wirklichen Gott, her gedacht werden müssen, der für Boethius gleichsam die Urform des Begriffs der «forma sine materia» ist. Die «göttliche Substanz» allein ist im strengen Sinn des Begriffs «eines» und existiert als «das, was ist». Alle Übrigen aber existieren nicht als «das, was sie sind»[40]. Aus dieser doppelten Hinsicht der Bestimmung der Ersten Philosophie bei Boethius folgt, dass die Metaphysik diejenige Disziplin bezeichnet, die die Erstbegriffe und -prinzipien unserer Vernunft thematisiert, die somit auch die grundlegenden Begriffe der anderen theoretischen Wissenschaften wie Physik und Mathematik sind. Als Einsicht aber in den ontologischen Grund der Existenz und des «Gutseins» alles Wirklichen, d.h. der Einzelsubstanzen, heißt sie philosophische «Theologie». Diese beschreibt Boethius als die oberste Stufe eines menschlichen Erkenntnisvermögens, das mit seinem Erkennen bei dem Sichtbaren beginnt, «um über das nur Denkbare» zum Transzendenten, dem 'Seiend-Überseienden' im Sinne eines «Rückgangs in den Grund» voranzuschreiten.

---

[39] *Ibid.*, p. 10.

[40] *Ibid.*: «Sed divina substantia sine materia forma est et atque ideo unum et est id quod est».

Andreas Speer

(Bayerische Julius-Maximilians-Universität, Würzburg)

DAS «ERWACHEN DER METAPHYSIK». ANMERKUNGEN ZU EINEM PARADIGMA FÜR DAS VERSTÄNDNIS DES 12. JAHRHUNDERTS

I.

Von einem «éveil métaphysique» hat Marie-Dominique Chenu gesprochen und damit einen Begriff geprägt, der zu einem Paradigma für das Verständnis des 12. Jahrhunderts geworden ist[1]. Doch setzt die Rede von einem Erwachen – so möchte ich fragen – nicht voraus, dass da etwas zumindest geschlummert hat, wenn nicht gar eingeschlafen war?

Die zweite, verschärfte Form dieser These hat zur Postulierung eines «zweiten Anfangs» der Metaphysik geführt, der, so Ludger Honnefelder, allerdings erst im 13. Jahrhundert stattgefunden habe. Hinter dieser These verbirgt sich eine Voraussetzung, die bei der Wiederholung der griffigen Formel von einem zweiten Anfang der Metaphysik jedoch oftmals ungenannt bleibt: Die These nämlich impliziert ein bestimmtes Metaphysikverständnis, das die Metaphysik im Gefolge des Aristoteles als Ontologie begreift und sich in einem spannungsreichen Mit- und Gegeneinander gegenüber der Theologie herausbildet, eine Metaphysik also, die ihre Autonomie in einer zunehmenden Be-

[1] M.-D. Chenu, *La théologie au douzième siècle* (Études de philosophie médiévale 45), Paris, 1957, ³1976, p. 309ff.

freiung von theologischen Weltbildannahmen und -voraussetzungen erstreitet[2].

Die Rede von einem «Erwachen der Metaphysik» birgt also eine doppelte Fragestellung: zum einen dass die Metaphysik sich zumindest in einem Schlummerzustand befand, zum anderen dass die Frage nach dem Verhältnis von Philosophie und Theologie bis dato keine sonderliche Brisanz besaß. Dies kann man in der Tat so sehen, bildete doch die augustinische Sprachregelung einer Unterscheidung des stoischen Weisheitsbegriffs in ein intellektives Begreifen der ewigen und göttlichen Dinge – nur das ist Weisheit im eigentlichen Sinn – und in ein diskursives Verstehen der zeitlichen und menschlichen Dinge, den Bereich der Wissenschaft, verbunden mit einer strikten Hinordnung des Wissens auf die theologisch verstandene Weisheit den Rahmen für die beinahe bruchlose Integration antiken Bildungsguts in die Schulbildung der Kloster- und Kathedralschulen[3]. Der hierfür gern gebrauchte Begriff der «christlichen Weisheit» findet sich in terminologisch prononcierter Hinsicht allerdings erst bei Bonaventura[4]; dort deutet er in der Gegenüberstellung von «sapientia christiana» und «sapientia mundana» auf einen Konflikt am Ende des 13. Jahrhunderts, der die friedliche, wenngleich nicht immer spannungsfreie Koexistenz der theologischen und philosophischen Weisheit zunächst beendet, wenngleich – so muss man hinzufügen – die darin angespro-

---

[2] L. HONNEFELDER, «Der zweite Anfang der Metaphysik. Voraussetzungen, Ansätze und Folgen der Wiederbegründung der Metaphysik im 13./14. Jahrhundert», in J. P. BECKMANN et al. (eds.), *Philosophie im Mittelalter. Entwicklungslinien und Paradigmen*, Hamburg, 1987, p. 165-186; hierzu kritisch TH. KOBUSCH, «Metaphysik als Lebensform. Zur Idee einer praktischen Metaphysik», in W. GORIS (ed.), *Die Metaphysik und das Gute. Aufsätze zu ihrem Verhältnis in Antike und Mittelalter. Jan A. Aertsen zu Ehren* (RTPM – Bibliotheca 2), Leuven, 1999, p. 28-56.

[3] Cf. AUGUSTINUS, *De Trinitate* (CCSL 50), XII, 14-15, p. 374-380, und (CCSL 50A), XIV, 1, 3, p. 423, l. 48 – p. 424, l. 56: «Disputantes autem de sapientia definierunt eam dicentes: *Sapientia est rerum humanarum divinarumque scientia.* [...] ista definitio diuidenda est ut rerum diuinarum scientia sapientia proprie nuncupetur, humanarum autem proprie scientiae nomen obtineat». – Die stoisch-akademische Definition ist reich bezeugt (siehe den Apparatus fontium zur zitierten Augustinusstelle), etwa bei CICERO, *Tusculanae disputationes* IV, 26, 57 und V, 3, 7 und in *De officiis*, I, 43, 153 und II, 2, 5.

[4] BONAVENTURA, *Collationes in Hexaemeron* I, 9-10 (*Opera omnia* V, 330b). Demgegenüber spricht Augustinus, mit dem das Modell einer «sapientia christiana» zumeist verbunden wird, abgesehen von einer entlegenen Belegstelle (*Contra Iulianum opus imperfectum* [CSEL 85/1], I, 71, p. 83, ll. 72-74) von «doctrina christiana».

chene Fragestellung nicht determiniert ist[5]. Dazu möchte ich am Ende noch etwas sagen.

Doch dass man überhaupt von zwei Weisheiten reden kann, genauer von zwei Wissenschaften, die beanspruchen, in aristotelischer Terminologie als erste Wissenschaften aufzutreten, hat seine Voraussetzungen im 12. Jahrhundert – und um diese Frage schien es mir bei der diesem Band zugrundeliegenden Tagung auch zu gehen, wenn nach dem Verhältnis von Philosophie und Theologie gefragt wird. Die arabische Philosophie, allen voran Avicenna müsste man wohl nennen, wenn man beispielsweise von einem zweiten Anfang der Metaphysik im eingangs genannten Sinne reden wollte, der sich am Modell des aristotelischen Metaphysikentwurfs orientiert[6].

Ich will mich im Folgenden jedoch auf eine der Voraussetzungen konzentrieren und zugleich beschränken, die zunächst aus den Kathedralschulen des lateinischen Westens heraus erwächst. Es geht um den Impuls, der sich einer neuen Weise des Fragens verdankt. Diese richtet sich aber nicht nur auf die formale Prozedur der eigenen Argumentationsweise, sondern beansprucht als Konsequenz auch einen eigenständigen Gegenstandsbereich, ein *proprium subiectum* im strikten Sinne des Wortes. Als ein solcher Gegenstandsbereich erweist sich im 12. Jahrhundert die Natur, die – so Chenu – gleichfalls neu entdeckt wird, d.h. – so habe ich es ausgelegt – zum Gegenstand einer *scientia naturalis* wird[7]. Dieser von Chenu als «la découverte de la nature» bezeichnete Vorgang[8] ist primär nicht das Ergebnis eines extrinsischen Impulses, vornehmlich durch den Eintritt griechischer und vor allem arabischer Quellen in lateinischer Übersetzung auf breiter Front, sondern verdankt sich zunächst einer intrinsischen Um-

---

[5] Hierzu ausführlich A. SPEER, «*Sapientia nostra.* Zum Verhältnis von philosophischer und theologischer Weisheit in den Pariser Debatten am Ende des 13. Jahrhunderts», in J. A. AERTSEN / K. EMERY, JR. / A. SPEER (eds.), *Nach der Verurteilung von 1277. Philosophie und Theologie an der Universität von Paris im letzten Viertel des 13. Jahrhunderts. Studien und Texte* (Miscellanea Mediaevalia 28), Berlin/New York, 2000, p. 248-275.

[6] Cf. hierzu die Einführungen von Gérard Verbeke zu Avicennas *Liber de philosophia prima sive scientia divina*, ed. S. VAN RIET, Louvain/Leiden, 1977 (vol. 1) und 1980 (vol. 2); ferner A. DE LIBERA, *La philosophie médiévale* (Collection Premier Cycle), Paris, 1993, p. 115ff., 349ff. und 379ff.

[7] Cf. hierzu insbes. A. SPEER, *Die entdeckte Natur. Untersuchungen zu Begründungsversuchen einer ‚scientia naturalis' im 12. Jahrhundert* (Studien und Texte zur Geistesgeschichte des Mittelalters 45), Leiden/New York/Köln, 1995, p. 289ff.

[8] M.-D. CHENU, *La théologie au douzième siècle*, *op. cit.*, p. 21ff.

wendung des Interesses. Ohne eine solches intrinsisches Interesse, dies zeigt sich gerade bei dessen Abwesenheit, wäre die große Dynamik und die enorme Bandbreite der Rezeption der von außen kommenden Quellen und Ideen nicht wirklich erklärbar[9]. Rezeption nämlich, d.h. übersetzende und interpretierende Aneignung, setzt eine interesseleitende Frage voraus, wie sie in der Rede von der Entdeckung der Natur («la découverte de la nature») festgehalten wird. In diesem Sinne steht für Chenu auch der «éveil métaphysique» in einem ursächlichen Zusammenhang mit der Entdeckung der Natur[10]. Doch wie kann dieser Zusammenhang ausgearbeitet werden?

Diese Frage weist uns den Weg und führt auch heraus aus der zunächst misslichen Lage, dass die Begriffe «metaphysica» oder «prima philosophia» erst mit den Aristotelesübersetzungen und in deren Gefolge mit den arabischen Kommentatoren (auch wenn man Avicenna kaum als Kommentator bezeichnen kann) in das philosophische Vokabular eintreten[11]. Ich möchte daher zunächst anders ansetzen. Wonach fragt Metaphysik? und: Wo geschieht Metaphysik? – so lauten zunächst meine Leitfragen.

II.

Eine erste Antwort führt uns auf die platonische Prinzipienlehre. Einer der ersten, der diese Problemstellung explizit benennt, ist Adelard von Bath; allerdings geschieht dies nur indirekt am Ende der *Quaestiones naturales*, eines Werks, das jenen in der Entdeckungsmetapher recht gut gefassten Aufbruch zu einem neuen Naturverständnis und Naturverhältnis auf vielfache Weise zum Ausdruck bringt. Hierzu gehört auch der sorgfältig komponierte Schluss, auf den ich die Aufmerksamkeit lenken möchte. Innerhalb der letzten der 76 *Quaestiones naturales*, in der gefragt wird, ob Gott mit dem «applanon», jener festen Sphäre jenseits der Fixsternsphäre, welche die *universitas*, d.h. die Gesamtheit des Geformten («universa formata») umschließt,

---

[9] Hierzu A. SPEER, *Die entdeckte Natur*, *op. cit.*, p. 9ff.

[10] Cf. M.-D. CHENU, *La théologie au douzième siècle*, *op. cit.*, p. 21-30 und 309-322; hierzu A. SPEER, *Die entdeckte Natur*, *op. cit.*, p. 289-294.

[11] Cf. hierzu den Beitrag von CH. BURNETT «The Blend of Latin and Arabic Sources in the Metaphysics of Adelard of Bath, Hermann of Carinthia, and Gundisalvus» in diesem Band.

gleichgesetzt werden könne[12], stellt der Neffe, Adelards Dialogpartner, schließlich die Frage, ob Gott, wie viele behaupteten, die Materie, die Form, die Welt, das Aplanon oder gar die Sonne sei. Adelard leitet seine Antwort mit dem Hinweis ein, dass es bezüglich solcher Fragen einfacher sei zurückzuweisen, was nicht ist, als zu bestätigen, was ist. Im einzelnen nennt er sodann die folgenden Themen: Gott, Noys, Hyle sowie einfache Formen (*simplices formae*) und reine Elemente (*pura elementa*). Mit diesen Fragen, die wegen der Einfachheit (*simplicitas*) ihres jeweiligen Gegenstandes über die Natur der zusammengesetzten Dinge und somit über die sinnlich wahrnehmbare Welt hinausweisen, scheint Adelard nun die Erörterung der für den *mundus sensilis* – diesem galt bislang das vorrangige Interesse – bestimmenden Prinzipien anhand der aus der Tradition übernommenen Themenbereiche eröffnen zu wollen. Doch bricht an eben dieser Stelle das Gespräch ab. Genauer gesagt, empfiehlt Adelard nach der in den vorausgehenden Quästionen erfolgten eingehenden Erörterung der *composita*, der aus den einfachen Prinzipien zusammengesetzten Wirklichkeit, eine Unterbrechung des Gesprächs, um anderntags ausgeruht die weitaus schwierigeren Fragen «de initio vel initiis» behandeln zu können, über die man leichter Falsches als Wahres zu finden vermag[13]. Doch dieses Gespräch findet bei Adelard keine Fortsetzung[14].

---

[12] ADELARDUS BATHENSIS, *Quaestiones naturales*, ed. in CH. BURNETT, *Conversations with his Nephew: On the Same and the Different, Questions on Natural Science, and On Birds*, Cambridge, 1998, LXXVI, p. 224: «quid de ipso applano qui universa formata sinu continet, tenendum sit. [...], varias dissidentesque de hac continenti universitatem spera colligo sententias». — Zum Dialogcharakter der *Quaestiones naturales* cf. A. SPEER, «*Ratione duce*. Die naturphilosophischen Dialoge des Adelard von Bath und Wilhelm von Conches», in K. JACOBI (ed.), *Gespräche lesen. Philosophische Dialoge im Mittelalter* (ScriptOralia 115), Tübingen, 1999, p. 199-229, hier p. 210–215. Vom «aplanon» redet gleichfalls DAVID DE DINANTO in seinen *Quaternulorum fragmenta*, ed. M. KURDZIALEK, in *Studia Mediewistyczne*, 3 (1963), (Fragm. P), p. 71, l. 9: «usque ad speram aplanes», und in *Quaternuli* (Fragm. P), *ibid.*, p. 80, l. 12: «de motu aplanos stellarum». Siehe hierzu A. SPEER, «Von Plato zu Aristoteles. Zur Prinzipienlehre bei David von Dinant», in *Freiburger Zeitschrift für Philosophie und Theologie*, 47 (2000), p. 307-341, hier p. 327f.

[13] ADELARDUS BATHENSIS, *Quaestiones naturales*, *op. cit.*, LXXVI, p. 226: «De his michi questiones inducis de quibus magis quid non sit, inprobem, quam quid sit probem. Facilius enim in rebus talibus falsa divertere quam vera reperire soleo. In hac enim difficultate tractandi de Deo, de NOY, de hyle, de simplicibus formis, de puris elementis disserendum est, que, sicut simplicitate propria naturam compositorum excesserunt, ita et de eis disputatio alias omnes dissertiones et intellectus subtilitate et sermonis difficultate precellit. Nos igitur quoniam quedam de compositis diximus,

Der Bedeutung der hier von Adelard zu Beginn des 12. Jahrhunderts aufgeworfenen Fragestellung bewusst ist sich Johannes von Salisbury, der in seinen Schriften ein großes historiographisches Gespür zeigt. Im vierten Buch seines *Metalogicon* gibt er einen kurzen historischen Abriss der Auslegungsgeschichte der Grundprobleme einer Platoninterpretation aus christlicher Sicht, deren Referenzpunkte vor allem Platons *Timaios* und der theologische Traktat *De Trinitate* des Boethius sind. In diesem Zusammenhang hebt Johannes vor allem die Auseinandersetzung um die Gleichrangigkeit der drei platonischen Prinzipien: Gott, Materie, Ideen hervor sowie um den auch von Calcidius vertretenen stoischen Prinzipiendualismus von Materie und Gott[15]. Vermochte Augustinus, indem er die Ideen als die urbildlichen Gedanken Gottes interpretierte, für das Verhältnis der Ideen zu Gott eine geradezu exemplarische und äußerst einflussreiche Lösung zu finden[16] – Johannes von Salisbury hebt vor allem die Zurückweisung

---

vespere iam somnos suadente, quiete naturali mentes reficiamus. Mane autem, si tibi idem sedet, conveniamus de initio vel initiis ut disputemus».

[14] Zur Interpretation dieses Gesprächsabbruchs siehe A. SPEER, *Die entdeckte Natur*, *op. cit.*, p. 64f. und 75.

[15] JOHANNES SARISBERIENSIS, *Metalogicon*, ed. J. B. HALL (CCCM XCVIII), IV, 35, p. 173, l. 21 – p. 174, l. 44: «Fugiunt [temporalia] enim ut idem ait in Thimeo, nec exspectant appellationem. Hanc autem ueram existentiam partiebatur in tria quae rerum principia statuebat, Deum scilicet, materiam, et ideam. Siquidem haec in sui natura immutabilia sunt. Nam Deus usquequaque immutabilis est, reliqua duo quodam modo immobilia, sed in effectibus abinuicem uariantur. Materiam quippe aduenientes formae disponunt et quodam modo motui reddunt obnoxiam, et item formae materiei contactu quadam ratione uariantur, et ut ait Boetius in aristmeticis in uertibilem transeunt inconstantiam. Ideas tamen quas post Deum primas essentias ponit, negat in se ipsis materiae admisceri, aut aliquem sortiri motum. Sed ex his formae prodeunt natiuae, scilicet imagines exemplarium, quas natura rebus singulis concreauit. Hinc in libro de Trinitate Boetius. Ex his formis quae praeter materiam sunt illae formae uenerunt quae in materia sunt, et corpus efficiunt. Bernardus quoque Carnotensis perfectissimus inter Platonicos saeculi nostri, hanc fere sententiam metro complexus est. Non dico esse quod est gemina quod parte coactam, materiae formam continet implicitam. Sed dico esse quod est una quod constat earum: hoc uocat idean, illud Acheus ylen. Et licet Stoici materiam et ideam Deo crederent coaeternam, alii uero cum Epicuro prouidentiam euacuante ideam omnino tollerent, iste cum illis qui [idem] philosophantur Deo neutram dicebat coaeternam». – Cf. hierzu auch M.-D. CHENU, «Die Platonismen des XII. Jahrhunderts», in W. BEIERWALTES (ed.), *Platonismus in der Philosophie des Mittelalters*, Darmstadt, 1969, p. 268-316, hier p. 274-275; M.-D. CHENU., *La théologie au douzième siècle*, *op. cit.*, p. 112.

[16] Cf. etwa AUGUSTINUS, *De diversis quaestionibus* (CCSL XLIV[A]), LXXXIII, q. 46, 1-2, p. 70, l. 1 – p. 73, l. 73. Zur wirkungsgeschichtlichen Bedeutung dieser Quaestio bietet immer noch einen wertvollen Überblick der Aufsatz von M. GRABMANN, «Des Heiligen Augustinus *Quaestio de ideis* (*De diversis quaestionibus*

der Gleichewigkeit (*coaeternitas*) der drei Prinzipien Gott, Materie und Ideen hervor, eine Lehre, die er als Grunddoktrin des *Timaios* ansieht[17] –, so konnte die Frage der Einordnung des an zweiter Stelle genannten platonischen Prinzips, nämlich der Materie, nicht in gleicher Weise entschieden werden. Sie ist eine stets neu zu beantwortende Frage, die nicht selten eine Auseinandersetzung mit gnostischen und manichäischen Problemstellungen mit sich bringt.

Der Prinzipiencharakter der Materie spielt auch bei Bernhard von Chartres, der den ersten systematischen *Timaios*-Kommentar des 12. Jahrhunderts verfasst hat[18], eine bedeutende Rolle. Hierbei widmet Bernhard der Frage der Hyle bzw. der *materia primordialis* einen eigenen Traktat, welcher *Timaios* 47e–53c umfasst. Denn Platon habe mit Bezug auf die Einrichtung der sinnlich wahrnehmbaren Welt (*constitutio mundi sensilis*) nur zwei erste Prinzipien vorausgeschickt, nämlich Gott und die archetypische Welt der Ideen, hingegen über die Hyle, ohne welche die Erschaffung des *mundus sensilis* nicht möglich wäre, nichts bzw. nur sehr wenig gesprochen[19]. Damit benennt Bernhard von Chartres das Spannungsverhältnis, das zwischen den drei platonischen Prinzipien besteht[20]. Offenkundig führt der Weg zur Bestimmung des Verhältnisses zwischen archetypischer und natürlicher Welt und des Verhältnisses beider Welten zu Gott zunächst über die Hyle. Die Hyle ist somit zwar notwendige Voraussetzung für die körperhafte Welt, aber nicht im Sinne einer ersthaften Ursache, die neben Gott als gleichrangiges Prinzip treten könnte[21]. Auch die archetypi-

---

LXXXIII, qu. 46) in ihrer inhaltlichen Bedeutung und mittelalterlichen Weiterwirkung», in id., *Mittelalterliches Geistesleben*, vol. II, München, 1936, p. 25-34.

[17] JOHANNES SARISBERIENSIS, *Metalogicon, op. cit.*, IV, 35, p. 173, l. 21 – p. 174, l. 44; cf. auch *ibid.*, p. 174, ll. 50-52: «Coaeternitas autem esse non potest nisi in his quae se nec natura maiestatis nec priuilegio potestatis, nec auctoritate operis antecedunt».

[18] Cf. hierzu die Einleitung von P. E. DUTTON, *The ,Glosae super Platonem' of Bernard of Chartres*, Toronto, 1991, p. 1-21.

[19] BERNHARDUS CARNOTENSIS, *Glosae super Platonem*, ed. in P. E. DUTTON, *op. cit.*, (In Timaeum 47 E) 8, p. 218, ll. 1-4: «Constituto sensili mundo, quia generatio eius absque hyle esse non potuit, quae omni corpori ut materia praeiacet, de ea ingreditur agere. Praemiserat enim tantum duo principia prima: deum scilicet et archetipum. Sed de hyle parum uel nihil dixerat, quod modo supplet».

[20] *Ibid.*, (In Timaeum 31 B) 4, p. 166, ll. 235-237: «[...] de tribus principiis a Platone consideratis: est quippe unum deus, omnium opifex, alterum ideae, id est originales formae omnium quae numquam admiscentur creaturis, tercium hyle, materia scilicet corporum».

[21] *Ibid.*, (In Timaeum 47 E) 8, p. 218, ll. 9-11: «Ipsa uero hyle uicem obtinens matris necessaria fuit ad mundi generationem, ideoque dicitur necessitas.» – *Ibid.*, (In

sche Welt der Ideen ist dem göttlichen Intellekt prinzipienmäßig nachgeordnet: Dieser bringt jene hervor. Beide Bereiche, die Hyle und die Ideen, denkt Bernhard voneinander vollkommen geschieden, so dass eine direkte Einwirkung der Ideen auf die Hyle oder gar eine Vermischung unmöglich ist[22]. Denn als Prinzip der räumlichen und zeitlichen Bestimmung der Körper ist die Hyle zugleich Prinzip der Vielheit. Vielheit aber widerspräche der Einheit des göttlichen Ursprungs, dem die Ideen untrennbar verbunden sind, da sie immer im göttlichen Geist verbleiben; dadurch aber sind auch sie Prinzip der Einheit, Ursache für das Identische im Wandel der Erscheinung der Welt des Werdens[23]. Hieraus folgt für Bernhard die Notwendigkeit eines aktiv vermittelnden Prinzips zwischen dem *mundus archetipus*, der archetypischen Welt der Ideen und der Hyle als dem Gefäß (*receptaculum*) und der Amme (*nutricula*) alles Werdenden[24]. Dieses vermittelnde Prinzip sind die «formae nativae», die von Gott als Abbilder der Ideen («imagines idearum») geschaffen werden[25]. In der Terminologie des Johannes von Salisbury als «aduenientes formae» bezeichnet, findet sich dieses Theorieelement in den *Quaternuli* des David von Dinant in dem von kirchlicher Zensur und wissenschaftlicher Zunft – allzu pauschal, so möchte ich sagen – inkriminierten Traktat *Mens, hyle, deus*[26].

Timaeum 48 A), p. 220, ll. 56-58: «Horum originem accipit pura elementa, et *recursu facto ad ea perinde ut se in his quae ex mente sunt*, id est quae mens diuina instituit».

[22] *Ibid.*, (In Timaeum 50 D) 8, p. 225, l. 198 – p. 226, l. 202: «Quia posita sunt tria diuidentia, igitur doceamus quibus obtineant *similitudinem* singula: hyle obtinet uicem *matris, at uero unde obuenit*, id est archetipus mundus, uicem *patris*, non quod ideae commisceantur hyle in efficientia sensilis, sed natiuae formae, quae sunt imagines idearum». – Cf. *ibid.*, (In Timaeum 31 B) 4, p. 166, ll. 235-237. Hierzu P. E. DUTTON, *op. cit.*, p. 78-81.

[23] *Ibid.*, (In Timaeum 34 C) 5, p. 175, ll. 67-69: «Item quidam philosophi dicunt Platonem intellexisse per indiuiduam substantiam, ideas; per diuiduam, hylen; per haec duo mixta, natiuas formas, per quas idem notatur anima sensum habere et intellectum». – *Ibid.*, (In Timaeum 37 A), p. 182, ll. 246-247: «Indiuidua substantia est principium, ut deus et archetipus mundus; diuidua, ut hyle».

[24] *Ibid.*, (In Timaeum 49 A) 8, p. 222, ll. 125-127: «Et est *receptaculum omnium quae* in ea *gignuntur*, scilicet corporum, quia formas superuenientes [recipit], ut exinde fiant corpora. *Atque hoc*, id est quod sit receptaculum et nutricula uerum est».

[25] *Ibid.*, (In Timaeum 50 D) 8, p. 226, ll. 201f.: «natiuae formae, quae sunt imagines idearum».

[26] Cf. JOHANNES SARISBERIENSIS, *Metalogicon*, *op. cit.*, IV, 35, p. 173, l. 27: «Materiam quippe aduenientes formae disponunt [...].» Zum Kontext cf. *ibid.*, p. 173, l. 21 – p. 174, l. 44. Cf. DAVID DE DINANTO, *Quaternuli*, *op. cit.*, (Fragm. P), p. 70, l. 28: «forma uero adueniens yle»; zum Kontext cf. *ibid.*, (Fragm. P). p. 70, ll. 25-29, sowie auch (Fragm. W), p. 88, ll. 4f.: «Hyle est omnia copora per aduentum formarum

Mit Bezug auf das dritte Element der Prinzipientrias, die Ideen oder die archetypische Welt, spricht Bernhard von Chartres in seinem *Timaios*-Kommentar unter Berufung auf Macrobius davon, dass die Ideen in der *mens dei* seien[27]; gleiches gilt vom *purus archetipus*, vom reinen Reich der Ideen[28]. Thierry von Chartres in seinen *Lectiones in Boethii librum De Trinitate* bezeichnet die *mens dei* nicht nur als Träger der Ideen. Die *mens diuina* – Thierry spricht, den allgemeinen Prinzipiencharakter betonend, von *diuinitas* – bringt vielmehr die Ideen hervor («generat et concipit»), so wie auch die *mens humana* – Modell ist der *homo artifex* – die kunstgerechten Formen (*formae artificiales*) in sich hervorbringt[29]. Damit tritt die *mens* in der Prinzipienordnung an die Stelle der Ideen. Denn es ist die *mens diuina*, die alle Formen aller Dinge in sich «in simplicitate» umfasst und enthält. Von diesen Formen, die aus der *mens diuina* hervorgehen, haben alle *entia* und somit auch alle *sensibilia* ihr Sein[30].

---

et nois omnes anime.» – Cf. hierzu ausführlich A. SPEER, «Von Plato zu Aristoteles», *op. cit.*, p. 328-336.

[27] BERNHARDUS CARNOTENSIS, *Glosae super Platonem*, *op. cit.*, (In Timaeum 31 B) 4, p. 166, ll. 232-239. Cf. MACROBIUS, *Commentarii in Somnium Scipionis*, ed. I. WILLIS, Stuttgart/Leipzig, [2]1994, 1, 2, 14, p. 6-7.

[28] BERNHARDUS CARNOTENSIS, *Glosae super Platonem*, *op. cit.*, (In Timaeum 51 C) 8, p. 230, ll. 314-315; *ibid.*, (In Timaeum 51 E) 8, p. 231, l. 350.

[29] THEODORICUS CARNOTENSIS, *Lectiones in Boethii librum De Trinitate*, ed. in N. M. HÄRING, *Commentaries on Boethius by Thierry of Chartres and his School*, Toronto, 1971, II, 43, p. 168, ll. 77-80: «Mens etenim diuina generat et concipit intra se formas i.e. naturas rerum que a philosophis uocantur ydee. Unde diuinitas nichil aliud est quam ipsa mens diuina que est generatiua ydearum». – *Ibid.*, II, 44, p. 169, ll. 88-91: «Homo enim artifex precogitat et uelut generat formam domus uel cuiuslibet alterius rei mente antequam ipsam actu conponat uel figmenta: chimeram centaurum et huiusmodi. Sic mens diuina generat et concipit intra se naturas rerum que uocantur ydee».

[30] THEODORICUS CARNOTENSIS, *Abbreviatio Monacensis De Hebdomadibus*, ed. in N. M. HÄRING, *Commentaries on Boethius by Thierry of Chartres and his School*, *op. cit.*, II, 25-26, p. 409, ll. 52-58: «Mens enim diuina omnes formas omnium rerum intra se concipit conplectitur continet in simplicitate quadam. Ex qua mente prodeunt omnes rerum forme scilicet nature que sunt entia. Ex illis naturis siue formis rerum que ex mente diuina prodeunt habent esse omnia sensibilia que scilicet sensibus subiacent et temporum successioni». – Wenngleich die Zuweisung der in der sogenannten *Abbreviatio Monacensis* enthaltenen Schriften, die im 15. Jahrhundert kopiert worden sind, an Thierry selbst nicht zweifelsfrei ist, so entstammen sie eindeutig seinem Diskussionskreis oder beziehen sich unmittelbar auf diejenigen Kommentare und Glossen, die Thierry zweifelsfrei zugeordnet werden können. Cf. hierzu Häring in der Einleitung, *Commentaries on Boethius by Thierry of Chartres and his School*, *op. cit.*, p. 34-38; ferner A. SPEER, *Die entdeckte Natur*, *op. cit.*, p. 227f. (mit Anm. 20).

Die Auseinandersetzung mit der platonischen Prinzipientheorie ist ein konkretes Beispiel für metaphysisches Fragen, das motiviert ist von der Notwendigkeit, sich der Grundlagen der *physica* zu versichern. Die Grundlegung einer *physica* als Wissenschaft von der Natur – nehmen wir Bernhard als Beispiel, dann müssten wir genauer von der mit mathematischen Methoden zu begreifenden Natur der sinnenfälligen Welt sprechen – hat die Beschränkung einer derartigen Wissenschaft auf den *mundus sensilis* zur Voraussetzung. Gleichwohl ist sich Bernhard der mit der Konstitution eines solchen Gegenstandes verbundenen Grundlegungsproblematik bewusst, die nicht nur die Wissenschaft selbst, sondern auch den Gegenstand selbst betrifft. Man darf wohl sogar mit Recht in der naturphilosophischen Grundlegung der Physik und ihres Wissenschaftssubjekts eines der Hauptinteressen Bernhards erblicken[31]. Es zeigt sich jedoch darüber hinaus, dass die hierbei auftretenden Fragen, wie die nach der Hyle oder den «formae nativae», nicht nur über den Horizont einer an den Phänomenen orientierten Betrachtung der sinnenfälligen Welt hinausweisen, sondern einer metaphysischen Begründung bedürfen. Bernhard greift hierzu auf das platonische Modell vom *mundus sensilis* als Abbild des *mundus archetypus* zurück. Die archetypische Welt bildet die Voraussetzung für die sinnenfällige Welt, die ohne jene nicht zu begreifen ist[32]. Allerdings kann die archetypische Welt niemals zum Gegenstand einer Physik werden, die bei aller mathematischen Abstraktion doch stets auf den *mundus sensilis* verwiesen bleibt[33].

Die Anfangsgründe («initia»), zu denen die «disputatio phisica» nicht zu gelangen vermag, sind Gegenstand der «epoptica i.e. supercaelestis disputatio»[34]. Bernhard greift also auf jene aus dem Mittelplatonismus stammende Bezeichnung zurück, welche die auf das Archetypische und letztlich auf das Eine gerichtete Metaphysik von der dem Physisch-Sinnlichen verhafteten Physik unterscheidet.

---

[31] BERNHARDUS CARNOTENSIS, *Glosae super Platonem*, *op. cit.*, (In Timaeum 48 C) 8, p. 221, ll. 77-80: «Haec uero disputatio phisica est, quod dicit: *de uniuersitatis uel initio uel initiis*, hoc est an una idea an plures, uel an una sola natiua forma an plures, informent hylen ad quattuor pura corpora generanda». – Cf. hierzu A. SPEER, *Die Entdeckte Natur*, *op. cit.*, p. 119-129.

[32] Cf. BERNHARDUS CARNOTENSIS, *Glosae super Platonem*, *op. cit.*, (In Timaeum 27 D) 4, p. 157, ll. 2-11; *ibid.*, (In Timaeum 47 E) 8, p. 218, ll. 1-4; *ibid.*, (In Timaeum 52 D), p. 232, ll. 395-401.

[33] *Ibid.*, (In Timaeum 19 D) 3, p. 150, ll. 124-125: «Phisica enim ad phisicos magis pertinet. Vel *euidens* dicit quod est uel fuit sensui notum» – Cf. auch *ibid.*, (In Timaeum 47 A) 7, p. 215, ll. 389-400.

[34] *Ibid.*, (In Timaeum 48 C) 8, p. 221, ll. 76-78.

Zum Modell für die «Epoptie» (lateinisch «inspectiva») wird bei Proklos Platons *Parmenides*, der vom *mundus intelligibilis* handelt, zu dem der *Timaios*, der vom *mundus sensibilis* handelt, die größte Nähe besitzt. Ja, in gewisser Weise durchdringen sich beide wechselseitig, da der *Timaios* keine reine Physiologie ist, sofern er das physisch Seiende auch als vom Demiurgen Hervorgebrachtes und das Intelligible abbildhaft im sinnlich Wahrnehmbaren erkennt, wie auch der *Parmenides* keine reine Metaphysik darstellt, welche die sinnliche Wirklichkeit nicht berücksichtigt, sondern alles Sinnfällige im Intelligiblen gleichsam paradigmatisch aufgehoben weiß[35]. Auch bei Bernhard, der den *Parmenides* natürlich nicht kannte, bilden die «initia» der Epoptie eine notwendige Bedingung für die Konstitution der natürlichen Welt als dem Gegenstand der Physik[36]. «Denn es ist die Sache des Philosophen», so fordert Bernhard im Zusammenhang der Diskussion um die Notwendigkeit der Hyle, «alles, was sich auf eine Ursache bezieht, sorgfältig zu untersuchen»[37], das aber heißt, auf die eigentliche und wenn möglich notwendige Ursache zurückzuführen und nicht bei wahrscheinlichen Beweisführungen stehen zu bleiben. In diesem Sinne konzipiert Bernhard von Chartres seine Grundlegung einer Naturphilosophie im Horizont einer Metaphysik, die sich in der Anschaulichkeit der Kosmogonie ausspricht, der es zukommt, einen Begriff vom Ganzen der Wirklichkeit vorzustellen.

III.

Damit haben wir einen ersten Begriff von jenem Phänomen gewonnen, das mit «éveil métaphysique» ein wenig nebulös umschrieben war. Den Standpunkt der Metaphysik einnehmen bedeutet in diesem Zusammenhang, dass die diskutierten Fragen eine begründungs-

---

[35] Cf. hierzu TH. KOBUSCH, «Metaphysik als Lebensform», *op. cit.*, p. 39f.

[36] BERNHARDUS CARNOTENSIS, *Glosae super Platonem*, *op. cit.*, (In Timaeum 48 C) 8, p. 221, ll. 73-78: «Quia dicturus est quod illa quattuor pura elementa ex hyle uel in hyle fierent, ne quaereretur an una sola forma an plures formarent hylen ad illa quattuor corpora pura procreanda, uel ne quaereretur de forma mundi, scilicet an esset una idea an plures, excusat se et dicit: non pertinere ad hoc propositum, sed esse epopticam disputationem, id est supercaelestem. Haec uero disputatio phisica est, quod dicit: de universitatis uel initio uel initiis» – *Ibid.*, p. 221, ll. 83-85: «Quia hoc *sermone instituto*, scilicet phisicae, non possem peruenire *ad rei*, id est initiorum, *explanationem*, quae pertinet ad epopticam disputationem».

[37] *Ibid.*, (In Timaeum 49 A) 8, p. 222, ll. 113f.: «Philosophi est enim cuncta quae ad causam pertinent diligenter inuestigare».

theoretische Reichweite beanspruchen und erlangt haben, welche in der Allgemeinheit ihres Gegenstandes zugleich das Ganze der Philosophie in den Blick nehmen. Dies zeigt sich besonders deutlich bei Thierry von Chartres, der im Ausgang von Boethius die Frage der Ordnung der theoretischen Wissenschaften umfassend bedenkt und spekulativ begründet. Die wissenschaftssystematische Grundlage für diese Auffassung findet sich in Thierrys Kommentierungen zum zweiten Buch von *De Trinitate.* Dort folgt Thierry zunächst weitgehend der Vorgabe des Boethius. Dies gilt vor allem für das Grundschema der Einteilung der drei theoretischen Wissenschaften nach den Prinzipien von «motus» und «abstractio». Physik bzw. *scientia naturalis* und Theologie sind nach diesem Schema konträr, insofern die Physik betrachtet, was in Bewegung und nicht abstrakt ist, die Theologie jedoch bedenkt, was ohne Bewegung und abstrakt ist. Der Mathematik kommt eine mittlere Stellung zu, da sie zum Gegenstand hat, was ohne Bewegung, jedoch nicht abstrakt ist[38]. Diese schon bei Boethius vorfindliche Einteilung bezieht sich sowohl auf den Gegenstandsbereich der drei theoretischen Disziplinen als auch auf ihre Erkenntnisweise und Methodik.

«Rationabiliter» geht die Physik vor, weil wir mittels der Vernunft (*ratio*) die mit der Materie verbundenen Formen begreifen[39]. Diese Formen sind in dieser Verbindung, nicht aber aus sich heraus, in Bewegung – wie ein ins Wasse geworfenes Stück Holz Bewegung bewirkt, obgleich weder das Holz noch das Wasser für sich betrachtet in Bewegung sind. Also macht erst die Verbindung von Form und Materie Bewegung und damit Veränderung möglich. Es ist dieser natürliche Zusammenhang der durch den Wurf des Holzes im Wasser ausgelösten Bewegung, auf den sich das eigentliche Interesse der Physik «inabstracte» richtet[40]. Mit der Physik gemeinsam hat die Mathematik,

---

[38] THEODORICUS CARNOTENSIS, *Commentum super Boethii librum de hebdomadibus*, ed. in N. M. HÄRING, *Commentaries on Boethius by Thierry of Chartres and his School*, *op. cit.*, II, 14, p. 72, ll. 48-50: «Distant autem quasi per contrarium theologia et scientia naturalis que phisica dicitur. Illa enim sine motu est: hec autem in motu. Hec abstracta est: illa uero inabstracta est ut dictum est». – *Ibid.*, II, 15, p. 72, ll. 53f.: «phisica in motu est et inabstracta, mathematica uero sine motu inabstracta sed theologia sine motu abstracta» – Cf. BOETHIUS, *De Trinitate*, ed. H. F. STEWARD / E. K. RAND / S. J. TESTER (LCL 74), Cambridge/London, 1973, II, p. 8, ll. 5-18.

[39] THEODORICUS CARNOTENSIS, *Commentum*, *op. cit.*, II, 15, p. 73, ll. 55-57: «*Rationabiliter* inquit ut scilicet agendo phisice ratione utamur que formam adiunctam materie comprehendit eo scilicet modo ipsa participatur».

[40] *Ibid.*, II, 11, p. 71, ll 14-22: «Sic enim aqua stat per se, lignum uero ex se inmobile. Sed si in aqua proiectum fuerit, nunc aqua quidem a ligno nunc uero lignum ab

dass beide Formen von Körpern betrachten. Während jedoch die Physik diese Formen mit der Materie verbunden behandelt, betrachtet die Mathematik sie außerhalb der Materie, mithin ohne Bewegung, wenngleich nicht in der Weise abstrakt wie die Theologie[41]. Genauer gesagt ist die Methode der Mathematik zwar abstrakt («abstracte considerat») – daher erkennt sie die Formen «sine motu» –, nicht aber ihr Gegenstand, da auch sie die Formen betrachtet, die nicht ohne Materie sein können[42]. Damit kommt der Mathematik und der mathematischen Methode eine bedeutsame Mittelstellung zu. Im Unterschied zur Physik bezeichnet Thierry die Mathematik als *disciplina* oder *doctrina*, weil sie «disciplinaliter», d.h. im strengen Sinne lehrhaft, nämlich deduktiv vorgeht und mit ihrer im Quadrivium gelehrten Methodik zur Erkenntnis der Gottheit führen kann[43]. Die Theologie schließlich betrachtet wie die Mathematik Formen außerhalb der Materie. Der Unterschied zwischen beiden ist nicht wie zwischen Physik und Mathematik ein solcher der Zugangsweise, sondern liegt im Gegenstand selbst begründet. Denn die Theologie betrachtet nur solche Formen, die ohne Materie existieren; die von der Mathematik betrachteten Formen hingegen gibt es nur in der Materie[44]. Ohne Bewegung und völlig abstrakt, sowohl hinsichtlich des Gegenstandes wie in Bezug

---

aqua pulsu mouetur reciproco. Ita quoque materia non per se mouetur. Sed et forma quantum in se est inmutabilis quidem est. Materie uero coniuncta propter rei mutabilis contactum uariatur. Omnis itaque mutabilitas ex coniunctione forme prouenit et materie: non quod ex forma mutabilitas sed ex mutabilis materie natura porueniat. Et hoc est quare scientiam naturalem, phisicam uidelicet, in motu esse confirmat». – Cf. THEODORICUS CARNOTENSIS, *Lectiones in Boethii librum de Trinitate*, *op. cit.*, II, 21, p. 161, ll. 38-53.

[41] THEODORICUS CARNOTENSIS, *Commentum*, *op. cit.*, II, 14, p. 72, ll. 40-43: «Habet ergo mathematica conmune hoc cum phisica quod utraque formas corporum intuetur. Sed differunt quod illa formas corporum, prout in eis sunt, adiunctas materie speculatur: mathematica uero easdem extra materiam contemplatur».

[42] THEODORICUS CARNOTENSIS, *Lectiones*, *op. cit.*, II, 23, p. 162, ll. 69-71: «Unde *sine motu* dicitur quia res abstracte et inmutabiliter considerat. *Inabstracta* uero dicitur mathematica eo quod *formas* considerat que non possunt esse *sine materia*». – Cf. *ibid.*, II, 26, p. 163, ll. 99-8.

[43] THEODORICUS CARNOTENSIS, *Commentum*, *op. cit.*, II, 15, p. 73, ll. 58-62: «*In mathematicis disciplinaliter* non quod ibi non utamur intelligentia sed in mathematica uocatur disciplina a discendo quia mathematicam solebant prius antiqui discere ut ad diuinitatis intelligentiam possent peruenire. Unde etiam mathematica i.e. doctrinalis dicitur. *Mathesis* namque doctrina interpretatur».

[44] *Ibid.*, II, 14, p. 72, ll. 43-47: «Cum theologia quoque hoc habet conmune mathematica quod utraque formas extra materiam intuetur. Sed differunt quoniam mathematica formas corporum ipsisque corporibus obnoxias quodam modo speculatur, theologia uero ueram diuinitatis formam que materie nulli est obnoxia contemplatur».

auf die Methode, darf sich die Theologie auf keine Anschauung oder bildliche Vorstellung (*imaginatio*) stützen; denn von Gott, der wahren Form und ihrem eigentlichen Gegenstand, gibt es kein Bild. Die Theologie bedient sich dabei allein des obersten Erkenntnisvermögens, der *intelligentia*, das keiner äußeren Anschauung bedarf und die Formen selbst, wie sie in Wahrheit sind, «intellectualiter» betrachtet[45].

Wie Boethius ist Thierry offenkundig um eine Kongruenz von *ordo disciplinae* und *ordo rerum* bemüht. Dieser Zusammenhang zwischen ontologischer Grundlegung und spekulativer Wirklichkeitsbetrachtung findet eine abschließende Begründung in den *Lectiones* zum zweiten Buch von *De Trinitate*: «Drei Bereiche umfasst die theoretische Wissenschaft: (1) die Theologie, die ein Wissen von der Einfachheit (*simplicitas*) verleiht, das heißt ein Wissen von der Gesamtheit der Dinge in der Einfachheit [Gottes], (2) die Mathematik, die ein Wissen von den abstrahierten Formen, das bedeutet von der Notwendigkeit der Verknüpfung ermöglicht, (3) schließlich die Physik, die ein Wissen und eine Kenntnis der Gesamtheit der Dinge gibt, wie sie in der absoluten und in der determinierten Möglichkeit ist»[46].

Diese programmatische Aussage fußt vor allem auf zwei einander bedingenden Annahmen: auf der Annahme eines gemeinsamen Gegenstandes aller drei Bereiche der theoretischen Wissenschaft, nämlich der *universitas rerum*[47], welche, und das ist die zweite Annahme, nach Maßgabe der Notwendigkeit (*necessitas*) bzw. Möglichkeit (*possibilitas*) Gegenstand entweder der Theologie, der Mathematik oder

---

[45] *Ibid.*, II, 16, p. 73, ll. 63-66: «*In diuinis intellectualiter* ubi scilicet sola operatur intelligentia. *Neque diduci ad imaginationes*. Cum theologice inquit loquimur non oportet *ad imaginationes* i.e. ad rerum figuras admodum imaginatas recurrere. Deus enim nullius figure est». – Cf. THEODORICUS CARNOTENSIS, *Lectiones*, *op. cit.*, II, 27, p. 163, ll. 9-23. Zu «intelligentia» cf. ferner THEODORICUS CARNOTENSIS, *Glosa super Boethii De Trinitate*, *op. cit.*, I, 7, p. 269, l. 33 – p. 270, l. 35: «Intelligentia uero quam proprie disciplinam nuncupamus est uis anime que ipsarum formarum qualitates singulas atque proprietates uel eas ipsas formas ut uere sunt considerat».

[46] THEODORICUS CARNOTENSIS, *Lectiones*, *op. cit.*, II, 18, p. 160, ll. 9-14: «Sed *speculative tres* sunt *partes*: theologia que dat scientiam simplicitatis i.e. uniuersitatis in simplicitate et mathematica que dat scientiam abstractorum scilicet necessitatis conplexionis et phisica que dat scientiam et cognitionem uniuersitatis ut est tum in absoluta possibilitate tum in determinata». – Zur näheren Kennzeichnung der Theologie cf. THEODORICUS CARNOTENSIS, *Lectiones*, *op. cit.*, II, 7, p. 156, ll. 72f.: «Theologia uero considerat simplicitatem unitatem omnium in quadam simplicitate que deus est».

[47] *Ibid.*, II, 18, p. 160, l. 15: «Sic uniuersitas subiecta est theologie, mathematice et phisice». – Cf. *ibid.*, II, 4, p. 155, ll. 29f.; ferner *ibid.*, II, 7, p, 156, ll. 67f.

der Physik zu werden vermag. Neben Boethius, der den Ausgangspunkt bildet, scheint ein weiterer Bezugspunkt in der Auslegung dieses *ordo disciplinae* durch Thierry der *Timaios*-Kommentar des Calcidius zu sein. In dem Bestreben, das der wahrnehmbaren Welt Zugrundeliegende in seiner Gesamtheit zu erfassen, kommt Calcidius auf die vorhersehende Denkkraft Gottes («prouida mens dei») zu sprechen, aus der nach Maßgabe der Vorsehung mit notwendigen Gründen die Gesamtheit der Welt hervorgehe, und zwar die sinnliche Welt (*mundus sensilis*) nach dem Vorbild der denkbaren Welt (*mundus intelligibilis*). Diese Notwendigkeit (*necessitas*) aber nenne Platon «hyle», wir, so Calcidius, hingegen auf Lateinisch «silua»; aus dieser sei die Gesamtheit der Dinge (*rerum uniuersitas*), sofern sie als «patibilis natura» jedem körperhaftem Seienden dergestalt zugrundeliegt, dass sie die verschiedenen Formen in sich aufnimmt[48].

Diese Notwendigkeitsordnung wird determiniert durch die die Gesamtheit aller Dinge in sich einfaltende Einfachheit und Einheit Gottes, die als absolute Notwendigkeit (*absoluta necessitas*) begriffen werden muss[49]. Absolute Notwendigkeit und nicht Zufall ist also das Strukturprinzip der *universitas rerum*. Damit besitzt Thierry einen Schlüssel, um das komplexe Subjekt der *scientia speculativa* sowohl hinsichtlich seines immanenten Zusammenhanges als auch in Hinblick auf seine Erkennbarkeit entsprechend der Maßgabe der drei Bereiche der theoretischen Wissenschaft konsistent begründen zu können. Die Wirklichkeitsstruktur der *universitas rerum* nämlich wie auch die Art und Weise, in der sie Gegenstand der theoretischen Erkenntnis zu werden vermag, steht in der Spannung zwischen absoluter Notwendigkeit und determinierter Möglichkeit. Im einzelnen unterscheidet Thierry vier Existenzweisen (*modi existendi*) der Gesamtheit aller

---

[48] CALCIDIUS, *Commentarius in Timaeum*, ed. J. H. WASZINK (Plato latinus IV), London/Leiden, 1962, CCLXVIII, p. 273, ll. 10-19: «Mundi sensilis explanaturus omnem substantiam iure commemorat prope omnia se pertractasse quae prouida mens dei contulerit, efficiens eum ad exemplum et similitudinem intellegibilis mundi, solumque residuum superesse tractatum, ex quo ea quae necessitas inuexit considerentur, quando prouidis necessariisque rationibus mundi uniuersitas constare uideatur. Necessitatem porro nunc appellat hylen, quam nos Latine siluam possumus nominare, ex qua est rerum uniuersitas eademque patibilis natura, quippe subiecta corpori principaliter, in qua qualitates et quantitates et omnia quae accidunt proueniunt; quae cum a natura propria non recedat, diuersis tamen et contrariis speciebus eorum quae intra se recipit formisque uariatur».

[49] THEODORICUS CARNOTENSIS, *Lectiones*, *op. cit.*, II, 8, p. 156, ll. 84f.: «unitas scilicet conplicans in se omnium rerum uniuersitatem in simplicitate que ab antiquis uocatur absoluta necessitas».

Dinge: die absolute Notwendigkeit (*absoluta necessitas*), die Notwendigkeit der Verknüpfung oder Zusammenfassung (*necessitas conplexionis*) sowie die absolute Möglichkeit (*absoluta possibilitas*) und die determinierte Möglichkeit (*determinata possibilitas*)[50]. Diese vier Existenzweisen sind den drei theoretischen Wissenschaften zugeordnet: der Theologie die absolute Notwendigkeit der Einfachheit und Einheit, der Mathematik die Notwendigkeit der Verknüpfung oder Zusammenfassung als Explikation der Einfachheit, der Physik schließlich die beiden Weisen der determinierten und absoluten Möglichkeit[51]. Auffällig ist das enge Explikationsverhältnis zwischen Theologie und Mathematik, das in der Notwendigkeitsstruktur der Seinswirklichkeit gründet. Denn auch auf Seiten der *modi existendi* besteht zwischen der ewigen Einfachheit der absoluten Notwendigkeit und der Notwendigkeit der Verknüpfung oder Zusammenfassung ein Explikationsverhältnis. Von dieser Ebene einander explizierender Notwendigkeit ist der physikalische Bereich deutlich unterschieden. Er umfasst die beiden Formen der Möglichkeit: die absolute Möglichkeit in Gestalt der *materia primordialis* und die determinierte Möglichkeit, die Thierry als «actus cum possibilitate» charakterisiert[52].

Rückblickend wird deutlich, auf welche Weise Thierry von Chartres die von ihm affirmierte Bestimmung der Weisheit als «das Begreifen der Wahrheit von dem, was ist, nämlich des Unveränderli-

---

[50] *Ibid.*, II, 9, p. 157, ll. 86-91: «Cum autem rerum uniuersitas, ut dictum est, subiecta sit theologie, mathematice et phisice secundum diuersas considerationes est tamen uniuersitas rerum quatuor modis: et una et eadem uniuersitas est in absoluta necessitate, est in necessitate conplexionis, est in absoluta possibilitate, est in determinata possibilitate. Et hi sunt quatuor modi existendi uniuersitatis omnium rerum». – Zum Einfluß des Thierry von Chartres auf Nicolaus Cusanus cf. mit Blick auf diesen Diskussionszusammenhang *De docta ignorantia*, ed. P. WILPERT et H. G. SENGER (PhB 264a-c), lib. I, cap. 6 und 22-24, und lib. II, cap. 2-8.

[51] THEODORICUS CARNOTENSIS, *Lectiones*, *op. cit.*, II, 11, p. 158, ll. 17-20: «Considerat enim theologia necessitatem que unitas est et simplicitas. Mathematica considerat necessitatem conplexionis que est explicatio simplicitatis. Mathematica enim formas rerum in ueritate sua considerat. Phisica uero considerat determinatam possibilitatem et absolutam».

[52] *Ibid.*, II, 14, p. 159, ll. 55-59: «Nam, ut dictum est, quatuor modi sunt uniuersitatis: eterna simplicitas que uocatur absoluta necessitas: et explicatio illius simplicitatis que uocatur necessitas conplexionis: materia primordialis que uocatur possibilitas absoluta: et actus cum possibilitate qui uocatur possibilitas determinata». – Cf. ALANUS AB INSULIS, *Regulae caelestis iuris*, ed. N. M. HÄRING, in *Archives d'histoire doctrinale et littéraire du moyen âge*, 56 (1981), p. 97-226, hier LXVI, 3, p. 173; ALANUS AB INSULIS, *Summa Quoniam homines*, ed. P. GLORIEUX, in *Archives d'histoire doctrinale et littéraire du moyen âge*, 20 (1953), 83, p. 229.

chen»[53] verstanden wissen will. Das Begreifen des Unveränderlichen, worauf das spekulative Erkenntnisvermögen gerichtet ist, bedeutet zunächst die Zurückführung der komplexen Wirklichkeit der *universitas rerum* auf die «rationes»[54], die Beweisgründe der drei spekulativen Wissenschaften, die mit Hilfe der boethianischen Kategorien «motus» und «abstractio» nach Maßgabe ihres Objektbereiches und hinsichtlich der methodischen Annäherung voneinander unterschieden sind. Dabei ist es Sache des Weisen, die jeweiligen Beweisgründe gemäß der Seinsweise des vorliegenden Gegenstandes einzuführen: «sapientis est rationes inducere»[55]. In einem weiteren Schritt führt die gleichfalls im Rückgriff auf Boethius als Dialektik von Notwendigkeit (*necessitas*) und Möglichkeit (*possibilitas*) sich entfaltende Erkenntnisdynamik schließlich auf die Einheit und Einfachheit eines obersten Prinzips. Denn alles Geschaffene bedarf einer vorausliegenden Einheit, welche mit Notwendigkeit ewig ist. Diese Einheit aber ist allein die Gottheit selbst[56].

IV.

Unzweifelhaft wird hier Metaphysik getrieben, jedoch eine Metaphysik, die nicht nur formal am Leitfaden der sogenannten «Theologischen Traktate» des Boethius erfolgt, insbesondere von *De Trinitate*, sondern auch explizit auf dem Boden des Programms des Boethius

---

[53] THEODORICUS CARNOTENSIS, *Commentum*, *op. cit.*, II, 2, p. 68, ll. 18f.: «Sapientia uero est conprehensio ueritatis eorum que sunt i.e. immutabilium».

[54] An zwei Stellen spricht Thierry von «resolutio»: *Tractatus de sex dierum operibus*, ed. in N. M. HÄRING, *Commentaries on Boethius by Thierry of Chartres and his School*, *op. cit.*, 28, p. 567, ll. 66-68: «Lapides uero et metalla ex humore fuisse concreta resolutio eorum in eundem humorem ostendit» – und: *Abbreviatio Monacensis De hebdomadibus*, *op. cit.*, 16, p. 407, ll. 93-95): «Que dicuntur termini et etiam elementa eo quod cum fiat probatio per ea in resoluendo usque ad ipsa tantum potest fieri resolutio».

[55] THEODORICUS CARNOTENSIS, *Commentum*, *op. cit.*, II, 1, p. 68, ll. 6-10: «Considerare quidem dembemu unumquodque prout intelligi potest quia ut a quodam dictum est sapientis est rationes inducere iuxta qualitatem rei proposite ut de naturalibus rationabiliter, de mathematicis disciplinaliter, de diuinis agamus intellectualiter ut paulo post explicabitur».

[56] THEODORICUS CARNOTENSIS, *Tractatus de sex dierum operibus*, *op. cit.*, 31, p. 568, l. 92 – p. 569, l. 98: «Sed mutabilitati omnis creatura subiecta est. Et quicquid est, uel eternum est uel creatura. Cum igitur unitas omnem creaturam precedat, eternam esse necesse est. At eternum nichil est aliud quam diuinitas. Unitas igitur ipsa diuinitas. At diuinitas singulis rebus forma essendi est. Nam sicut aliquid ex luce lucidum est uel ex calore calidum ita singule res esse suum ex diuinitate sortiuntur».

steht, der mit Bezug auf die Lehre von der Trinität die Forderung erhebt, «sorgfältig zu erwägen, was gesagt worden ist, und den Glauben, soviel man mag, mit der Vernunft zu verknüpfen»[57] – ganz so wie anderthalb Jahrhunderte später Meister Eckhart, dem zufolge die heilige Schrift sehr angemessen auf die Weise erklärt wird, «dass mit ihr übereinstimmt, was die Philosophen über die Natur der Dinge und ihre Eigenschaften geschrieben haben, zumal aus einer Quelle und einer Wurzel die Wahrheit alles hervorgeht, was wahr ist, sei es im Sein, sei es im Erkennen, in der Schrift und in der Natur»[58]. Hierbei scheint Eckhart nicht nur den Gegensatz von Philosophie und Theologie zu ignorieren, sondern auch die strikte Unterscheidung der beiden Theologien, der philosophischen und der christlichen – eine Unterscheidung, die Thomas von Aquin in seinem *De Trinitate*-Kommentar mit soviel Nachdruck etabliert hatte –, wenn er programmatisch eine Konkordanz von Philosophie und Offenbarung, von Metaphysik und Evangelium behauptet[59].

Wie wir eindrucksvoll gesehen haben, sucht auch Thierry von Chartres die Offenbarungswahrheiten wie Schöpfung und Trinität soweit wie möglich als Vernunftwahrheiten zu begreifen. Auf diese Weise vermag er die Prinzipienreflexion im Horizont der Theologie als Teil der *scientia speculativa* durchzuführen. Darin kommt der Theologie, die den Charakter einer spekulativen Theologik besitzt, ihr wissenssystematischer Ort als das äußerste Vermögen der theoretischen Philosophie zu, die ein Wissen der *universitas rerum* in der Einfachheit und Einheit ihres göttlichen Prinzips ist. Auf diese Weise hat sie zugleich das oberste Prinzip jeder spekulativen Erkenntnis zu ihrem Gegenstand. Anders als bei Meister Eckhart herrscht jedoch mit Bezug auf die Magister des 12. Jahrhunderts oftmals die Auffassung

---

[57] BOETHIUS, *Utrum Pater et Filius et Spiritus Sanctus de Divinitate substantialiter praedicentur*, ed. H. F. STEWART / E. K. RAND / S. J. TESTER, *op. cit.*, p. 36, ll. 70f.: «diligentius intuere quae dicta sunt et fidem si poterit rationemque coniunge». – Cf. ECKHARDUS DE HOCHHEIM, *In Ioh.*, n. 361 (Lat. Werke III, p. 306, l. 5 – p. 307, l. 1).

[58] ECKHARDUS DE HOCHHEIM, *In Ioh.*, n. 185 (Lat. Werke III, p. 154, l. 14 – p. 155, l. 2): «Secundum hoc ergo convenienter valde scriptura sacra sic exponitur, ut in ipsa sint consona, quae philosophi de rerum naturis et ipsarum proprietatibus scripserunt, praesertim cum ex uno fonte et una radice procedat veritatis omne quod verum est, sive essendo sive cognoscendo, in scriptura et in natura».

[59] Cf. exemplarisch *ibid.*, n. 434-444 (Lat. Werke III, p. 380, ll. 7-14). Zu Thomas von Aquin siehe insbesondere qu. 6, a. 1 seiner *Expositio super librum Boethii De Trinitate*. Cf. J. A. AERTSEN, «Is there a Medieval Philosophy? – Thomas Aquinas and Meister Eckhart», in *International Philosophical Quaterly*, 39 (1999), p. 385-412.

vor, als sei hier ein Problem nicht hinreichend erkannt, und die allzu unkritische, wenn nicht naive Gleichsetzung von Metaphysik und Theologie gefährde, ja begrenze letztlich die Versuche, die Philosophie aus der allzu engen Bindung an die Theologie herauszulösen und als autonome Größe auch prinzipientheoretisch zu begründen. Kaum anders kann man das Diktum von einem «Erwachen der Metaphysik» oder gar die Postulierung eines zweiten Anfangs der Metaphysik erklären. Doch Thierry und seine Zeitgenossen waren keinesfalls naiv. Nehmen wir zum Beispiel Hugo von St. Viktor, bei dem wir gleichfalls das boethianische Verständnis der theoretischen Wissenschaften finden – es liegt seiner Studienordnung zu Beginn des zweiten Buches des *Didascalicon* zugrunde[60] –, und der den Eindruck erweckt, als stelle der Weg über die philosophische Paideia einen gegenüber dem theologischen Heilsanspruch gleichberechtigten Weg zur Vervollkommnung und zum Glück dar[61]: Zu Beginn des vierten Buches – mit dem der zweite Teil seines Studienbuches beginnt – vergleicht Hugo das Wissen der Philosophen mit einer weiß übertünchten Lehmwand, von außen betrachtbar im Glanz ihrer Beredsamkeit, doch anders als die göttlichen Worte vermischt mit Falschheiten und Widersprüchen[62]. Und bei Richard von St. Viktor finden wir sogar eine deutliche Adresse einer gleichlautenden Kritik an den «Pseudo-Philosophen», den «Fabrikanten der Lüge, die Neues zu erfinden suchten, um sich einen Namen zu machen»[63]. Ihren Versuch nämlich, selbst eine «Bundeslade der Weisheit herzustellen», vergleicht Richard mit dem Bemühen, die verborgenen Ursachen der Dinge «secundum physicam rationem» aufzufinden. Aber wie die Lade der «Weisen der Welt» zwar äußerlich blendet, innen jedoch hölzern und leer bleibt, weil ihnen das Geld ausgegangen ist, so findet ihr Versuch, die Gründe der göttlichen Ordnung und die natürlichen Ursachen der Dinge («physicas rationes

---

[60] HUGO DE S. VICTORE, *Didascalicon*, ed. C. H. BUTTIMER, Washington, 1939, II, 1-3, p. 23-27.

[61] A. SPEER, «Philosophie als Lebensform? Zum Verhältnis von Philosophie und Weisheit im Mittelalter», in *Tijdschrift voor Filosofie*, 62 (2000), p. 3-25, hier p. 9-11.

[62] HUGO DE S. VICTORE, *Didascalicon*, *op. cit.*, IV, 1, p. 70, ll. 13-18: «philosophorum scripturae, quasi luteus paries dealbatus, nitore eloquii foris pollent, quae, si quando veritatis praetendunt speciem, flasa admiscendo, quasi quodam colore superducto, lutum erroris operiunt. contra, divina eloquia aptissime favo comparantur, quae et propter simplicitatem sermonis arida apparent, et intus dulcedine plena sunt».

[63] RICHARDUS DE S. VICTORE, *Benjamin maior* II, 2 (PL 196, 80D): «Etiam temporibus nostris insurrexerunt quidam pseudophilosophi, fabricatores mendacii, volentes sibi nomen facere, studuerunt nova invenire. Nec erat eis cura tam ut assererent vera, quam putarent invenisse nova. Praesumentes itaque de sensu suo, putaverunt se posse facere sibi sapientiae arcam».

rerum») zu ergründen, in der Erklärung einiger äußerlicher Phänomene seine Grenze[64].

Doch das kritische Bewusstsein bezüglich des eigenen methodischen Weges ist nicht nur von außen zugesagt, es ist vielmehr originärer Bestandteil der eigenen wissenschaftlichen Bemühung. Erinnert sei an die ausgefeilte Sprachkritik und Sprachlogik eines Gilbert von Poitiers[65], die auch Thierry teilt, wenn er zwischen eigentlichem und translativem Sprachgebrauch gerade in Hinblick auf die Theologie sorgfältig unterscheidet. Wie Gilbert, der in der Unkenntnis hinsichtlich der Differenzierung der «rationes», der einer wissenschaftlichen Problemstellung zugrundeliegenden Beweisgründe – diese sind entweder als «rationes communes» allen Disziplinen gemeinsam oder kommen als «rationes propriae» jeweils nur einer Wissenschaft zu[66] – den Grund für die meisten gravierenden Fehlurteile sieht[67], warnt auch Thierry von Chartres davor, beispielsweise «rationes» aus dem Bereich der Mathematik und der Physik einfachhin auf die Theologie zu

---

[64] *Ibid.*, II, 9 (PL 196, 87A-B): «Sed nec hoc silentio praetereundum puto, quomodo huius mundi sapientes arcas suas deaurare. [...] Arcam itaque suam ex magna parte (sed extrinsecus tantum) deaurare potuerunt. Nam ut eam intrinsecus deaurarent, erat eis parva cura, possibilitas nulla. Cito siquidem eorum deficit pecunia, nec erat eis auri tanta copia quo possent eam deaurare intrinsecus, quippe quibus pecunia defecerat ad eam ex integro deaurandam extrinsecus». – Cf. R. KÄMMERLINGS, «*Mystica arca*. Zur Erkenntnislehre Richards von St. Viktor in ,De gratia contemplationis'», in G. BINDING / A. SPEER (eds,), *Mittelalterliches Kunsterleben nach Quellen des 11. bis 13. Jahrhunderts*, Stuttgart, 1993, ²1994, p. 76-100, bes. p. 99f.

[65] Cf. etwa J. JOLIVET / A. DE LIBERA (eds.), *Gilbert de Poitiers et ses contemporains aux origines de la ,logica modernorum'* (Actes du septième symposium européen d'histoire de la logique et de la semantique médiévales), Napoli, 1987; J. MARENBON, «Gilbert of Poitiers» und «A Note on the Porretani», in *A History of Twelfth-Century Western Philosophy*, P. DRONKE (ed.), Cambridge, 1988, p. 328-357.

[66] GISLEBERTUS PICTAVENSIS, *Expositio in Boecii librum primum de Trinitate*, ed. in N. M. HÄRING, *The Commentaries on Boethius by Gilbert of Poitiers*, Toronto, 1966, prol. sec. 1, p. 57, ll. 1f.: «Omnium, que rebus percipiendis suppeditant, rationum alie communes sunt multorum generum, alie proprie aliquorum». – *Ibid.*, 2, p. 57, ll. 8-11: «Hanc autem rationum omnium communitatem uel proprietatem non nescit quisquis rerum diligens inquisitor non eas transeunter aspexit sed mentis acie fixa notatas et eiusdem iudicio comprehensas primum apud se seruandas memorie tradidit».

[67] *Ibid.*, 5, p. 58, ll. 31f.: «Quisquis uero hanc rationum differentiam uel omnino nescit uel attendere negligit, sepe preter officium causam casu commutat». – Zum Verständnis von «ratio» bei Gilbert cf. M. DREYER, «Regularmethode und Axiomatik. Wissenschaftliche Methodik im Horizont der *artes*-Tradition des 12. Jahrhunderts», in I. CRAEMER-RUEGENBERG / A. SPEER (eds.), *Scientia und ars im Hoch- und Spätmittelalter* (Miscellanea Mediaevalia 22), Berlin/New York, 1994, p. 147-155, hier p. 150-153; J. MARENBON, «Gilbert of Poitiers», *op. cit.*, p. 333-336.

übertragen[68]. Wie Gilbert zählt Thierry zu den «rationes» auch die «regulae» oder «termini» genannten Grundsätze, unterscheidet aber in dem erhaltenen Fragment seines Kommentars zu *De hebdomadibus* deutlicher als Gilbert zwischen den «termini», die, da sie «per se nota» seien, nicht überstiegen werden dürfen und mit denen daher der Zweifel beendet werden könne, und den «regulae», von denen man gleichsam geleitet werde, damit man bei der Lösung der Frage nicht vom Weg der Wahrheit abweiche[69]. In diesem Sinne besitzt, wie Alanus ab Insulis in seinen *Regulae caelestis iuris* formuliert, jede Wissenschaft ein für sie spezifisches Fundament aus an sich bekannten bzw. unbeweisbaren Sätzen (*regulae*), welche die Grenzen dieser Disziplin abstecken und zum Beweis nachgeordneter Sätze dienen[70].

V.

Die Magister des 12. Jahrhunderts kommentieren Boethius also nicht nur textualiter, sie stehen auch explizit auf dem Boden des Programms des Boethius. Und obwohl es den Anschein haben mag, determiniert Thomas von Aquin tatsächlich die darin artikulierte Frage nicht, wird die boethianische Fragestellung durch das aristotelische Metaphysikkonzept nicht einfach aufgehoben oder geht darin auf –

[68] THEODORICUS CARNOTENSIS, *Lectiones*, *op. cit.*, II, 13, p. 158, ll. 38f.: «Non enim alie rationes scilicet mathematice uel phisice in theologia reperiuntur».

[69] THEODORICUS CARNOTENSIS, *Commentum*, *op. cit.*, 6, p. 120, ll. 53-55: «*Terminos* i.e. per se nota que non licet transgredi et quibus dubitatio poterit terminari et *regulas* quibus scilicet regamur ne questionem soluendo a ueritatis tramite deuiemus». – Cf. GISLEBERTUS PICTAVENSIS, *Expositio in Boecii librum de bonorum ebdomade*, *op. cit.*, I, 10, p. 189, ll. 57-60: «Eosdem quos uocat ‚terminos' uocat etiam ‚regulas': sed regulas quidem quoniam locali similitudine multa continent: terminos uero quoniam ex eorum principiis demonstratio propositorum deducitur et eorundem postremis inductionibus tanquam finibus terminatur».

[70] ALANUS AB INSULIS, *Regulae caelestis iuris*, *op. cit.*, prol. 1, p. 121: «Omnis scientia suis nititur regulis uelud propriis fundamentis et [...] cetere scientie proprias habent regulas quibus nituntur et quasi quibusdam certis terminis clauduntur». – Zu den *Regulae caelestis iuris* und zu Alanus ab Insulis cf. M. DREYER, «Die Theoremata als Gattung philosophischer und theologischer Erörterung im lateinischen Mittelalter», in *Studia Mediewistyczne*, 25/2 (1988), p. 17-25, bes. p. 18-23. Genannt werden müssen in diesem Zusammenhang ferner die Kommentare zu *De Trinitate* und zu *De hebdomadibus* des Clarembaldus von Arras, ed. in N. M. HÄRING, *Life and Works of Clarembald of Arras. A Twelfth Century Master of the School of Chartres*, Toronto, 1965, sowie die *Ars fidei catholicae* des Nikolaus von Amiens, ed. M. DREYER, *Nikolaus von Amiens, Ars fidei catholicae. Ein Beispiel axiomatischer Methode* (BGPhThMA N.F. 37), Münster, 1993, siehe dort auch p. 16-38.

um, wie manche meinen, von Scotus nach einer abermaligen Transformation in die Moderne geführt zu werden (doch dies ist eine andere Debatte). Vielmehr behält die boethianische Programmatik ganz offenkundig ihre eigene Geltung. Dies zeigt gerade der Fall des Eckhart von Hochheim. Die Identifizierung von Metaphysik und Offenbarungstheologie, die gemäß der Übereinstimmung in der Betrachtung ihres Subjekts auf der Grundlage intrinsischer Einheitskausalität erfolgt, findet in dem bekannten Diktum: «evangelium comtemplatur ens inquantum ens» ihren prägnanten Ausdruck[71]; umgekehrt gewährt die Philosophie auch einen Zugang zur Trinität. Eingelöst wird dieses Programm in der Konzeption des *Opus tripartitum*, das Eckhart in seinen *Prologi* als einen Gesamtentwurf konzipiert, in dem Metaphysik, systematische Theologie und Bibelexegese unter Beibehaltung ihrer Differenzen produktiv aufeinander bezogen sind[72]. Hierbei kommt dem *Opus propositionum* (wie Eckhart im dritten *praenotandum* des *Prologus generalis* explizit darlegt) gegenüber den beiden anderen Teilen, dem *Opus quaestionum* und dem *Opus expositionum* eine fundierende Funktion zu, sofern «die Erklärungen der Probleme und die Auslegung der Schriftworte meistens auf eine der Thesen gründen», die im *Opus propositionum* nach dem Vorbild der Theoremata-Traktate ein axiomatisches Ordnungsgefüge bilden[73]. Denn die Metaphysik in ihrer Übereinstimmung mit dem Evangelium besitzt einen demonstrativen Charakter, im Unterschied zu der auch die extrinsischen Ursachen betrachtenden Physik, die dem Alten Gesetz (*lex vetus*) zugeordnet wird und wie dieses lediglich nach Art topischer Gewissheit prozediert[74].

Eckhart ist nur ein Beispiel für die offensichtlich bewusste Suspendierung der uns aus der Perspektive des 13. Jahrhunderts so ver-

---

[71] ECKHARDUS DE HOCHHEIM, *In Ioh.*, n. 443-444 (Lat. Werke III, p. 380, ll. 7-14). Zur Frage von Einheitskausalität und Metaphysik cf. W. GORIS, *Einheit als Prinzip und Ziel. Versuch über die Einheitsmetaphysik des ,Opus tripartitum' Meister Eckharts* (STGMA 59), Leiden/New York/Köln, 1997, p. 264-278.

[72] Zum Projekt des *Opus tripartitum* cf. W. GORIS, «*Prout iudicaverit expedire.* Zur Interpretation des zweiten Prologs zum *Opus expositionum* Meister Eckharts», in *Medioevo*, 20 (1995), p. 233-278. Ferner J. A. AERTSEN, «Meister Eckhart: eine außerordentliche Metaphysik», in *Recherches de Théologie et Philosophie médiévales*, 66 (1999), p. 1-20.

[73] *Prol. gen. in Op. trip.*, n. 11 (Lat. Werke I, p. 156, ll. 4-7); cf. W. GORIS, *Einheit als Prinzip und Ziel*, *op. cit.*, p. 22-32.

[74] ECKHARDUS DE HOCHHEIM, *In Ioh.*, n. 444 (Lat. Werke III, p. 380, ll. 12f.): «De praemissis patet quod evangleium et lex vetus se habent ad invicem sicut demonstrator et topicus, sicut metaphysicus et physicus».

trauten Philosophie-Theologie-Kontroverse, die insbesondere in den immer spitzfindigeren Quästionen zur Frage des Wissenschaftssubjekts der Metaphysik bzw. der Theologie ihren signifikanten Niederschlag finden. Doch ist nicht zu übersehen, dass am Ende des 13. Jahrhunderts ein Wissenschaftsverständnis wieder an Boden gewinnt, dessen Leitbegriff die Weisheit nicht gemäß *Metaphysik* I,2 ist, sondern nach Art des augustinischen Weisheitsmodells einer *doctrina christiana*, nach Art des boethianischen Theologiebegriffs, der auf eine klare Differenzierung zwischen Vernunft- und Offenbarungswahrheiten verzichtet, oder nach Art des dionysisch-proklischen Versuchs einer alles Wissen integrierenden und zugleich übersteigenden «supersapientia» ist: dies gilt für Heinrich von Gents Reformulierung des augustinischen Weisheitsverständnisses ebenso wie für Meister Eckharts neues Interesse am boethianischen Theologieverständnis oder für Berthold von Moosburgs Versuch, das dionysisch-proklische Theologieverständnis in die scholastische Debatte zu vermitteln[75].

Auch für Nikolaus von Kues stellt die Konkurrenz zweier um die Weisheitspalme streitender Wissenschaften einen Abfall von der ursprünglichen Weisheitsintention dar. Denn als «sapida scientia», als schmeckendes Wissen, – so Nikolaus – erfasst die Weisheit in Wahrheit die Koinzidenz der konträren Wissenspositionen hinsichtlich des Göttlichen[76]. Auf diese Weise führt die wahre Weisheit auch über alle Widersprüchlichkeiten hinaus, die sich aus der Differenz von Theologie und Philosophie und insbesondere aus der Verabsolutierung ihrer Positionen ergeben. Diese nämlich vermag der Weise aufzulösen und in Übereinstimmung zu bringen («transire in concordantiam»)[77]. Wir erkennen offensichtlich die boethianische Programmatik wieder. Und wie keiner vor ihm greift Cusanus auf das Erbe des 12. Jahrhunderts zurück. Durch seine kraftvolle Wiederaufnahme der spekulativen Notwendigkeitsmetaphysik des Thierry von Chartres wird das boethianische Erbe auf neue Weise wieder mit neuem Leben erfüllt – und zwar buchstäblich: Die Frage nach dem Verhältnis oder genauer der wechselseitigen Abgrenzung von Theologie und Philosophie spielt für Nikolaus keine Rolle. Im Gegenteil: Ihm geht es, wie gesagt, um

---

[75] Hierzu A. SPEER, «*Sapientia nostra*», *op. cit.*, p. 260-275.

[76] NICOLAUS CUSANUS, *Idiota de sapientia* I: ^{2}V, N. 15 und 17. Cf. hierzu A. SPEER, «Philosophie als Lebensform?», *op. cit.*, p. 19f.

[77] *De apice theoriae*: h XII, N. 15, ll. 19-20: «Talibus igitur resolutionibus vides cuncta facilia et omnem differentiam transire in concordantiam». – Cf. H. G. SENGER, «Griechisches und biblisch-patristisches Erbe im Cusanischen Weisheitsbegriff», in *Mitteilungen und Forschungen der Cusanus-Gesellschaft*, 20 (1992), p. 147-181.

die Konkordanz. Gleiches gilt für den *Timaios* und die platonische Prinzipientheorie. Auch hier hat Albert der Große die Frage der platonischen Prinzipientheorie nicht determiniert, wenn er die Lösung des David von Dinant – durchaus zu unrecht – unter das Verdikt stellt, Gott und die *prima materia* gleichgesetzt zu haben. Als Pantheismus hat diesen Vorwurf dann die Tradition übernommen, wie bei Thomas von Aquin unschwer nachzulesen ist[78]. Doch nachdem die Pariser Artesfakultät den *Timaios* in den Appendix des Lesekanons für die Ethik verbannt hatten[79], erlangt dieser an der Schwelle zur Renaissance seinen Einfluss als naturphilosopischer und metaphysischer Traktat in der Naturphilosophie wieder zurück. Einer dieser Leser ist Nikolaus von Kues.

Gerade im Rückblick aus größerer Distanz zeigt sich noch einmal die Eigenständigkeit des 12. Jahrhunderts, das allzuoft noch als bloßer Vorläufer des insbesondere philosophisch weit überlegenen 13. Jahrhunderts gilt. Doch weder führen die Fragen des 12. Jahrhunderts notwendig auf die Antworten des 13. Jahrhunderts (auch wenn viele dort vorbereitet werden), noch werden sie dort in toto determiniert. Diese Antworten finden sich häufig weit später und verweisen so rückblickend auf die longue durée der beiden Traditionen, die ich zur Bestimmung des Verhältnisses von Theologie und Metaphysik hauptsächlich beigezogen habe: die platonische Prinzipienlehre und Boethius. Sollte damit aber nicht auch die Frage nach dem Verhältnis von Theologie und Metaphysik – zumindest wenn sie allein einem bestimmten Antwortschema folgt – unter einen generellen hermeneutischen Vorbehalt gestellt werden? Zumindest mit den Augen des 12. Jahrhunderts betrachtet erscheint sie mir in bestimmter Hinsicht als durchaus anachronistisch – und das nicht in einem produktiven Sinne, der uns Alternativen des Denkens eröffnete.

---

[78] THOMAS DE AQUINO, *Summa theologiae* I, q. 3, a. 8 c: «Alii autem dixerunt Deum esse principium formale omnium rerum. Et haec dicitur fuisse opinio Almarianorum. Sed tertius error fuit David de Dinando, qui stultissime posuit Deum esse materiam primam». – Hierzu und zu Albertus Magnus siehe ausführlich A. SPEER, «Von Plato zu Aristoteles», *op. cit.*, p. 309-312 und 336-341.

[79] Siehe hierzu C. LAFLEUR, *Quatre introductions à la philosophie au XIIIe siècle. Textes critiques et étude historique*, Montréal/Paris, 1988, p. 127-161 und 232-237; C. LAFLEUR, *Le «guide de l'étudiant» d'un maître anonyme de la faculté des arts de Paris au XIIIe siècle (Édition critique provisioire du ms. Barcelona, Ripoll 109, ff. 134ra-158va)*, Québec, 1992, p. 33-50 und 53-71, zum *Timaios* bes. p. 69-79.

CHARLES BURNETT

(Warburg Institute, London)

THE BLEND OF LATIN AND ARABIC SOURCES IN THE METAPHYSICS OF ADELARD OF BATH, HERMANN OF CARINTHIA, AND GUNDISALVUS

In this article I would like to show how there was a conscious attempt to draw together what Latin and Arabic authors respectively had to say on the subject of metaphysics among three translators from Arabic who drew inspiration each from the other, and may have had a common intellectual background. They would have considered it irrelevant that their sources belonged to different traditions; rather they would see both their Latin and Arabic authorities as drawing on a common pool of ancient Greek wisdom, epitomised by the doctrines of Aristotle, and, beyond him, Hermes Trismegistus. Their ultimate source for the demarkation of the subject of metaphysics itself was *Metaphysics* Epsilon (book VI), ch. 1, where three theoretical sciences are differentiated (I slightly abbreviate W. D. Ross's translation):

> Natural science [...] is about that sort of substance which has the principle of its movement and rest present in itself [...] Whether the objects of Mathematics are immovable and separable from matter is not at present clear; still, it is clear that *some* mathematical theorems *consider* them *qua* immovable and *qua* separable from matter. But if there is something which is eternal and immovable and separable, clearly the knowledge of it belongs to a theoretical science – not, however, to physics (for physics deals with certain movable things) nor to mathematics, but to a science prior to both. For physics deals with things which do not exist separately but are not immovable, and some parts of mathematics deal with things which are immovable but presumably do not exist separately, but as embodied in matter; while the first science deals with things which both exist separately and are immovable. Now all causes must be eternal, but especially these; for they are the causes that operate on so much of the divine

> as appears to us [i.e. produce the movements of the heavenly bodies]. There must, then, be three theoretical philosophies, mathematics, physics, and what we may call theology, since it is obvious that if the divine is present anywhere, it is present in things of this sort [...] If there is an immovable substance, the science of this must be prior and must be first philosophy, and universal in this way, because it is first. And it will belong to this to consider being *qua* being – both what it is and the attributes which belong to it *qua* being[1].

The direct knowledge of the *Metaphysics* in the Latin scholarship in the twelfth-century is meagre. The first translation was probably made in the middle of the twelfth century, by James of Venice, possibly active in Constantinople. But only the first four books of James of Venice's translation survive (in two twelfth-century manuscripts and some later ones). At about the same time, another translator, who also translated the *Physics* of Aristotle, made an independent translation from Greek, known as the 'Translatio anonyma' or 'Metaphysica media' which I have suggested elsewhere may have been made in the context of a group of translators associated with Antioch, whose work had little impact[2]. Only in the thirteenth century is there evidence of proliferation of versions and copies of the *Metaphysics*, with the appearance of the translation from Arabic of Michael Scot, the *Translatio composita* (or *Metaphysica vetus*), and finally the version of William of Moerbeke.

Nevertheless, Latin scholars had always known of the existence of Aristotle's work. This was largely through Boethius, who, at various points in his two commentaries on Aristotle's *De interpretatione* and his commentary on the *Categories*, refers to «further discussion» in «libri quos [Aristoteles] meta ta phisica inscripsit» vel sim. Already in manuscripts of Boethius's works the three Greek words 'meta ta physica' were combined into one 'metaphisica', and twelfth-century

---

[1] ARISTOTLE, *Metaphysics*, trans. W. D. ROSS, Oxford, 1924 (unpaginated), revised in *The Complete Works of Aristotle*, ed. J. BARNES, 2 vols., Princeton, 1984, vol. II, p. 1619-1620.

[2] Cf. CH. BURNETT, «A Note on the Origins of the *Physica Vaticana* and the *Metaphysica media*», in R. Beyers et al. (eds.), *Tradition et traduction: les textes philosophiques et scientifiques grecs au moyen âge latin – Hommage à Fernand Bossier*, Leuven, 1999, p. 59-69.

scholars, such as Abelard and the author of the *Liber sex principiorum*, quoting Boethius, refer simply to the 'Metaphysics'[3].

Twelfth-century Latin scholars were also indebted to Boethius for summarising the description of the three theoretical sciences with which this paper began. In the *De Trinitate* Boethius wrote:

> For since there are three theoretical divisions, the natural division [considers] inseparable things in motion (for it considers the forms of bodies together with their matter, which cannot be separated actually from bodies [...]), the mathematical division [considers] inseparable things without motion (for this speculates on the forms of bodies without matter and thus without motion, but these forms are in matter and cannot be separated from these bodies), and the theological division [considers] separable things without motion (for the substance and matter of God also lack motion) [...] in natural things it will be necessary to deal rationally (*rationabiliter*), in mathematics, in a 'disciplined' way (*disciplinaliter*)[4], in divine things, intellectually (*intellectualiter*)[5].

Among the authors who evoked this distinction was Hermann of Carinthia, the translator from Arabic into Latin who, late in 1143, wrote a cosmology called the *De essentiis*[6]. This work is written as a conversation between Hermann and his fellow-translator, Robert of Ketton, in which Hermann provides a very well-thought-out description of the coming-to-be of the universe and its continuing existence[7]. One basic distinction that he makes is between the universe's 'compositio', which is the mixture of its ingredients, and 'dispositio' which is the shape and spatial relationship of its parts. The three branches of

---

[3] G. VUILLEMIN-DIEM (ed.), *Metaphysica lib. I-XIV, Recensio et Translatio Guillelmi de Moerbeka*, 2 vols., Leiden, 1995, vol. I, p. 29-31.

[4] Boethius is merely providing a Latin equivalent to the Greek μάθησις = 'learning'.

[5] BOETHIUS, *De Trinitate*, II, in *The Theological Tractates and the Consolation of Philosophy*, ed. H. F. STEWART, E. K. RAND, S. J. TESTER, London, 1973, p. 8: «Nam cum tres sint speculativae partes, naturalis, in motu inabstracta *anupexairetos* (considerat enim corporum formas cum materia, quae a corporibus actu separari non possunt [...]), mathematica, sine motu inabstracta (haec enim formas corporum speculatur sine materia ac per hoc sine motu, quae formae cum in materia sint, ab his separari non possunt), theologica, sine motu abstracta atque separabilis (nam dei substantia et materia et motu caret) [...] in naturalibus igitur rationabiliter, in mathematicis disciplinaliter, in divinis intellectualiter versari oportebit».

[6] HERMANN OF CARINTHIA, *De essentiis*, ed. CH. BURNETT, Leiden, 1982; HERMANN OF CARINTHIA, *Herman Dalmatin, Rasprava o bitima*, ed. A. S. KALENI, 2 vols., Pula, 1990.

[7] CH. BURNETT, «Hermann of Carinthia», in P. DRONKE (ed.), *A History of Twelfth-Century Western Philosophy*, Cambridge, 1988, p. 386-404.

theoretical science are adapted to this distinction, and, in addition, Hermann specifies that the branches correspond to the nature of the soul:

> Since, therefore, speculative causes are related to things themselves, speculation itself receives the same number of divisions. All speculation is found in the soul's nature. Reason is applied to the composition (*of the universe*), demonstration to the disposition, and intellect to the governing cause. Reason is restricted to probability, demonstration relies on necessity, intellect trusts in a certain simple and unmixed intuition[8].

Hermann has substituted 'demonstratio' for Boethius's 'disciplina', but follows Boethius in his use of 'ratio' and 'intellectus'. Throughout the *De essentiis* Hermann is consistent in applying 'ratio' to revealing the workings of natural science, 'demonstratio' to mathematical arguments, and 'intellectus' to investigating God or the first cause. He says that he is involved in the first two enterprises when he advertises the subject-matter of the *De essentiis* in his introduction to a translation from Arabic of the *Planisphere* of Ptolemy[9]:

> The endpoint of the study of mathematics should also be the beginning of the natural theoretical science of which the first part contemplates the nature of the higher world as the second does the nature of the lower world – i.e. the causal and material causes respectively, all being principles of what is generated after that first cause moving both of them; as will be made more fully clear in what we have started to write about the essences[10].

At the beginning of the *De essentiis* he states that it is 'intellectus' (supported by reason) which is required for understanding the first cause:

---

[8] HERMANN OF CARINTHIA, *De essentiis*, *op.cit.*, p. 180: «Quoniam ergo cause speculative ipsarum rerum consanguinee sunt, et ipsa speculatio eiusdem numeri divisionem recipit. Omnis autem speculatio in natura anime. Accedit igitur ad compositionem ratio, ad dispositionem demonstratio, ad causam moderaticem intellectus, ratio quidem probabilitate contenta, demonstratio necessitate nitens, intellectus simplici quadam et mera conceptione fidens».

[9] *Ibid.*, p. 347-349.

[10] *Ibid.*, p. 348: «Finis est disciplinalis studii, naturalis quoque speculationis existat origo, cuius prior pars superioris mundi, ut sequens inferioris, naturam contemplatur – id autem est materiales rerum causas, quemadmodum illa formales, omnis videlicet geniture principia post primam ipsam causam utrumque moventem, ut in eo quod de essentiis instituimus, plenius patebit».

> The primary cause is one and simple, and while being itself motionless it is the cause and reason for movement for everything else, and, remaining stable, puts everything into motion. For reason shows that that which is not in motion precedes in antiquity all that is moved; also, the generative cause is older than everything brought into being. So, therefore, what moves everything else must be the first and efficient cause of everything, which, as Timaeus says, it is as difficult to discover as it is important to define worthily, once discovered. However, the attempt is made, by intellect supported by reason[11].

The whole of the first section of the *De essentiis*[12] is devoted to exploring the nature of the first cause. It is a concise essay on metaphysics. Hermann starts by defining what things 'are'; these 'essences' are comprised under five genera: cause, movement, place, time and *habitudo*. There are three principles: the efficient cause, that 'from which' (the formal cause), and that 'in which' (the material cause). The efficient cause in turn is divided into a 'first or primordial cause' and a 'secondary cause'. The primordial cause is the same as the prime mover, the Platonic demiurge and the Christian God. There follow the proofs of His existence: by revelation, and by deduction from composite and moving things. The essay ends with a definition of the two movements of the primordial cause: creation, which is of *principles*, created from nothing, and occurring at the beginning of time, and generation, which is of *things*, generated from the principles, and being continuous up to the present day. In generation God uses an instrument, which is the 'secondary cause', which turns out to be the created universe itself. The essay ends with a short commendation by Robert of Ketton.

In this essay Hermann brings together several traditions. His debt to Boethius is obvious, even from the first words in which he defines things that 'are', amongst which he includes 'habitudo'[13]. His argument that the primordial cause must be the 'causa et ratio' for everything else, on the other hand, recalls a well-known phrase in Plato's

---

[11] *Ibid.*, p. 78-81: «Prima quidem una est simplex, que ipsa quippe immota, cunctis aliis movendi causa est et ratio, stabilisque manens dat cuncta moveri – ita siquidem habet ratio ut omne motum id quod immotum est antiquitate precedat; omni quoque genito causa genitrix antiquior. Sic igitur quod cuncta alia movet, id primam omnium et efficientem esse causam necesse est, quam, ut Timeus ait, tam invenire difficile est, quam, inventam, digne profari impossibile. Conatur tamen ratione suffultus intellectus [...]»

[12] *Ibid.*, p. 76-89.

[13] Cf. BOETHIUS, *De institutione arithmetica*, book 1, chapter 1.

Timaeus, the dialogue on which the *De essentiis* is modelled[14]. But what is most striking is how he uses Arabic sources for developing his argument. The most significant of these is the *Great Introduction to Astrology* of Abū Maʿshar, which he had translated in 1141, two years before writing the *De essentiis.* Abū Maʿshar's use of Aristotelian philosophy was recognised and described in detail by Richard Lemay[15]. The Arabic astrologer does not mention any work of Aristotle by name, and none of his several citations of the 'Philosopher' follows a text in Aristotle *verbatim*. Nevertheless, most of the first Part of his 8-part book, on the validity of astrology, on the way the stars act on this world, and on forms, elements, composition, and the results of composition, is imbued with Aristotelian philosophy. The precise route by which this reached Abū Maʿshar in Baghdad in the mid-ninth century is still to be explored, though we know that he was indebted to al-Kindi, who promoted Aristotelian philosophy in Baghdad at the same time[16].

Among the passages in the *Great Introduction* that can be compared with passages in the *Metaphysics* are the following:

Abū Maʿshar, *Great Introduction*[17]	Hermann of Carinthia, trans. of Abū Maʿshar[18]	Aristotle, *Metaphysics* (tr. Ross)
1. Part I, chapter 3: The Philosopher said: 'Since the sphere is in motion,	p. 11: Postremo Philosophi sermonem subiungimus: 'Quoniam	Cf. *Lamda*, 7, 1072a 26: There is, then, something which is always moved with

[14] PLATO, *Timaeus*, trad. Calcidii, ed. J. H. WASZINK, London, 1962, 28A: «Omne autem quod gignitur ex causa aliqua necessario gignitur; nihil enim fit cuius ortum non legitima *causa et ratio* praecedat».

[15] R. LEMAY, *Abū Maʿshar and Latin Aristotelianism in the Twelfth Century* (Oriental series no. 38), Beirut, 1962.

[16] Cf. IBN AL-NADĪM, *The Fihrist*, trans. B. DODGE, New York/London, 1970, p. 656, and CH. BURNETT and K. YAMAMOTO (eds.), *Abū Maʿshar on Historical Astrology*, 2 vols., Leiden, 2000, vol. I, p. 606-609.

[17] The translations are taken from an English version of the Arabic text, in preparation.

[18] From the edition of R. LEMAY, ABŪ MAʿSHAR, *Liber introductorii maioris ad scientiam judiciorum astrorum*, 9 vols., Naples, 1995-1996, here vol. VIII.

it is necessary that its motion results from something that is not in motion, because if the mover were in motion, we are involved in an infinite regress. The sphere is everlasting in its motion, so the power of the mover is infinite. Since its power is infinite, it cannot be a body, but must be the mover of bodies, and since its power is infinite, then it does not perish and does not pass away'.	circulus movetur, causam moventem habere necesse est, quam nisi inmotam intelligamus ad infinitum deducemur. Circuli vero motus infinitus, quapropter virtutem moventem infinitam esse cumque infinitam et incorpoream; sic igitur omnis alterationis et corruptionis extraneam esse consequens est'.	an unceasing motion, which is motion in a circle [...] Therefore, the first heaven must be eternal. There is therefore also something which moves it. And since that which is moved and moves is intermediate, there is something which moves without being moved, being eternal, substance, and actuality.
2. Part 1, chapter 4: The Philosopher says: 'In everything that is caused, its cause is prior to it in level; the caused thing is lower than the cause, and we know the cause through the caused. Thus the products of the elements are lower than the elements, and we know the elements through the products of the elements. Whenever anything arises as a result of something [else], the thing from	p. 12: Philosophi sermonem subiungimus: 'Omnis geniti genitricem causam antiquiorem esse, genitumque ad cause deprehensionem ducere'.	Cf. *Delta*, 10, 1018b 19-21: Other things [are prior] in movement; for that which is nearer the first mover is prior.

which it arises is prior to what arises'.		
3. Part 1, chapter 4: These are what are in a 'composed' man in terms of the properties of the form and the properties of the natures. What results in him from the powers of the movements of the stars, by the permission of God, and is not due to the natures and forms, are [...]	p. 13: Omne igitur individuum ex tribus principiis constat: proprietatibus forme, proprietatibus materie, siderum effectu.	Cf. *Lamda*, 5, 1071a 13-17: 'the cause of man is (1) the elements in man [viz. fire and earth as matter, and the peculiar form], and further (2) something else outside, i.e. the father, and (3) besides these the Sun and its oblique course, which are neither matter nor form nor privation [of man] nor of the same species with him, but moving causes.

One will immediately see that Hermann considerably summarises his Arabic source, and writes in an idiomatic Latin characteristic of the schools of France, rather than the 'translator's' Latin distinctive of literal translations.

Throughout the *De essentiis*, Hermann takes passages from his translation of Abū Maʿshar's work. A phrase from the second example quoted above appears in Hermann's metaphysical essay: «omni quoque genito causa genitrix antiquior»[19]. Another phrase in the same essay refers to Abū Maʿshar'S authorities: «Sic enim apud Hermetem Persam: forma quidem ornatus est materie; materia vero forme necessitas»[20].

[19] HERMANN OF CARINTHIA, *De essentiis*, *op. cit.*, p. 80.

[20] Cf. ABū MAʿSHAR, *Great Introduction*, V, 4 (= ABū MAʿSHAR, *Liber introductorii*, *op. cit.*, vol. VIII, p. 76): «Iuxta Hermetem post Abidemon [...] [*concerning the*

* * * *

Hermann provides a pivot between two scholars who were likewise indebted both to the Latin and to the Arabic tradition: namely, Adelard of Bath and Gundisalvus.

Adelard of Bath (ca. 1080-after 1150) is usually regarded as the pioneer in translating Arabic mathematical works from Arabic into Latin. Like Hermann, he both translated texts (Euclid's *Elements*, Abū Maʿshar's *Abbreviation of the Introduction*, Thabit ibn Qurra's *Book on Talismans*, and Pseudo-Ptolemy's *Centiloquium*) and wrote original works in a highly artistic Latin (*De eodem et diverso*, *Questiones naturales*, and *De avibus*)[21]. When translating the *Great Introduction* of Abū Maʿshar, Hermann already knew the contents of the *Abbreviation of the Introduction* by the same Arabic author[22]. It is most likely that it is through Adelard's agency that Hermann knew the work, which is rare in both Arabic and Latin manuscripts; for he also apparently knew one of Adelard's versions of Euclid's *Elements*[23]. Adelard, too, is greatly indebted to Boethius, and uses the hierarchy of perception outlined in *Consolatio Philosophiae* V, 4 (*sensus, imaginatio, ratio* and *intelligentia*) in his discussion of how the soul acquires knowledge[24].

Adelard also had a clear conception of the differences between natural science, and a science that went beyond natural science. In his *Questiones naturales*, he covers in an orderly way the full range of

relationship of the Moon and the Sun] nec enim ex materia quicquam effingitur sine forma, nec forma comparet sine materia, estque materia forme necessitas, forma vero materie ornatus».

21 ADELARD OF BATH, *Conversations with his Nephew, On the Same and the Different, Questions on Natural Science and On Birds*, ed. CH. BURNETT et al., Cambridge, 1998.

22 ABŪ MAʿSHAR, *The Abbreviation of the Introduction to Astrology*, ed. CH. BURNETT, K. YAMAMOTO, M. YANO, Leiden, 1994, p. 2.

23 The evidence of the use by Hermann of Adelard's Euclid is based on the similarities between the definitions, postulates and enunciations in Adelard 'Version II' and the version attributed to Hermann by Richard of Fournival (see Addendum to M. FOLKERTS, «Adelard's Versions of Euclid's *Elements*», in CH. BURNETT (ed.), *Adelard of Bath: An English Scientist and Arabist of the Early Twelfth Century*, London, 1987, p. 55-68). The direction of influence, however, is not clear, and the quotations from the *Elements* in Hermann's *De essentiis* differ from both Adelard 'Version II' and 'Hermann''s version.

24 CH. BURNETT, «Adelard of Bath's Doctrine on Universals and the *Consolatio Philosophiae* of Boethius», in *Didascalia*, 1 (1995), p. 1-13.

physics (from plants rooted in the ground to the heavens), purportedly basing arguments on 'ratio'. The *Questiones naturales* are written in the form of a dramatic dialogue between Adelard and his nephew, and at the end of the text the Nephew says:

> Up to now the discussion has taken the form of an ascent from the lowest things to the heights. Since the conversation has advanced to the point of mentioning God, the efficient cause of all things, here especially the mind's attention should be sharpened. For my knowledge is nothing unless I know about him. Now, therefore, because some people say that God exists, but others deny that very fact, and those who assert his existence differ amongst each other, some saying God is matter, others, form, some, the world, others, the aplanos, yet others the Sun – from you, then, I want to hear, using reason alone [...] whether he exists or not, and what he is, and what he does'.

I.e. the nephew appears to want to discuss theology, in the Abelardian sense of applying reason to discussing the essence of God. Adelard, in the fiction of the dialogue, interestingly turns the subject away from an anthropomorphised God to the basic building-blocks of metaphysics, for he says:

> You bring me questions concerning matters in which I would rather disprove what is not than prove what is' [i.e. he prefers to follow the apophatic way of discussing God] [...] In this difficult situation of dealing with God, one must also discuss *nous*, *hule*, the simple forms and pure elements [...] Now that we have said something about composite things [...] let us rest [...] tomorrow let us meet to discuss about the beginning or beginnings (*de initio vel initiis*)[25].

---

[25] ADELARD OF BATH, *op. cit.*, p. 226: «NEPOS: [...] quia demum ita sermo processit ut de Deo efficiente omnium causa mentio facta sit, hic precipue mentis intentio acuenda est. Scientia etenim mea nulla est nisi de illo sciam. Nunc igitur quia deum quidam esse perhibent, alii vero id ipsum negant, qui vero esse asserunt, alii materiam, alii formam, alii mundum, quidam applanon, quidam Solem deum esse dissentiunt, a te quidem utrum sit vel non sit, et quid etiam sit, quidve agat, ratione sola auctoritatis adulatione exclusa audire desidero. ADELARDUS: De his michi questiones inducis de quibus magis quid non sit inprobem, quam quid sit probem. Facilius enim in rebus talibus falsa divertere quam vera reperire soleo. In hac enim difficultate tractandi Deo, de NOY, de hyle, de simplicibus formis, de puris elementis disserendum est, que, sicut simplicitate propria naturam compositorum excesserunt, ita et de eis disputatio alias omnes dissertiones et intellectus subtilitate et sermonis difficultate precellit. Nos igitur quoniam quedam de compositis diximus, vespere iam somnos suadente, quiete naturali mentes reficiamus. Mane autem, si tibi idem sedet, conveniamus de initio vel initiis ut disputemus».

By using the terms 'de initio vel initiis' Adelard is probably deliberately recalling the words of Plato's *Timaeus*, the principal text on natural science before the rediscovery of Aristotle's *Libri naturales*, in which the fictional 'Timaeus' also refuses to talk «de universitatis vel initio vel initiis»[26]. Given the fictional context of the dialogue, we cannot know whether Adelard really meant there to be a sequel to his *Questiones naturales*. At any rate, no sequel survives.

The *Questiones naturales* purport to be based on Adelard's *studia Arabum*: those things which he has learnt from his Arab masters who have reason as their guide. They arose out of the same Southern Italian milieu as translations not only of original Arabic works on natural science (e.g. a text on metals) but also of certain *Arabic* versions of Greek texts (e.g. a chapter on the elements from Nemesius's *On the nature of man*), and some of the physical concerns of the work may well reflect oral discussions of physics by Arabic masters[27]. We shall never know, however, whether Adelard's 'metaphysics' also used Arabic learning. Someone who added a marginal note at the beginning of a copy of Hermann's *De essentiis* in the British Library that lacks its beginning and end, thought that the anonymous work was Adelard's (*Auctor videtur esse Athelardus*[28]), and this guess was not unreasonable.

* * * *

I should now like to pass on to a successor of Hermann's, namely Gundisalvus[29]. Gundisalvus was the archdeacon of Cuéllar who was resident in Toledo, and signed documents in the cathedral from 1162 to 1181. His debt both to the Latin tradition and to translations of Arabic works on cosmology and psychology, in which he played a part, has been recognised by several scholars, especially in recent

---

[26] PLATO, *op. cit.*, 48C.

[27] CH. BURNETT, «Physics Before the *Physics*: Early Translations from Arabic Texts Concerning Nature», in *Medioevo*, 27 (2002), p. 57-113.

[28] MS London, British Library, Cotton Titus D, IV, fol. 75r.

[29] The question of whether one has to differentiate between a translator named Dominicus Gundisalvi and a philosopher named Gundisalvus, both archdeacons at the same time in the cathedral of Toledo, has been raised by A. RUCQUOI, «Gundisalvus ou Dominicus Gundisalvi?», in *Bulletin de philosophie médiévale*, 41 (1999), p. 85-106, but good reasons for preserving the identity of the two men are given in A. FIDORA and M. J. SOTO BRUNA, «'Gundisalvus ou Dominicus Gundisalvi?' Algunas observaciones sobre en reciente artículo de Adeline Rucquoi», in *Estudios eclesiásticos*, 76 (2001), p. 467-473.

times[30]. In this context I merely want to point out the relationship of Gundisalvus's discussion of metaphysical questions in his *De processione mundi* to Hermann's *De essentiis*[31]. The following table includes all the identified correspondences between the two texts (verbal correspondences are indicated in roman type; bold type highlights Hermann's quotations from Abū Maʿshar[32]:

A) Hermann's essay on metaphysics:

Hermann, *De essentiis*	Gundisalvus, *De processione mundi*
1. 58v, D-F: [The beginning of the argument:] Tria sunt enim, *ut philosophis placet,* omnis geniture principia: primum *est* causa efficiens, secundum *est* id ex quo *aliquid fit,* tertium in quo –	p. 22, 9-18: Tria enim sunt principia omnis geniture: primum *scilicet* causa efficiens, secundum id ex quo, tertium *id* in quo. Id in quo, quoniam, tamquam matris patientis vice supervenient*is* virtu-

[30] Aside from A. FIDORA, «La Metodología de las ciencias según Boecio: su recepción en las obras y traduciones de Domingo Gundisalvo» in *Revista Española de Filosofía Medieval,* 7 (2000), p. 127-126; A. FIDORA and M. J. SOTO, «'Gundisalvus ou Dominicus Gundisalvi?'», *op. cit.,* one may point to J. JOLIVET, «The Arabic Inheritance», in P. DRONKE (ed.), *op. cit.,* p. 134-146; J. OGUEJIOFOR, *The Arguments for the Immortality of the Soul in the First Half of the Thirteenth Century,* Louvain, 1995, and CH. BURNETT, «Filosofía natural, secretos y magia», in L. GARCÍA BALLESTER (ed.), *Historia de la Ciencia y de la Técnica en la Corona de Castilla,* 4 vols., Salamanca, 2002, vol. I, p. 95-144.

[31] This correspondence was first shown in the edition of Hermann's *De essentiis* made by M. ALONSO, in *Miscelánea Comillas,* 5 (1946), p. 7-107, but is not noted in either of the extant editions of Gundisalvus's *De processione mundi* (Gundisalvus, *De processione mundi,* ed. G. BÜLOW [BGPhMA XXIV, 3], Münster, 1925, and ed. C. ALONSO DEL REAL, Pamplona, 1999).

[32] For the *De essentiis* the reference system in HERMANN OF CARINTHIA, *De essentiis, op. cit.,* is used, and the text of Hermann of Carinthia (1990) has been compared (the variants recorded in M. L. COLKER, «A Newly Discovered Manuscript of Hermann of Carinthia's *De essentiis*», in *Revue d'histoire des textes,* 16 [1986], p. 213-228, are not relevant to these passages); for the *De processione mundi* the page and line numbers of Gundisalvus (1925) are given, and the text has been compared with that of Gundisalvus (1999), see note 31 for both editions: 'eds.' indicates the agreement of both editions. Where appropriate, I have changed the punctuation of the editions to conform to that of the corresponding passages of the *De essentiis,* and in all cases have substituted the medieval spelling 'e' for 'ae'.

totidem adminicula ad omnem rerum effectum, usu quodam communi quadam ratione cuncta continente. Atque id in quo *vel de quo fit*, quoniam, tamquam matris patientis vice supervenient*i* virtut*i*, ad omnes motus patet, *recte* rerum materia nominatur. Forma vero id ex quo, quoniam illam informem (informem illam C) necessitatem agentis virtutis motibus in varios effingit eventus. *Sic enim apud Hermetem Persam*: **forma *quidem* ornatus est materie; materia vero forme necessitas** – in omni siquidem rerum *constructione* sustinens imprimis est necessarium, *postremus* est operis eventus et perfectio.

t*is*, ad omnes motus patet, rerum materia nominatur. Forma vero id *est* ex quo, quoniam informem illam necessitatem agentis virtutis motibus in varios effingit eventus. **Forma enim** *secundum huiusmodi necessitatem* **ornatus est materie; materia vero forme necessitas**[33] – in omni siquidem rerum *constitutione* sustinens imprimis est necessarium, *posterius* est operis eventus *per formam*.

2. 58v, F-G :
[Continuation of above:] *Dat quidem materia massam ipsam informem et inordinatam, que nisi presto sit, nec habet ubi assit forma, que, cum supervenit, propositum ordinata quadam explanatione absolvit. Horum igitur principalis motus rerum omnium est generatio. Est enim is motus* moderata quedam forme cum materia coeuntis habitudo, *ita quidem, ut in ipsa movendi ratione vis et causa movens recte demum cognoscatur.*

p. 38, 22 – 39, 6:
Convenientius ergo dicuntur materia prima et forma prima ea quibus nihil prius esse videtur nisi creator earum; quarum coniunctio fuit prima compositio. Prima enim compositio est prime forme cum materia prima coniunctio, que est moderata quedam forme cum materia coeuntis habitudo, *ex quarum tamquam masculi et femine coniunctione rerum omnium provenit generatio.*

---

[33] necessitas LV; necessitatis eds.

3. 58v, G - 59r, A:
[A few lines later:] Constat plane nichil genitum sine causa genitrice, **naturaque vetitum ne quid sibi ipsi geniture sit origo** seque ipsum efficiat.

Cf. p. 5, 3-4:
Impossibile est etiam ut aliquid sit causa efficiens sui ipsius.

4. 58v, H:
[After some examples of what must be a cause of something else:] *Unum autem plane omnium principium intelligi necesse est.* Duobus *namque* prius est unum – nisi *enim* precedat unum, *nichil est quod* duo *constituat*; *atque ubi* duo, *et* unum est necess*ario.* Non *vero* convertitur, *ut*, si unum est, *et* duo *fore* necesse *sit.* Duo *itaque* principia *qui vel existimari possint, dum,* utrumque prius esse laborans, neutri principalem sedem relinqu*eret*? Nisi enim alterutrum alter*o* prius esset, nequaquam primum omnium existeret, *dum vel unum complendo omnium numero deesset.*

p. 16, 25 – 17, 10:
Et hoc non est nisi solus deus, qui est prima causa et primum principium omnium, quod unum tantum necesse est intelligi, non duo vel plura. Unum *enim* duobus prius est; *omne enim illud prius est alio, quod destructum destruit et positum non ponit.* Nisi *autem* precedat unum, *non erunt* duo; *aut si* duo *fuerint*, necesse est unum *esse. Sed* non convertitur: si unum est, *duo sunt*, duo *esse* necesse *est.* Duo *igitur* principia esse non possunt. *Dicitur* utrumque prius esse laborans, *neutrum* neutri principalem sedem relinqu*it.* Nisi enim alterutrum alter*utro* prius esset, nequaquam primum omnium existeret. *Unum igitur est principium, una est causa efficiens omnium.*

5. 59r, A-B:
[Continuation:] *Quemadmodum igitur omnis geniture effectus principaliter bipertitus est (prout loco suo explicabitur) sic* causa *gignens et efficiens primo loco bimembri differentia dividitur – in* prima*m scilicet et*

p. 17, 11-17:
[Continuation:] Causa *autem, ut predictum est, alia est* primar*ia, alia* secundaria, *alia ultima.* Primar*ia causa est causa efficiens, quoniam vi propria movet ut aliquid explicetur* [= passage **12** below]; *et hec est* prima et

secundaria*m*. Prima *quidem una et* simplex, *que ipsa quippe* immota, cunctis aliis movendi causa est *et ratio*, stabilisque manens dat cuncta moveri – *ita siquidem habet ratio* ut omne *motum* id quod immotum est antiquitate precedat; ***omni quoque genito causa genitrix antiquior***. *Sic igitur* quod cuncta *alia* movet, id primam omnium et efficientem causam esse necesse est, *quam, ut Timeus ait, tam invenire difficile est, quam inventam, digne profari impossibile.*

simplex causa que, cum sit immota, cunctis aliis movendi est causa. Unde dicitur 'stabilisque[34] manens dat cuncta moveri'. *Omnis enim motus a quiete incipit, et idcirco necesse est* ut id quod immotum est omne *quod movetur* antiquitate precedat. *Ergo immotum* quod cuncta movet, id primam omnium et efficientem causam esse necesse est. *Et hec causa universitatis deus conditor est.*

6. 59r, B-C:
[Continuation:] *Conatur tamen ratione suffultus intellectus (quoniam neque sensibilis neque opinabilis est)* [...] *Optimus est. Quapropter digno se studio investiganti, quantum fieri potest et ultra, facilis est.* Ascendit *quidem* mens humana; condescendit (et descendit C) bonitas divina. Illa speculatione; hec revelatione.

p. 53, 9-14:
Unde de primo mundo vere et proprie dicitur: 'Illuminat omnem hominem venientem in hunc mundum' (Ioh. 1,9), *scilicet primum. In hunc autem mundum venimus mentis contemplatione, illuminamur in eo veritatis cognitione et virtutis dilectione.* Ascendit *enim* mens humana, et descendit bonitas divina; *et ista ascendit contemplatione*, illa *descendit* revelatione [cf. also p. 3, 4-5].

7. 59v, B-C:
[After theological descriptions of God:] *Cum enim, in omni rerum serie, primum semper aliquid esse necesse sit, nec enim semper fuerunt ullo modo que ex tam diversis composita videmus, id ipsum quod primum*

p. 4, 8-15:
Omne quod est, aut coepit esse aut non coepit esse; aut habet initium aut caret initio. Quod autem aliqua habeant initium, manifeste indicat resolutio huius sensibilis mundi. Multa enim videmus hic desinere esse que,

---

[34] stabilisque MSS LV; stabilis quia eds.

est omnium, si esse cepit, aliquando se ipsum genuerit, necesse est. Nisi *vero* inceperit aliquando, nec desin*et* umquam. *Nec* enim occidit *nisi* quod oritur; nec solutio, nisi compositionem sequitur.

nisi aliquando incep*issen*t, non desin*erent* umquam. *Nihil* enim occidit quod *non* oritur; nec solutio, nisi compositionem sequitur.

8. 59v, G-H:
[After discussion of the different kinds of movement in respect to God:] *Quoniam ergo facta sunt, auctoritas facti ei necessario relinquitur qui solus preerat. Omnis autem operis modus et finis in arbitrio auctoris. Licet igitur ex omnibus concludere quod unus ipse primus et novissimus, unus omnipotens, unus totius universitatis auctor, omnis quidem in essentie sue integritate motus extraneus* – omnis *namque* motus *eius* in opere eius; quemadmodum virtus quidem in auctore semper eadem, *et* componens et resolvens; in subiecto *tamen* alia compositio, alia resolutio, nec simul eiusdem.

p. 18, 25 – 19, 3:
Restat ergo quod aliquid sit primum principium, quod nullo modo moveatur; et hoc est id quod dicitur deus. Unde omnis motus est alienus ab essentia eius. Omnis *vero* motus est in opere eius; quemadmodum virtus in auctore quidem semper eadem[35] componens et resolvens; in subiecto *vero* alia compositio, alia resolutio, nec simul eiusdem.

9. 59v, H:
[A few lines later:] *Duo sunt igitur* cause prim*ordialis omnium* motu*um genera:* creatio *et generatio* [...] Creatio quidem a primordio principiorum ex nichilo; generatio *autem rerum ex antedatis principiis* usque *nunc.*

p. 19, 14-24:
Motus *igitur* prim*e* cause, *quo scilicet prima causa movet, alius dicitur* creatio, *alius compositio* [...] *motus vero secundarie cause cuiusdam tantum est compositio, cuiusdam et* generatio [...] *Et* creatio quidem *est* a primordio principiorum ex nihilo

[35] eadem MSS OV; eas eds.

	[...] Generatio *vero est ex eisdem principiis eorum que nascuntur et occidunt* usque.
10. 59v, H – 60r, A: [Continuation:] *Nec enim preerat materia de qua fierent, cum solus omnium sit principium, nec de seipso quorum tanta ab ipso differentia, sed a seipso.* Quod *enim ex ipso vel* de ipso est, idem *deus* est, ideoque non factum *a deo*, sed gen*itum* vel procedens.	p. 35, 5-8: *Quia enim solus creator erat, profecto non nisi de ipso et de nihilo creari potuerunt.* Quod *autem* de ipso est *nihil aliud ab ipso* est, *sed* idem *cum ipso*, ideoque *nec* factum *nec creatum*, sed gen*eratum* vel procedens.
11. 60r, A-C: [Continuation:] *Omne vero opus gemina auctoritate constituitur:* artific*is videlicet et* instrument*i. At* creation*i quidem* idem *extitit* artifex et instrumentum; in generatione vero, *quoniam* secunde dignitatis *est*, aliud sibi adaptavit opifex (artifex C) instrumentum, *quod ipsum et* secundariam causam *si quis in eodem pariter intelligat, eum recte existimare, opinor* – ita quidem ut per seipsum prima effecerit, secunda vero (*sicque* per ordinem tertia et quarta) ministre sue cause secundarie, moderatione et instituto *suo* exsequenda commi*serit. Hec est igitur* bipertita *illa divisio* cause *in* prima*m* et secundaria*m*. Prima *namque et efficiens* causa *universitatis* est *ipse prudentissimus artifex et auctor omnium* – deus; secundaria *vero*, instrumentum	p. 51, 4-16: *Cum autem* artifex instrument*o in agendo utitur, profecto in* creation*e et compositione* idem *fuit* artifex et instrumentum; in generatione vero *et commixtione et conversione et aliorum compositione, que* secunde *vel tertie* dignitatis *sunt*, aliud sibi artifex adaptavit instrumentum, *scilicet* secundariam causam – ita quidem ut per seipsum prima effic*eret, scilicet creando materiam et formam de nihilo et componendo ea inter se*, secunda vero *atque* per ordinem tertia et quarta, ministre sue cause secundarie, moderatione *eius* et instituto exequenda commi*tteret. Unde* bipertita *fuit in principio* caus*a, scilicet* prim*aria* et secundaria. Primaria causa deus est, secundaria instrumentum eius de ipsis eiusdem operibus, sed prime secun-

eius – de ipsis eiusdem operibus, sed prime sedis prelateque auctoritatis (*end of argument*)

dis prelate sunt[36] auctoritatis.

B) Other passages from the *De essentiis*

12. 69r, D:
Est *enim* causa prim*ordialis* et efficiens, *ut Boetius scribit*, *que ipsa* vi propria movet *et* explic*at*; secundaria vero per quam aliquid administratur; tertie et quarte *ac* deinceps ex quibus et in quibus aliquid fit; ultima est finis omnis intentionis.

p. 17, 11-13:
Prim*aria* causa est *causa* efficiens, *quoniam* vi propria movet *ut aliquid* explic*etur* [...] (p. 19, 3-9:) Secundaria vero *causa est* per quam aliquid administratur tertie et quarte *causis et sic* deinceps, ex quibus et in quibus aliquid, *ut celestes spiritus, anima, natura et multa alia, que cum sint*[37] *effectus prime cause, sunt et ipsa causa sequentium, de quibus verba sequentur.* Ultima *autem causa* est finis omnis intentionis.

13. 72r, H – 72vb:
Videtur enim, ut Boetius distribuit, tripertitus omnis speculationis modus. Quod ut constet altius sumi oportet. Tripertita est *omnis* speculationis materia: in rerum compositione et dispositione causa*que* utrumque *moderante.* Compositio est *causarum constituentium commixtio*; dispositio, *commixtorum* ordinata habitudo, *quarum coitus omnis corporee substantie constitutio*

p. 2, 4-19:
Unde ad intelligendum invisibilia dei speculationis materia *nobis* tripertita *proponitur*: *scilicet* in rerum compositione et dispositione *et* causa utrumque *movente.* Compositio est *principium ex quibus aliqua fit coniunctio*; dispositio *est* coniunctorum ordinata habitudo; causa *vero movens alia est primaria, alia* secundaria, *alia est* tertie dignitatis *et deinceps. Ad*

---

[36] prelate sunt] prelate que (*i.e.* prelateque ?) L.

[37] que cum sint ed. C. ALONSO DEL REAL; quecumque sunt ed. G. BÜLOW.

et absolutio. Causa *moderatrix tripertita: principalis*, secundaria ac tertie dignitatis. *Principalis, divina substantia; secundaria, celestes spiritus; tertie dignitatis, tertium anime genus (ut in his consumptum videatur omne genus essentiarum). Quoniam ergo cause speculative ipsarum rerum consanguinee sunt, et ipsa* speculatio *eiusdem numeri divisionem recipit. Omnis autem speculatio in natura anime.* Accedit *igitur* ad compositionem ratio, ad dispositionem demonstratio, ad causam *moderatricem* intellec*tus*, ratio quidem *probabilitate contenta*, demonstratio necessita*te nitens*, intell*ectus* simpl*ici* quadam et mera conceptio*ne fidens*.

speculatio*nem autem tria sunt necessaria: ratio scilicet, demonstratio et* intell*igentia*. Ac*cedit enim* ad compositionem ratio, demonstratio ad dispositionem, ad causam intell*igentia*. *Unde dicitur quod in naturalibus rationaliter, in mathematicis disciplinaliter, in theologicis intelligentialiter*[38] *versari oportet. Et* rati*oni* quidem *sufficit possibilitas*, demonstrationi *vero* necessita*s*, intell*igentie vero* simpl*ex* et mera quedam conceptio. *Ad intelligentiam autem per intellectum sive per demonstrationem, ad intellectum per rationem, ad rationem vero per imaginationem, et ad imaginationem per sensum ascenditur.*

14. 71v, G:
Sequitur animalis subdivisio, quoniam aliud quidem rationale, aliud irrationale [...] [73rA-B describing the different kinds of daemons:] *Ex illo vero genere a primeva mundi constitutione et boni et mali frequens sentitur effectus, unde et* rational*e esse constans sit et intelligens, cum partem quidem* divine simplicitatis contemplativa*m*, *partem* divine dispositionis ministra*m*, *partem etiam* humane necessitati *compatientem auctoritas habeat, partem vero* eterne dampnationi pr*o*scriptam et *tamquam* depo*r*-

p. 44, 8:
Incorporea vero substantia distributa est in rational*em et in* irrationale*m*. Rational*is autem alia est* divine simplicitatis contemplativa, *ut angeli*, *alia est* divine dispositionis ministra, *ut secundum quosdam spiritus planetarum. Alia est* humane necessitati *subiecta, ut humana anima, alia est* eterne damnationi pr*e*scripta et in*t*ra concep*tum* mundi sublunaris undis *et* auris et flamm*e* perpetuo exilio dep*u*tata.

[38] intellectualiter MS O (= Boethius, *De Trin.*, II).

tatam in*fr*a con*s*eptum mundi sublunaris, *terra,* undis, auris et flamm*is direptam*, perpetuo exilio *et miseria teneri.*

15. 73r, C-E:

[A few lines later:] Immortale *tamen omne id* genus *utpote aut* prorsus incorporeum *aut, quemadmodum Pater* Augustinus *scribit*, corpus habens ethereum, simplici natura perfectum, ideoque *citra solutionem et* incorruptibile. *Nam vel* demonem Apuleius diffini*t* animal immortale, rationale, aerium, passibile, *quorum priora tria his cum ethereis communia, quos Platonici deorum nomine secernunt. Passibili vero differentia longe distare ita subiungit.* Demones *enim ait* 'misereri et indignari, angi et letari, omnemque humani animi faciem pati simili motu cordis, et salo mentis per omnes cogitationum estus fluctuare, *que omnes turbelle et tempestates procul a deorum celestium tranquillitate exulant*'.

[Continuation:] Immortale *siquidem hoc* genus *et* prorsus incorporeum *est*[39] *secundum* Augustinu*m*, corpus habens ethereum, simplici natura perfectum, ideoque incorruptibile. *Sed* Apuleius demonem sic defini*vit*: *demon est* animal immortale, rationale, aereum, passibile. *Unde* demones *dicuntur* misereri, angi et letari et indignari omnemque humani animi faciem pati simili motu cordis, et salo mentis per omnes cogitationum estus fluctuare.

The priority of the *De essentiis* to the *De processione mundi* cannot be doubted. It would be expected *a priori* from what we know of the biography of their respective authors: nothing further is known of Hermann after 1143; Gundisalvus, on the other hand, is still active in 1181. But it is corroborated by a close comparison of the parallel passages themselves. Where a quotation is embedded in the parallel pas-

[39] MSS PL omit.

sage, Hermann's text is closer to the original text, as in the quotation from Abū Maʿshar in passage 1, in which the reference to Hermes is omitted by Gundisalvus, passages 12 and 13, where the reference to Boethius is omitted, and the citation from Apuleius's *De deo Socratis* in passage 15 in which only Hermann's order of words («misereri et indignari, angi et letari») is that of Apuleius. Moreover, sometimes Gundisalvus has copied a text in such a way that it does not fit syntactically or semantically into its new context, as in the last phrase of passage 11, in which Hermann's «sed prime sedis prelateque auctoritatis» has become (perhaps by a series of corruptions rather than deliberate choice) «sed prime secundis prelate sunt auctoritatis»[40]. Above all, the terminology of all the parallel passages is distinctively that which Hermann uses systematically throughout the *De essentiis*, whereas Gundisalvus occasionally and unsystematically substitutes his own terminology. Once the priority of Hermann's text is established, one can see that (1) it is more likely the revised version of the *De essentiis* (represented by MS C) that was known to Gundisalvus, and (2) certain readings from other manuscripts of the *De processione mundi* can be substituted for those chosen by the editors (cf. footnotes to passages 1, 5 and 8).

Given the subject-matter of the *De processione mundi* it is not surprising that Gundisalvus made use of, almost exclusively, those sections of the *De essentiis* which pertained to metaphysics. Thus, sentences from the whole of the 'essay on metaphysics' which begins the *De essentiis* appear or are echoed throughout the *De processione mundi*, while the other influential passages from the *De essentiis* concern, respectively, the four Aristotelian causes (passage 12), the three divisions of theoretical science (passage 13), and the classification of *daemons* or spirits (passages 14-15). In Hermann's *De essentiis*, we already see a deliberate and intelligent amalgamation of Latin and Arabic sources. In Gundisalvus's *De processione mundi*, along with his other original texts, we see a continuation of this process; for in addition to the *De essentiis*, Gundisalvus exploits translations made on his own initiative, and those of his fellow Toledans, of works by Alfarabi, Avicenna, Algazel and Avicebron. It would be instructive to explore how Gundisalvus adapts his quotations from Hermann to his own terminology and the doctrines that he takes from new Arabic sources. Such an exploration, however, goes beyond the aims of this

[40] 'secundis' may have arisen out of a misreading of 'sedis', and MS L's 'que' for 'sunt' suggests that 'prelateque' was the original reading.

article. Let it suffice to point out how Gundisalvus uses the tripartite division of theoretical science as described in the *De essentiis* (passage 13 above).

Both Hermann and Gundisalvus take as their starting point Boethius's description in *De Trinitate* II[41], but both authors substitute 'demonstratio' for Boethius's 'disciplina(liter)', in respect to the mathematical division. That mathematical speculation uses 'demonstratio' or 'proof' was becoming a common-place in the twelfth century, thanks to the rediscovery of the complete version of Euclid's *Elements* and of Aristotle's *Posterior Analytics*[42]. What is exclusively shared by the two authors is the description of metaphysics as involving a 'simplex et mera conceptio' ('a simple and unmixed intuition'), a phrase in which Hermann echoes the words of Boethius's *Consolation of Philosophy* V, 4: «intelligentiae vero celsior oculus existit; supergressa namque universitatis ambitum ipsam illam *simplicem* formam *pura mentis acie* contuetur»[43]. While using Hermann's words, Gundisalvus quotes the original passage of Boethius's *De Trinitate*[44], and, under the influence of the same passage of Boethius's *Consolation of Philosophy*, substitutes 'intelligentia' for the 'intellectu(aliter)' used in Boethius's *De Trinitate* and Hermann's *De essentiis*. In the *De essentiis* Hermann uses the word 'intelligentia' only in the general sense of the act of understanding or in our modern use of the word 'intelligence'[45]. For the highest faculty of perception, Hermann is con-

[41] For a discussion of how Gundisalvus 'corrects' Boethius's description cf. A. FIDORA, «La Metodología de las ciencias», *op. cit.*, p. 132-135.

[42] CH. BURNETT, «Scientific Speculations», in P. DRONKE (ed.), *op. cit.*, p. 155-166: 'Mathematical speculation and the *via demonstrationis*'.

[43] BOTEHIUS, *The Theological Tractates and the Consolation of Philosophy*, *op. cit.*, p. 410, 88-91.

[44] GUNDISALVUS, *De processione mundi*: «Unde dicitur quod in naturalibus rationaliter, in mathematicis disciplinaliter, in theologicis intelligentialiter (intellectualiter MS O) versari oportet», ed. G. BÜLOW, *op. cit.*, p. 2; ed. C. ALONSO DEL REAL, *op. cit.*, p. 122.

[45] HERMANN OF CARINTHIA, *De essentiis*, *op. cit.*, 61v, B: «nos ad consulendum quoquomodo laboranti intelligentie, nunc hunc, nunc illuc confugimus» ([when we try to understand primordial matter] «we flee now here, now there, to find an answer in some way or other for our struggling intelligence»); *ibid.* 68v, D: «quod et Plato intellexit, licet vim eius intelligentie minus advertisse videatur» («this Plato too understood, though he seems to have turned his strength less to understanding this» [i.e. the role of the 'medium' between the first cause and things that come-to-be and pass away]).

sistent both in his translations and his original work in using 'intellectus'; e.g in his translation of Abū Maʿshar's *Great Introduction*, he translates *ʿaql* always as 'intellectus', and never as 'intelligentia'. It is well known, however, that Gundisalvus, in *his* translations from Arabic, while using 'intellectus' for *ʿaql* in most cases, translates *ʿaql* as 'intelligentia' in the case of the active intellect (i.e. in reference to the activity of the intellect that leads to the knowledge of God[46]. As Jolivet shows, the splitting of a single Arabic term in this way continues in Arabic-Latin translations subsequent to those of Gundisalvus, such as Michael Scot's translation of Averroes' *Great Commentary on the De anima*, and an anonymous translation of Averroes' son's treatise 'On whether the Active intellect unites with the material intellect whilst it is clothed with the body'[47].

* * * *

The question remains as to where Gundisalvus could have read Hermann's *De essentiis*, and where, in turn, Hermann could have read Adelard's translations of the *Small Introduction to Astrology* and Euclid's *Elements*. The documentary sources show Gundisalvus only in Toledo; Hermann, on the other hand, translated texts from Arabic in León and Toulouse, and wrote his *De essentiis* in Béziers. Adelard, after a period of wanderings which took him to Sicily and the Principality of Antioch, is attested only in Bath. The common elements that unite these three scholars cannot be identified in Spain, but rather point to Chartres, and, more precisely, to the great Chartrian teacher, Thierry the Breton. Thierry was an active teacher and writer in the 1120s and 1130s; he became chancellor of the Cathedral of Chartres in the 1140s, and died sometime after 1156, having retired to a Cistercian monastery[48]. The most impressive testimony to his teaching is the two-volume 'library of the seven liberal arts' (*Heptateuchon*) which was compiled under his supervision in the scriptorium of Chartres in the early 1140s.

---

[46] J. JOLIVET, «Intellect et Intelligence. Note sur la tradition arabo-latine des XII et XIII siècles», in S. HOSSEIN NASR (ed.), *Mélanges offerts à Henry Corbin*, Tehran, 1977, p. 681-702, and A. FIDORA, «La Metodología de las ciencias», *op. cit.*, p. 135-136.

[47] M. ZONTA and CH. BURNETT, «On Whether the Active Intellect Unites with the Material Intellect whilst it is Clothed with the Body: A Critical Edition of the Three Extant Medieval Versions, together with an English Translation», in *Archives d'histoire doctrinale et littéraire du moyen âge*, 67 (2001), p. 295-335.

[48] P. DRONKE, «Thierry of Chartres», in id., *op. cit.*, p. 358-359.

Two of Adelard's versions of Arabic texts – Euclid's *Elements* in the version probably known to Hermann, and the astronomical tables of al-Khwarizmi – were included, soon after their composition, in the *Heptateuchon*, which is the earliest known manuscript for both texts. One further astronomical twelfth-century astronomical manuscript, once at Chartres (MS 214), shows the hand of Adelard[49]. Hermann called Thierry his teacher ('diligentissimus preceptor') when he dedicated to him his translation of Ptolemy's work on planispheric projection, and he drew Thierry's attention in the preface to a selection of astronomical and astrological texts which he and his colleague Robert of Ketton had been translating from Arabic. By this time the *Heptateuchon* was probably already in existence, and Hermann might have hoped that his own translations might contribute to a second edition or supplement, just as Adelard's had contributed to the original compilation. Gundisalvus's connection with Thierry can be discerned through textual affinities rather than through what we know of his own movements or the diffusion of his works. For, in his *De divisione philosophiae*, Gundisalvus imitated the *accessus* scheme for discussing each of the divisions of philosophy developed by Thierry in the 1120s, and copied passages from Thierry's introduction to his commentary on the *De inventione* into his description of rhetoric in his own work[50].

Adelard, Hermann and Gundisalvus share a common interest in Boethius, whose logical and theological writings were the focus of Thierry's original work, and Thierry equated the tripartite division of theoretical science to a three-part division of the soul, just as Hermann was to do[51]. While the location of the schools in which Thierry taught before he became chancellor at Chartres is disputed, Chartres remains the place for which the reception of translations from Arabic is best documented in the mid-twelfth century, and the presence of Thierry

---

49 CH. BURNETT, «La réception des mathématiques, de l'astronomie et de l'astrologie arabes à Chartres», in *Aristote, l'École de Chartres et la cathédrale*, Chartres, 1997, p. 101-107.

50 K. M. FREDBORG, *The Latin Rhetorical Commentaries by Thierry of Chartres*, Toronto, 1988, p. 16-20.

51 THIERRY OF CHARTRES, *Lectiones in Boethii librum De Trinitate*, ed. in N. M. HÄRING, *Commentaries on Boethius by Thierry of Chartres and his School*, Toronto, 1971, p. 164, section 30: «Et sciendum quod diversis *animae* viribus et comprehensionibus in physica, mathematica, theologia utendum est ad comprehendendum universitatem ut subiecta est his tribus speculativae partibus». (Cf. A. FIDORA, «La Metodología de las ciencias», *op. cit.*, p. 130-131).

there must account to a substantial extent for Chartres's preeminent position. It is not impossible that Adelard, Hermann and Gundisalvus all passed through Chartres in the 1140s. It is at least likely that Thierry inspired Latin scholars[52] to search amongst Arabic literature for texts which could supplement what was known in Latin concerning metaphysics – a search which would lead eventually to the translation in Toledo of Avicenna's *First Philosophy*, Algazel's *Metaphysics* and Avicebron's *Fons vitae*[53].

[52] For Thierry as a source of inspiration one may take the words of Hermann himself, in his preface to Ptolemy's *Planisphere*: «Quod igitur omnium humanitatis studiorum summa radix et principium est, cui potius destinarem quam tibi, quem primam summamque hoc tempore philosophie sedem atque immobiliter fixam varia tempestate fluitantium studiorum anchoram plane quidem, ut novi, et fateor – tibi, inquam, diligentissime preceptor Theodorice, quem haut equidem ambigam Platonis animam celitus iterum mortalibus accommodata [...] Tuam itaque virtutem quasi propositum intuentes speculum ego et unicus atque illustris socius Rodbertus Ketenensis 'nequitie dispicere, licet plurimum possit', perpetuum habemus propositum» («To whom should I dedicate this work, which is the deepest root and principle of all studies of humanity, rather than to you, who are in this time, as I both know and openly confess, the first and highest seat of philosophy and an unmoveably fixed anchor in the midst of the storm of uncertain studies [...] to you, I say, most careful teacher Thierry, whom I know to be the soul of Plato once again brought down from heaven to human form [...] My unmatched and renowned companion Robert of Ketton and myself, contemplating your goodness, like a mirror placed before us, have this precept constantly in mind: despise evil, even though it is powerful»).

[53] I am very grateful to Peter Adamson for comments on an earlier draft of this article.

ALEXANDER FIDORA

(Johann Wolfgang Goethe-Universität, Frankfurt)

ZUM VERHÄLTNIS VON METAPHYSIK UND THEOLOGIE BEI DOMINICUS GUNDISSALINUS

1. Einleitung

Der Archidiakon von Cuéllar Dominicus Gundissalinus (*ca. 1110, †nach 1190), spanisch Domingo Gundisalvo[1], darf gewiss als der systematisch relevanteste Vertreter der sog. Schule von Toledo[2] bezeichnet werden, in der im 12. Jahrhundert unter dem Mäzenat von Johannes von Toledo zahlreiche Werke arabisch-jüdischer Denker ebenso wie später das *Corpus aristotelicum arabum* ins Lateinische übersetzt wurden. So übertrug Gundissalinus zum einen gemeinsam mit Avendauth, dessen Identität noch immer ungeklärt ist[3], an die

---

[1] Für eine ausführlichere Würdigung von Leben und Werk des Gundissalinus sowie eine Darstellung des *status quaestionis* der gegenwärtigen Forschung siehe meinen Artikel s.v. «Dominicus Gundissalinus» in *Biographisch-Bibliographisches Kirchenlexikon*, XVII (2000), Sp. 281-286. Zur jüngsten Polemik um die Person des Dominicus Gundissalinus siehe A. FIDORA u. M.ª J. SOTO BRUNA, «,Gundisalvus ou Dominicus Gundisalvi?' – Algunas observaciones sobre un reciente artículo de Adeline Rucquoi», in *Estudios eclesiásticos*, 76 (2001), p. 467-473.

[2] Die Existenz eines genuinen Schulzusammenhangs ist für Toledo immer wieder bestritten worden, so zuletzt von S. VEGAS GONZÁLEZ, *La Escuela de Traductores de Toledo en la Historia del Pensamiento*, Toledo, 1997. Für die vorliegenden Ausführungen ist dies jedoch unerheblich; der Begriff der Schule wird hier wie in anderen Fällen, etwa dem der Schule von Chartres, in einem weiteren Sinne gebraucht.

[3] Es ist höchst wahrscheinlich, dass Avendauth identisch ist mit dem jüdischen Gelehrten Abraham Ibn Dāwūd; hingegen ist er klar zu unterscheiden von Johannes Hispalensis und Johannes Hispanus. Cf. hierzu M.-TH. D'ALVERNY, «Avendauth?», in *Homenaje a Millás-Vallicrosa*, 2 Bde., Barcelona, 1954-1956, Bd. I., p. 19-43. Sowie

zwanzig Werke ins Lateinische, u.a. die *Metaphysik* des Avicenna aus dem *Kitāb aš-šifā'*[4], womit allein er für die uns hier interessierende Frage nach dem Verhältnis von Metaphysik und Theologie bereits von zentraler Bedeutung ist. Zum anderen ist er der Verfasser von fünf Abhandlungen, in denen sich eine deutliche Reflexion auf das Verhältnis von Philosophie bzw. Metaphysik und Theologie beobachten lässt. Es sind dies erstens der *Tractatus de anima*, zweitens die vermutlich von Wilhelm von Auvergne plagiierte Abhandlung *De immortalitate animae*, drittens der lange Zeit Boethius zugeschriebene Kurztraktat *De unitate*, viertens die Schrift *De processione mundi* und nicht zuletzt seine wohl wirkungsmächtigste Schrift, die den Titel *De divisione philosophiae* trägt.

Im Folgenden sollen unter Absehung der Avicenna-Übersetzung insbesondere die beiden letzten Schriften hinsichtlich ihrer Aussagen zum Verhältnis von Philosophie und Theologie bzw. Metaphysik untersucht werden: denn mit der Schrift *De divisione philosophiae* wird zum ersten Mal explizit der Begriff der Metaphysik als einer distinkten Wissenschaft in die Philosophie eingeführt, und zwar nicht nur in die Philosophie des lateinischen Mittelalters, sondern in die Philosophie überhaupt. In der zweiten genannten Schrift, *De processione mundi*, präzisiert Gundissalinus sodann den zweiten hier zur Debatte stehenden Begriff, nämlich die Theologie verstanden als Studium der Bibel in Abgrenzung von der Philosophie bzw. der Metaphysik. Denn anders als man annehmen könnte, verwies die Entdeckung der arabischen Philosophie und Wissenschaft in Toledo das Studium der Bibel nicht etwa in den Hintergrund: In nahezu allen seinen Schriften, v.a. aber in *De processione mundi*, zeigt der Archidiakon ein reges Interesse sowohl für das Alte als auch für das Neue Testament, die wiederholt, teils wörtlich, teils sinngemäß, zitiert werden[5]. Die Analyse von *De divisione philosophiae* und *De*

A. Fidora, «Ein philosophischer Dialog der Religionen im Toledo des 12. Jahrhunderts: Abraham Ibn Dāwūd und Dominicus Gundissalinus», in Y. Schwartz (ed.), *Religiöse Apologetik, philosophische Argumentation*, Tübingen 2004 (im Druck).

[4] Cf. zu Gundissalinus' (und Avendauths) Übersetzungen M. Alonso, «Traducciones del Arcediano Domingo Gundisalvo», in *Al-Andalus*, 12 (1947), p. 295-338.

[5] Cf. auch meinen Artikel, «Domingo Gundisalvo y la Sagrada Escritura», in *Estudios eclesiásticos*, 76 (2001), p. 243-258, wo ich einiges zu Gundissalinus' Bibeltext anmerke, der sich deutlich von der mozarabischen Bibel unterscheidet und große Affinität zur gallikanischen Tradition aufweist.

processione mundi bezüglich der Begriffe der Metaphysik und der Theologie verspricht von daher einen privilegierten Zugang zum Verständnis ihres Verhältnisses bei Gundissalinus. Die hieraus gewonnenen Einsichten werden sodann an den verbleibenden Schriften des Gundissalinus überprüft.

2. *De divisione philosophiae* oder die Unterscheidung von Metaphysik und Theologie

Bereits im Prolog zu *De divisione philosophiae*, also noch bevor Gundissalinus den Begriff der Metaphysik einführt, stellt sich der Archidiakon mit größter Klarheit und Systematizität das Problem des Verhältnisses von Philosophie und Theologie. Gleichsam als Vorspann zu seiner folgenden und für die gesamte Philosophie des Mittelalters maßgeblichen Klassifizierung der Wissenschaften, die zugleich zahlreiche neue, durch die arabische Kultur vermittelte Wissenschaften in den tradierten *ordo scientiarum* aufnimmt, etabliert Gundissalinus die fundamentale Unterscheidung von menschlichem und göttlichem Wissen bzw. von menschlicher und göttlicher Wissenschaft[6]. Erstere definiert er folgendermaßen:

> Humana vero scientia apellatur, quae humanis rationibus adinventa esse probatur ut omnes artes quae liberales dicuntur[7].

Die menschliche Wissenschaft – und nur diese ist Gegenstand seiner folgenden Ausführungen – ist somit dadurch bestimmt, dass sie das Resultat rationaler Begriffsarbeit ist. Die göttliche Wissenschaft dagegen wird folgendermaßen definiert:

> Divina scientia dicitur, quae deo auctore hominibus tradita esse cognoscitur, ut vetus testamentum et novum. Unde in veteri testamento ubique legitur: ‚locutus est dominus' et in novo: ‚dixit Ihesus discipulis suis'[8].

---

[6] Dieselbe Unterscheidung findet sich wörtlich auch zu Beginn des *De ortu scientiarum* von Robert Kilwardby, der als der einflussreichste Divulgator des Gundissalinus gelten kann, welcher so bis zu Thomas von Aquin gelangte. Cf. ROBERT KILWARDBY, *De ortu scientiarum*, ed. A. G. JUDY, Toronto, 1976, p. 9.

[7] DOMINICUS GUNDISSALINUS, *De divisione philosophiae*, ed. L. BAUR (BGPhMA IV, 2-3), Münster, 1903, p. 5.

[8] *Ibid.*

Aus dem hier Gesagten geht hervor, dass der Gegenstand der göttlichen Wissenschaft im geoffenbarten Wort besteht und ihre Aufgabe somit sein Studium ist, d.h. das Studium des Alten und Neuen Testaments, und der in ihnen enthaltenen Geheimnisse des christlichen Glaubens, wie der Trinität und der Inkarnation. Von dieser Fundamentaleinteilung wird in den verbleibenden Kapiteln des Werkes keine Rede mehr sein.

Gleichwohl wird die mit ihr vorgenommene Unterscheidung späterhin innerhalb der Darlegung der philosophischen Wissenschaften selbst erneut thematisch, denn auch hier kommt der Archidiakon auf die göttliche Wissenschaft zu sprechen, doch nicht mehr in dem vorgenannten Sinne; vielmehr versteht er nunmehr den Begriff als Synonym zu «prima philosophia» und «metaphysica»[9]. Mit dem Traktat *De divisione philosophiae* ist, wie bereits angedeutet, der Ursprung der Metaphysik als *Bezeichnung* einer Wissenschaft gegeben, denn als solche findet sie sich weder in der griechischen Tradition, wo μετὰ τὰ φυσικά (hinter der Physik) lediglich einen Ort angibt, noch in der arabischen *falsafa*, welche den griechischen Begriff als *mā ba'd aṭ-ṭabī'a* (was nach der Physik ist) *à la lettre* übernimmt. Es ist das (unbewusste?) Verdienst des Archidiakons, diesen Begriff so ins Lateinische übersetzt zu haben, dass dieser zu einem weiblichen Substantiv wird, womit er sich den Bezeichnungen der übrigen Wissenschaften, wie Logik (*logica*) oder Physik (*physica*) annähert[10]. Dass diese Wissenschaft von Gundissalinus ebenso wie die Theologie noch als göttliche Wissenschaft bezeichnet wird, darf nicht darüber hinwegtäuschen, dass beide Arten der göttlichen Wissenschaft für Gundissalinus kategorial verschieden sind[11]. Zwar handelt nach Gundissalinus auch die Metaphysik von Gott, ja sie beweist sogar

---

[9] *Ibid.*, p. 38.

[10] Cf. zur Genealogie des Begriffs der Metaphysik die leider noch zu wenig bekannten Arbeiten von I. PÉREZ FERNÁNDEZ, «Verbización y nocionización de la metafísica en la tradición siro-árabe», in *Pensamiento*, 31 (1975), p. 245-271, sowie id., «Verbización y nocionización de la metafísica en la tradición latina», in *Estudios filosóficos*, 24 (1975), p. 161-222. Sowie zusammenfassend id., «Influjo del árabe en el nacimiento del término latino-medieval ‚metaphysica'», in J. M. AYALA (ed.), *Actas del V Congreso Internacional de Filosofía Medieval*, 2 Bde., Madrid, 1979, hier Bd. II, p. 1099-1107.

[11] Gundissalinus selbst erklärt, dass die Metaphysik nur «a digniori parte», also nicht *absolute*, sondern nur *relative* als «göttliche Wissenschaft» zu bezeichnen sei; cf. DOMINICUS GUNDISSALINUS, *De divisione philosophiae*, *op. cit.*, p. 38.

seine Existenz, doch ist er gerade deshalb nicht ihre eigentliche Materie, da die Gegenstände einer Wissenschaft – wie bereits Aristoteles wusste, auf den sich Gundissalinus hier beruft –, nicht noch einmal durch dieselbe Wissenschaft bewiesen werden können[12]. Vielmehr sind sie entweder selbstevident oder aber sie werden in einer anderen Wissenschaft bewiesen. Welche Wissenschaft aber sollte die Prinzipien der Metaphysik beweisen, wenn diese doch die allgemeinste Wissenschaft von allen ist, ja ihre Aufgabe nach Gundissalinus gerade darin besteht, allen anderen Wissenschaften die Prinzipien zu liefern[13]? Die Metaphysik muss also von dem ausgehen, was durch sich selbst evident ist: und dies ist das Seiende, womit Gundissalinus mit beiden Füßen auf der aristotelischen Metaphysik-Tradition steht. Doch gerade indem sie dieses und seine Ursachen untersucht, gelangt sie zur ersten Ursache selbst, nämlich Gott:

> Deinde ostendit, quod illud tantum, quod est istarum proprietatum, debet credi quod sit deus cuius gloria sublimis. [...] Postea destruit errores quorundam de deo et operationibus eius opinantium infinitatem et diminutionem in eo et in operationibus eius et in essentiis quas creavit[14].

Wenn also für Gundissalinus auch die Metaphysik von Gott handelt – und insofern im übertragenen Sinne göttliche Wissenschaft genannt werden mag –, so doch nicht vom Gott Abrahams wie ihn die Theologie zum Gegenstand hat, sondern vom Gott der Philosophen als Prinzip des Seienden, das allein Gegenstand der Metaphysik ist[15]. Und

---

[12] Cf. *ibid.*, p. 36-37: «Teste enim Aristotele nulla scientia inquirit materiam suam; sed in hac scientia inquiritur an sit deus. Ergo deus non est materia eius». – Siehe dazu ARISTOTELES, *Analytica posteriora* I, 1, 71a 1-11, wo festgestellt wird, dass alles Wissen auf Voraussetzungen aufruht. Dieser Grundsatz war auch durch Avicenna bekannt, der ihn in seiner *Metaphysik* bzw. *Prima philosophia* aufnimmt, die von Gundissalinus und Avendauth übersetzt wurde. AVICENNA, *Liber de philosophia prima sive scientia divina*, ed. S. VAN RIET, 2 Bde., Louvain/Leiden, 1977-1980, hier Bd. I, p. 5: «Nulla enim scientiarum debet stabilire esse suum subiectum».

[13] Cf. DOMINICUS GUNDISSALINUS, *De divisione philosophiae*, *op. cit.*, p. 38: «Officium autem huius artis est certificare principia omnium scientiarum».

[14] *Ibid.*, p. 41.

[15] Wenn weiter oben gesagt wurde, dass Gundissalinus mit seinem Metaphysik-Begriff ganz und gar auf der aristotelischen Tradition fußt, so kann nun hinzugefügt werden, dass er mit seiner Bestimmung des Verhältnisses von Metaphysik und Theologie zugleich auf Thomas von Aquin vorausdeutet. Cf. etwa seine Unterscheidung von Metaphysik und Theologie in seiner *Expositio super librum Boethii ‚De Trinitate'*, ed. B. DECKER, Leiden, 1955, q. 5, art. 4, resp., p. 195: «Sic

tatsächlich findet sich im gesamten Metaphysik-Kapitel von *De divisione* nicht die geringste Reminiszenz an den biblischen Gott der Offenbarung. Ganz im Gegenteil sind alle Stellen, die in diesem Kapitel von Gott handeln, von al-Fārābī, also einem arabischen Philosophen hergenommen[16].

Damit ergeben sich zwei Wissenschaften, die von Gott handeln: eine göttliche, deren Gegenstand die Selbstmitteilung Gottes in der Heiligen Schrift ist – die aber von Gundissalinus in *De divisione philosophiae* ausdrücklich von der Untersuchung ausgenommen wird –, und eine menschliche, die auch als «philosophia prima» und «metaphysica» bezeichnet wird und die Gott nur ausgehend von der Untersuchung ihres spezifischen Gegenstandes, nämlich des Seins thematisieren kann. Beide genießen aufgrund ihrer unterschiedlichen Gegenstandsbereiche eine wechselseitige Unabhängigkeit: So wie Gundissalinus die Theologie nicht der Philosophie unterordnet, so scheint er auch nicht umgekehrt eine Philosophie als «ancilla theologiae» im Sinne zu haben[17].

Diese Unabhängigkeit des metaphysisch-philosophischen Wissens vom biblisch-theologischen wird auch durch den Aufbau von *De divisione* reflektiert, in dem die vorkommenden biblischen Verweise und Zitate nicht als autoritative Argumente in den philosophischen Fortgang des Werkes eingeführt werden. Die Funktion der Verweise auf

---

ergo theologia sive scientia divina est duplex. Una, in qua considerantur res divinae non tamquam principia subiecti, et talis est theologia, quam philosophi prosequuntur, quae alio nomine metaphysica dicitur. Alia vero, quae ipsas res divinas considerat propter se ipsas ut subiectum scientiae, et haec est theologia quae in Sacra scriptura traditur».

[16] Das ganze Kapitel verdankt viele Gedanken den entsprechenden Seiten des Traktates *De scientiis* von al-Fārābī, der von Gundissalinus übersetzt und überarbeitet wurde. Siehe DOMINICUS GUNDISSALINUS, *De scientiis*, ed. M. ALONSO, Madrid/Granada, 1954, p. 127-131.

[17] Es ist das Verdienst von Fernand van Steenberghen, diese deutliche Unterscheidung beider Bereiche bei Gundissalinus zum ersten Mal auf den Punkt gebracht zu haben. Cf. F. VAN STEENBERGHEN, «L'organisation des études au Moyen Âge et ses répercussions sur le mouvement philosophique», in *Revue philosophique de Louvain*, 52 (1954), p. 572-592, hier p. 588: «On voit très nettement dans le système des sciences proposé par Gundisalvi, comment il a résolu les problèmes qui se posaient aux penseurs chrétiens de son temps: [...] *il accepte l'idée d'une ,sapientia', d'une sagesse humaine ou rationelle distincte de la ,sapientia christiana'*; enfin il combine assez heureusement le système des arts libéraux avec la division aristotélicienne de la philosophie». – Meine Hervorhebung.

die Bibel ist deutlich anders: Recht eigentlich betrachtet rekurriert Gundissalinus in *De divisione* auf die Bibel als auf einen literarischen Text, mit dem er seine Ausführungen in den Kapiteln zu den Sprachkünsten illustriert, namentlich Grammatik und Poetik. So erklärt er beispielsweise im Kapitel über die Grammatik, dass diese ihren Namen dem griechischen *gramaton* (sic), Buchstabe, verdankt, und dass obwohl der Buchstabe nur einen Teil der Grammatik ausmache, diese dennoch *pars pro toto* «grammatica» genannt werde, so wie das Buch Genesis zwar nicht ausschließlich von der «generatio» handle, aber trotzdem seinen Namen von dieser her erhalten habe[18]. In ähnlicher Weise greift er etwas später, im Kapitel über Poetik, erneut auf die Evangelien als literarische Texte zurück, um den Unterschied zwischen «argumentum» und «fabula» zu erhellen: «Res autem ficta alia est, quae fieri potuit et dicitur argumentum ut parabolae evangelii, alia est, quae fieri non potuit et dicitur fabula»[19]. Hierauf folgt eine Diskussion der literarischen Gattungen[20]: Drama, Erzählung und Mischformen, die Gundissalinus mit je einem Buch der Heiligen Schrift veranschaulicht[21]. Damit dürfte klar sein, dass die Bezüge zur Bibel in diesem Traktat die philosophische Argumentation nicht theologisch überformen, denn die Bibel kommt nicht als Offenbarung in den Blick, sondern (lediglich) als literarischer Text. Sie ist damit nicht Gegenstand der Theologie, sondern der Grammatik und Rhetorik, also zweier im Verständnis der Zeit genuin philosophischer Disziplinen. Ihre Funktion ist nicht autoritativ, sondern v.a. illustrativ, womit die programmatische Unterscheidung von philosophischer und theologischer Wissenssphäre, die Gundissalinus im Prolog vornimmt, auch in der Argumentationspraxis bestätigt wird.

Als Ergebnis dieses Durchgangs durch *De divisione philosophiae* gilt es somit festzuhalten, dass Gundissalinus von Anfang an eine klare Abgrenzung von philosophischem und theologischem Wissen

---

[18] DOMINICUS GUNDISSALINUS, *De divisione philosophiae*, *op. cit.*, p. 52-53.

[19] *Ibid.*, p. 55.

[20] *Ibid.*, p. 56.

[21] Hierin folgt Gundissalinus wörtlich Beda Venerabilis, der als einer der ersten die Kategorien der Rhetorik auf die Bibel anwandte, um auf diese Weise ihre Vollkommenheit auch als literarischer Text zu erweisen. Siehe BEDA VENERABILIS, *Libri II De Arte Metrica et De Schematibus et Tropis – The Art of Poetry and Rhetoric*, ed. C. B. KENDALL, Saarbrücken, 1991, p. 164. Cf. zu Beda Venerabilis und zur christlichen Rhetorik-Tradition E. R. CURTIUS, *Europäische Literatur und lateinisches Mittelalter*, Tübingen/Basel, [11]1993, p. 55-58.

etabliert, die sich auch in der Argumentation des Traktates niederschlägt und letztlich in der Unterscheidung der beiden genannten Arten göttlicher Wissenschaft, nämlich der Metaphysik und der Theologie kulminiert, die durch ihre Gegenstandsbereiche klar voneinander abgegrenzt werden. Wenn nun aber Gundissalinus in einem ersten Schritt gleichsam negativ konstatiert, dass Philosophie bzw. Metaphysik und Theologie verschieden sind, so scheint es dennoch gerechtfertigt, weiter nach ihrem positiven Verhältnis zu fragen, insofern beide zu Aussagen über dasselbe Objekt gelangen. Allerdings gibt *De divisione* keine Antwort darauf, wie das Verhältnis von Philosophie bzw. Metaphysik und Theologie positiv zu verstehen ist, was Friedrich Dechant dazu geführt hat, von einem «unverbundenen Nebeneinander von Philosophie und Theologie» zu reden, das er mit der Position Sigers von Brabant vergleicht[22]. Doch scheint dieses Urteil übertrieben und vorschnell, da Gundissalinus nicht glaubt, dass die Wahrheit einer der beiden Wissenschaften jener der anderen widersprechen könnte, wie sich gleich zeigen wird.

3. *De processione mundi* oder die «consonantia» von Metaphysik und Theologie

In seinem ca. 20 Jahre nach *De divisione philosophiae* entstandenen kosmologischen Entwurf *De processione mundi* bedient sich der Archidiakon der Bibel als Ausgangspunkt seiner Überlegungen über die Schöpfung der Welt, womit sich eine interessante Parallele zwischen ihm und der sogenannten Schule von Chartres andeutet, in der naturphilosophische Reinterpretationen von Genesis im Lichte des platonischen *Timaios* entstanden[23]. So führt Gundissalinus gleich zu Beginn von *De processione mundi* dreimal die Autorität der Bibel an:

---

[22] Cf. F. DECHANT, *Die theologische Rezeption der ,Artes liberales' und die Entwicklung des Philosophiebegriffs in theologischen Programmschriften des Mittelalters von Alkuin bis Bonaventura*, St. Ottilien, 1993, p. 177.

[23] Es sei verwiesen auf Thierry von Chartres und seinen Genesis-Kommentar sowie auf die Werke Wilhelms von Conches. Zu ersterem und seinem *Tractatus de sex dierum operibus* cf. P. DRONKE, «Thierry of Chartres», in id. (ed.), *A History of Twelfth-Century Western Philosophy*, Cambridge, 1988, p. 358-385, zu letzterem und seinem kosmologischen Denken siehe D. ELFORD, «William of Conches», *ibid.*, p. 308-327.

> ‚Invisibilia dei per ea, quae facta sunt, a creatura mundi intellecta conspiciuntur' [Röm. 1, 20] [...] Unde in libro sapientiae scriptum est: ‚per magnitudinem creaturae et speciem potest intelligibiliter creator videri' [Weish. 13, 5] [...] Unde de sapientia scriptum est: ‚in viis ostendit se hilariter et in omni providentia ocurrit illis' [Weish. 6, 17][24].

Obwohl diese drei Zitate letzten Endes auf die Erkenntnis Gottes abzielen, eröffnet sich mit ihnen zugleich die Möglichkeit einer Wissenschaft, die nicht von der geoffenbarten Wahrheit abhängt, sondern die, im Gegenteil, aus der rationalen Betrachtung der Natur zu Gott gelangt. Diesen letzten Aspekt, die Rationalität der *philosophia naturalis*, entwickelt Gundissalinus anhand einer Untersuchung der Methodologie der Wissenschaften des Boethius, der der göttlichen Wissenschaft die intellektuelle, der Mathematik die disziplinengerechte und der Naturphilosophie die rationale Methode zuweist[25]. Jede Wissenschaft hat damit nicht nur ihren eigenen Gegenstand, sondern auch ihre eigene Methode und folglich auch eine deutliche Selbständigkeit gegenüber den anderen Wissenschaften. Am Ende dieser Untersuchung greift Gundissalinus den zitierten Vers aus dem Römerbrief auf und fügt hinzu, dass «[...] per ea quae facta sunt, invisibilia dei intellecta creatura mundi conspicit, cum ratio ad compositionem accedit hoc modo»[26]. Die biblischen Zitate zu Beginn von *De processione mundi* dienen dem Archidiakon von Cuéllar mithin gerade zur Begrenzung des Geltungsbereichs des in der Heiligen Schrift Ausgesagten, dergegenüber Gundissalinus mit der rationalen Methode der *philosophia naturalis* eine Autorität *sui generis* etabliert[27]. Gundissalinus bekräftigt mithin die Unabhängigkeit eines

[24] DOMINICUS GUNDISSALINUS, *De processione mundi*, ed. u. span. Übers. M.ª J. SOTO BRUNA u. C. ALONSO DEL REAL, Pamplona, 1999, p. 120-225, hier p. 120. – Cf. zu den Vorzügen dieser Edition gegenüber den Ausgaben von Marcelino Menéndez Pelayo und Georg Bülow meine Rezension in *Estudios eclesiásticos*, 76 (2001), p. 664-666.

[25] Boethius entwickelt die Methodenlehre der Wissenschaften in seinem Traktat *De Trinitate*. Siehe ANICIUS MANLIUS SEVERINUS BOETHIUS, *Die theologischen Traktate*, ed. M. ELSÄSSER, Hamburg, 1988, p. 8. – A. FIDORA, «La metodología de las ciencias según Boecio: su recepción en las obras y traducciones de Domingo Gundisalvo», in *Revista española de filosofía medieval*, 7 (2000), p. 127-136.

[26] DOMINICUS GUNDISSALINUS, *De processione mundi*, *op. cit.*, p. 122.

[27] Die Autonomie der *philosophia naturalis* ist ein weiteres Element, das Gundissalinus mit den Autoren der Schule von Chartres verbindet, v.a. mit Wilhelm von Conches. Cf. hierzu A. FIDORA u. A. NIEDERBERGER, «Philosophie und Physik zwischen notwendigem und hypothetischem Wissen. Zur wissenstheoretischen Bestim-

rein philosophischen Wissens in Abhebung von der Bibel, wie sie bereits im letzten Abschnitt zutage trat.

Im Verlauf der folgenden Spekulationen in *De processione* hält der Archidiakon die Unabhängigkeit der Naturphilosophie mit aller Konsequenz durch: Zunächst zeigt er, dass das Sein der ersten Ursache nicht nur möglich, sondern notwendig sein muss, daraufhin argumentiert er zugunsten der Einheit und Unbeweglichkeit der ersten Ursache und identifiziert diese letztendlich mit Gott. Schließlich charakterisiert er die beiden ursprünglichen Komponenten der Realität, die durch die erste Ursache vereint werden: Materie und Form. Diese beiden und ihre Zusammensetzung sind nach Gundissalinus der Gegenstand der *creatio ex nihilo*. Soweit in verkürzter Form die kosmologische Doktrin in *De processione mundi*, die von Gundissalinus zwar eingangs unter den Titel der Naturphilosophie gestellt wird, deren Inhalte jedoch auch und gerade metaphysischer Art sind. Tatsächlich ist die Verschränkung von Metaphysik und Naturphilosophie als Prinzipientheorie ja bis weit ins 13. Jahrhundert hinein eine gängige Konstruktion[28]. M.ª Jesús Soto Bruna, die Mitherausgeberin von *De processione mundi*, spricht daher in Bezug auf dieses Werk mit Recht immer wieder von Gundissalinus' Metaphysik[29]. Von besonderem Belang für die vorliegende Ausführung ist nun, dass Gundissalinus bis zu dem oben skizzierten Punkt seiner Darlegung (d.h. von der zweiten Seite bis zum zweiten Drittel des Traktates) die Heilige Schrift nicht wieder benutzt, sondern seine Positionen ausgehend von strikt philosophischen Argumenten entwickelt, von denen einige, wie etwa der universelle Hylemorphismus, den Gundissalinus behauptet, auf Ibn Gabirols *Fons vitae* zurückgehen[30]. Jetzt aber, nachdem er seine eigene

---

mung der Physik in der *Philosophia* des Wilhelm von Conches», in *Early Science and Medicine*, 6 (2001), p. 22-34.

[28] Bereits in *De divisione philosophiae*, *op. cit.*, p. 39, weist Gundissalinus auf den engen Zusammenhang zwischen Naturphilosophie und Metaphysik hin: «Sed [metaphysica] ideo post naturales [legatur], quia multa de hiis, quae conceduntur in ista, sunt de illis, quae iam probata sunt in naturali, sicut generatio et corruptio et alteritas et locus et tempus et ‚quod omne quod movetur ab alio movetur' et quae sunt ea quae moventur a primo motore et cetera».

[29] Siehe ihre Einleitung zu *De processione mundi*, *op. cit.*, p. 19-79.

[30] Dieses Werk ist von Gundissalinus gemeinsam mit einem Magister Johannes übersetzt worden und wurde von Clemens Baeumker herausgegeben. Cf. IBN GABIROL, *Fons vitae*, ed. C. BAEUMKER (BGPhMA I, 2-4), Münster, 1892-1895.

kosmologische Position entwickelt hat, die eine große Emphase auf die Simultaneität der Schöpfung von Form und Materie legt, konfrontiert er diese mit der Interpretation von Genesis, die die, so wörtlich, «Theologen» vorlegen. Der Abschnitt, der mit den Worten «dicunt tamen theologi» anhebt, beschreibt eine kosmologische Konzeption, die davon ausgeht, dass die Schöpfung mit einem Chaos der Elemente beginnt, die noch ununterschieden und ‚uninformiert' sind. Die Theologen, gemeint ist hier aller Wahrscheinlichkeit nach Hugo von Sankt Viktor[31], die diese Schöpfungstheorie vertreten, heißt es weiter, behaupten, dass diese von der Heiligen Schrift selbst bezeugt wird (*testatur*). Damit wird zugleich deutlich, dass Gundissalinus mit der Bezeichnung «theologi» bzw. «theologia» durchaus eine klar definierte Wissenschaft meint und den Begriff nicht in seiner im 12. Jahrhundert zumindest bis Abaelard unscharfen Weise gebraucht.[32] Denn Gundissalinus führt einen Begriff der Theologie ein, der gegenüber seiner traditionellen Semantik einen deutlichen Schritt zu einer Präzisierung desselben in Richtung auf seine im 13. Jahrhundert bereits entfaltete und immer noch gültige Bedeutung darstellt. Theologen sind ihm jene Denker, die das Zeugnis (*testatur*) der Heiligen Schrift zum Gegenstand ihrer Überlegungen machen. Entsprechend dieser Gegenstandbestimmung der Theologie führt Gundissalinus ihren Bezugstext aus Genesis für die zur

---

[31] Manuel Alonso hat zeigen können, dass die hier von Gundissalinus inkriminierte Lehre wörtlich auf eine Passage aus *De sacramentis christianae fidei* (PL 176, col. 190) von Hugo von Sankt Viktor zurückgeht. Cf. M. ALONSO, «Hugo de San Víctor, refutado por Domingo Gundisalvo hacia el 1170», in *Estudios eclesiásticos*, 21 (1947), p. 209-216. Es ist der Erwähnung wert, dass auch der bereits erwähnte Wilhelm von Conches Hugos Lehre vom Chaos attackiert. So heißt es in seinen *Glosae super Boetium*, ed. L. NAUTA (CCCM CLVIII), Turnhout, 1999, p. 153: «Dicunt quidam fluitantem esse materiam quatuor elementa in chao, id est in confusione [...] Qui michi videntur ex verbis Platonis et aliorum philosophorum errare et contra divinam bonitatem haeresim inserere».

[32] Zur Begriffsgeschichte der Theologie von ihren Anfängen bis in die Spätantike cf. F. KATTENBUSCH, «Die Entstehung einer christlichen Theologie. Zur Geschichte der Ausdrücke θεολογία, θεολογεῖν, θεολόγος», in *Zeitschrift für Theologie und Kirche*, 38 (1930), p. 161-205. Die explizite Unterscheidung von Theologie einerseits und Philosophie andererseits ist auch für Gundissalinus' Zeit noch ungewöhnlich und etabliert sich recht eigentlich erst im 13. Jahrhundert. Einer der ersten, wenn nicht der erste, der den Begriff der Theologie in systematisch distinkter Form gebraucht ist Peter Abaelard; siehe H. SANTIAGO-OTERO, «El término ‚teología' en Pedro Abelardo», in *Revista española de teología*, 36 (1976), p. 251-259.

Diskussion stehende Frage an und erklärt, wie dieser von den Theologen verstanden wird:

> Ubi cum Moises dicit: ‚In principio creavit deus caelum et terram' [Gen. 1, 1], per caelum et terram omnium caelestium terrestriumque materiam hoc loco voluit intelligi, de qua consequenter postea per formam distincta sunt, quae in ipsa prius per essentiam simul creata sunt[33].

Gemäß der Deutung der erwähnten Theologen also bedeuteten die Worte Mose die vorgängige Schöpfung der Materie, die das Chaos ausmachen würde, auf das im Nachhinein die Formen zur Anwendung kämen. Der Schöpfungsprozess hätte mithin zwei Phasen: die Schöpfung der Materie und die Informierung dieses Chaos. Doch ist nach Gundissalinus die Vorgehensweise der Theologen nicht *lege artis*, da sie die «descriptiones» des Schöpfungsvorgangs aus der Heiligen Schrift ihren eigenen Modellen anpassen und nicht umgekehrt, wie es ihre Wissenschaft zu erfordern scheint, letztere aus ersteren gewinnen[34].

Gundissalinus widersetzt sich denn auch dieser Interpretation des Schöpfungsaktes energisch, wobei er bezeichnenderweise seine Widerlegung derselben mit den Worten «sed secundum philosophos», namentlich Ibn Gabirol, einleitet, womit erneut die deutliche Unterscheidung von Philosophie bzw. Metaphysik und Theologie als zweier Wissenschaften zum Vorschein kommt. In seiner darauf folgenden philosophischen Argumentation, die hier nicht in all ihren Einzelheiten nachgezeichnet werden kann, versucht Gundissalinus zu zeigen, dass der Begriff des Chaos selbst bereits die Zusammensetzung aus Form und Materie voraussetzt. Denn wenn unter Chaos die Vermischung der Elemente (*permixtio elementorum*) verstanden wird, würde dies zugleich seine Bestimmung durch die Formen bedeuten, da die Elemente bereits aus Form und Materie zusammengesetzt seien[35].

---

[33] DOMINICUS GUNDISSALINUS, *De processione mundi*, *op. cit.*, p. 188.

[34] *Ibid.*: «Deinde quod dicit: ‚Et tenebrae erant super faciem abyssi' [Gen. 1, 2] et cetera, quae sequuntur, [theologi] adaptant descriptiones praedictae descriptioni».

[35] Auch in der Elementen-Diskussion lässt sich ein interessanter Parallelismus mit der Schule von Chartres ausmachen, und wiederum v.a. mit Wilhelm von Conches: Sowohl dieser als auch Gundissalinus verwenden neben dem Begriff ‚elementum' auch den Term ‚elementatum', womit sie den aus Elementen zusammengesetzten Körper bezeichnen. Dieser letztgenannte Term scheint zeitgleich in Chartres und Toledo aufzutauchen, ohne dass bislang die genaue Abhängigkeit geklärt werden

Daraus schließt er, dass es kein Chaos *sensu stricto* gibt, wie von den erwähnten Theologen behauptet, sondern dass Form und Materie gleichzeitig geschöpft wurden.

Doch präjudiziert diese Widerlegung für Gundissalinus keineswegs die Gültigkeit des biblischen Schöpfungsberichtes, vielmehr ist sie auf eine kritische Untersuchung der Deutung desselben durch die Theologen beschränkt. Denn für den Archidiakon behaupten die in Frage stehenden Verse aus Genesis keineswegs die sukzessive Schöpfung von Materie und Form, auch wenn dies *prima facie* so scheinen könne. Nach Gundissalinus handelt es sich lediglich um ein Problem der Sprache, die es nicht gestattet, die Gleichzeitigkeit auszudrücken:

> Quamvis ergo Moyses prius nominavit caelum et terram, deinde lucem [...], ordo tamen, quo creata narrantur, in creando non intelligatur. Quae enim simul sine tempore ad esse prodierunt, simul dici sine tempore non potuerunt. Omnis syllaba tempus habet[36].

Der alttestamentliche Schöpfungsbericht widerspricht mithin nicht der kosmologischen Konzeption einer gleichzeitigen Schöpfung von Materie und Form, wie Gundissalinus sie im Laufe von *De processione mundi* entwickelt, vielmehr befinden sich beide in Einklang, was Gundissalinus mit dem folgenden Vers 18, 1 aus Jesus Sirach unterstreicht: «Cui consonat Divina Scriptura, quae dicit: ‚Qui vivit in aeternum, creavit omnia simul'»[37].

Dieses letzte Zitat bestätigt jedoch nicht nur die Position des Archidiakons; bedeutsamer für den gegenwärtigen Kontext ist, dass es eine Präzisierung des Verständnisses der Beziehung von philosophischer Argumentation und biblischer Autorität erlaubt. Diese Beziehung wird mit der anmutigen Metapher einer «Konsonanz» (*consonat*) beschrieben: So wie sich die Stimmen zweier Sänger in einem einzigen Gesang vereinigen, so gelangen auch Philosophie und Theologie, obwohl sie sich aus verschiedenen Quellen speisen, zu denselben Ergebnissen. Eine Metapher, die sich im Übrigen hundert Jahre später wörtlich im *De Trinitate*-Kommentar des Thomas von Aquin wiederfinden wird,

---

konnte. Cf. TH. SILVERSTEIN, «‚Elementatum': Its Appearence Among the Twelfth-Century Cosmogonists», in *Mediaeval Studies*, 16 (1954), p. 156-162.

[36] DOMINICUS GUNDISSALINUS, *De processione mundi*, *op. cit.*, p. 212.

[37] *Ibid.*

in dem die Unterscheidung von Metaphysik und Theologie zentrales Thema ist[38].

Es gilt somit festzuhalten, dass die Unterscheidung von Philosophie bzw. Metaphysik und Theologie, wie sie aus *De divisione* und dem Anfang von *De processione* spricht, nur eine Seite des Problems ist: Die Theologie, die in *De processione mundi* von Gundissalinus namentlich als eine von der Philosophie unterschiedene Wissenschaft eingeführt wird, widerspricht dieser letztlich nicht, denn der komplementäre Aspekt zur Unterscheidung beider Wissenschaften ist ihre «Konsonanz» in ihren jeweiligen Ergebnissen. So kommt es, dass die Heilige Schrift für Gundissalinus nicht nur illustrativen Wert hat, insofern sie als literarischer Text Gegenstand der Sprachkünste werden kann, wie in *De divisione philosophiae* zu sehen war. Vielmehr kann sie darüber hinaus auch für die philosophische Argumentation relevant werden; jedoch nicht so, dass sie direkt in den technischen Verlauf der Argumentation eingreift, denn sowohl ihr Gegenstand als auch ihre Methoden sind von denen der Philosophie unterschieden. Wohl aber so, dass der Vergleich der Ergebnisse beider Wissenschaften zu einem Korrektiv für diese werden kann. Im vorliegenden Fall ist das Ergebnis der Philosophie bezüglich der Simultaneität der Schöpfung von Form und Materie Anlass zu einer Revision der theologischen Interpretation von Genesis, die sich als mangelhaft herausstellt. Umgekehrt bestätigt die theologisch recht interpretierte Passage aus dem biblischen Schöpfungsbericht die philosophische Schöpfungslehre.

4. Die Bibelzitate im *Tractatus de anima* und in *De unitate*

Die in der bisherigen Untersuchung von *De divisione philosophiae* und *De processione mundi* hervorgetretene Dialektik von Unterscheidung und Übereinstimmung von Philosophie und Theologie wird auch durch die Verwendung von Bibelzitaten im *Tractatus de anima* und in *De unitate* gestützt, die daher kurz skizziert werden soll. Der erstgenannte Traktat bemüht sich, die Unsterblichkeit der Seele zu

[38] THOMAS VON AQUIN, *Expositio super librum Boethii ‚De Trinitate'*, ed. B. DECKER, Leiden, 1959, q. 1, art. 1, resp., p. 60: «Sed quia verba Philosophi in III *De anima* magis videntur sonare quod intellectus agens sit potentia animae et huic etiam auctoritas Sacrae scripturae *consonat* [...]». – Meine Hervorhebung.

beweisen, wobei er deutlich von Avicenna inspiriert ist, von dem er zahlreiche Passagen *verbatim* übernimmt[39]. Seinen Ausgang nimmt der Traktat mit zwei Bibelzitaten aus Job und dem Psalter:

> Unde in tantam dementiam delapsi sunt ut etiam deum non esse dicerent; illi qui in Iob dicunt: ‚Quid sit deus, ut serviamus ei' [Job 21, 15]; aut sicut illud David: ‚Dixit insipiens in corde suo: Non est deus' [Ps. 13, 1]. Quapropter rationes quibus philosophi animam esse deprehenderunt apponere necessarium duxi[40].

Wie in *De processione mundi* so geht Gundissalinus auch hier von einer biblischen Aussage aus, um die Notwendigkeit einer philosophischen Untersuchung zu legitimieren, die nach Vernunftgründen (*rationes*) vorgehen soll. Erneut dient ihm die Bibel damit dazu, einen von ihr verschiedenen Wissensbereich zu eröffnen, wobei sie ihm sogar Gelegenheit bietet, die Übersetzung und Integration arabischer Philosophie zu rechtfertigen:

> Quapropter quicquid de anima apud philosophos rationabiliter dictum inveni, simul in unum colligere curavi. Opus siquidem latinis hactenus incognitum utpote in archivis graecae et arabicae tantum linguae reconditum [...] ad notitiam latinorum est deductum ut fideles, qui pro anima tam studiose laborant, quid de ipsa sentire debeant, non iam fide tantum, sed etiam ratione comprehendant[41].

Folgerichtig vermeidet Gundissalinus im Folgenden alle Bezüge auf die Bibel, bis er zum Ende seines Traktates gelangt[42]. Allein hier, auf den letzten Seiten des zehnten Kapitels, verstattet er sich Rekurse auf Bibel, die er mit Formeln wie «iuxta illud», «unde propheta» oder

---

[39] Cf. etwa das zehnte Kapitel von Gundissalinus' *Tractatus de anima*, ed. J. TH. MUCKLE, in *Mediaeval Studies*, 2 (1940), p. 23-103, hier p. 84-103, wo Avicennas Vermögenslehre ausführlich zitiert wird. Dennoch ist Gundissalinus' Traktat durchaus originell und keine bloße Kompilation. Für eine in diesem Sinne ausgewogene Einschätzung des Verhältnisses von Gundissalinus' Traktat und Avicennas Schrift sei verwiesen auf D. N. HASSE, *Avicenna's ‚De anima' in the Latin West. The Formation of a Peripatetic Philosophy of the Soul 1160-1300*, London/Turin, 2000, p. 13-17.

[40] DOMINICUS GUNDISSALINUS, *Tractatus de anima*, *op. cit.*, p. 32.

[41] *Ibid.*, p. 31.

[42] Es sei auf eine Ausnahme hingewiesen: auf den Seiten 58 und 59 zitiert Gundissalinus zweimal die Bibel. Allerdings stellt das hier diskutierte Thema einen kosmologischen Exkurs dar, der keinen unmittelbaren Einfluss auf die Hauptargumentation, nämlich den Erweis der Unsterblichkeit der Seele hat.

«apostulus testatur» einleitet[43], um eben die «Konsonanz» all dessen, was er zuvor aus einer avicennianischen und mithin philosophischen Perspektive heraus dargelegt hat, mit der Heiligen Schrift unter Beweis zu stellen[44]. Niemals indessen benutzt Gundissalinus die Bibel als Prämisse seiner Argumente.

Nach dem bisher Gesagten dürfte es kaum wundernehmen, dass sich in dem Opuskulum *De unitate* sämtliche Verweise auf die Bibel gegen Ende der Schrift konzentrieren. So beschließt der Autor, nachdem er in seiner vornehmlich neoplatonischen Argumentation verschiedene Formen von Einheit gegeneinander abgehoben hat, seine Ausführungen folgendermaßen:

> Alia dicuntur unum ratione [...], vel ratione unius sacramenti, ut ‚spiritus aqua et sanguis' [1 Joh. 5, 8] dicuntur unum [...] Alia dicuntur unum more [...] vel secundum consensum virtutis [...] ut: ‚Multitudinis credentium erat cor unum et anima una' [Apg. 4, 32], vel secundum consensum eiusdem vitiis plures homines dicuntur unum, ut: ‚Qui adhaeret meretrici, unum corpus efficitur' [1 Kor. 6, 16][45].

Diese Sätze erinnern zunächst an die illustrative Funktion der Bibelzitate in *De divisione*: Wie dort, so bedient sich Gundissalinus auch hier der Bibel als eines sprachlichen Repertoriums, mit dem er die semantische Richtigkeit seiner Begriffe, hier die Verwendung des Begriffs ‚unum' überprüft[46]. Zugleich aber stellt dies erneut einen

---

[43] *Ibid.*, p. 100.

[44] Dieses letzte Kapitel des *Tractatus de anima* hat Étienne Gilson dazu veranlasst, in Bezug auf Gundissalinus von einem «augustinisme avicennisant» zu sprechen. Cf. É. GILSON, «Les sources gréco-arabes de l'augustinisme avicennisant», in *Archives d'Histoire doctrinale et littéraire du Moyen Âge*, 4 (1929-1930), p. 5-149, hier p. 85. Cf. für eine nähere Darlegung seiner Gründe sowie für eine Kritik dieser Bezeichnung A. FIDORA, «La metodología de las ciencias según Boecio», *op. cit.*, p. 136.

[45] DOMINICUS GUNDISSALINUS, *De unitate*, ed. M. ALONSO, in *Pensamiento*, 12 (1956), p. 65-78, hier p. 76. Der Text liegt seit kurzem auch in einer lateinisch-deutschen Edition vor in A. FIDORA u. A. NIEDERBERGER, *Vom Einen zum Vielen – Die Aufbrüche in der Metaphysik des 12. Jahrhunderts*, Frankfurt am Main, 2002, p. 66-79.

[46] Es ist kein Zufall, dass mit Alanus ab Insulis gerade ein Meister dessen, was man die Sprachphilosophie des 12. Jahrhunderts nennen könnte, durch Gundissalinus' biblische Beispiele inspiriert wird, die er in seinem *Liber in distinctionibus dictionum theologicalium* (PL 210) – einem Wörterbuch theologischer Grundbegriffe – s.v. ‚unum' referiert.

Versuch des Gundissalinus dar, die «Konsonanz» seiner Überlegungen mit der Heiligen Schrift zu erweisen: Die verschiedenen Bedeutungen, die der Autor soeben voneinander abgegrenzt hat, entsprechen jeweils einem Satz der Bibel[47].

Beide Werke verdeutlichen mithin, was sich bereits aus der Untersuchung von *De processione mundi* ergab: Obwohl vorausgesetzt wird, dass Philosophie und Theologie zwei verschiedene Wissenschaften sind, so besteht dennoch zwischen ihren Resultaten eine «Konsonanz» oder Entsprechung.

Ertrag

Als Ergebnis dieses Durchgangs durch die Werke des Gundissalinus im Hinblick auf das Verhältnis von Philosophie bzw. Metaphysik und Theologie und ihre Geltungsansprüche gilt es wenigstens die beiden folgenden Elemente festzuhalten: Erstens, dass der Archidiakon bereits in *De divisione* eine klare Unterscheidung dessen vornimmt, was Gegenstand der Philosophie bzw. Metaphysik ist, und dessen, was Gegenstand der Theologie ist, womit er der Philosophie und insbesondere der Metaphysik, die er als erster namentlich als Wissenschaft einführt, einen autonomen Status zubilligt. Aus dieser Perspektive kann der argumentative Wert der Heiligen Schrift in Gundissalinus' Werken *innerhalb* der philosophischen Argumentationskette lediglich illustrativ sein, insofern diese hier als Gegenstand der philosophischen Sprachkünste verhandelt wird, wie ihre Verwendung in den Grammatik- und Poetik-Kapiteln aus *De divisione*, aber auch in *De unitate* zeigt. Zweitens muss man jedoch betonen, dass diese Autonomie der Philosophie bzw. der Metaphysik, die aus ihren differenten Gegenstandsbereichen und Methoden resultiert, nicht zu einer absoluten Unverbundenheit beider Wissenssphären führt, wie Friedrich Dechant insinuiert, vielmehr scheinen beide in ihren Fluchtlinien bzw. Ergebnissen in eins zu fallen, oder, um Gundissalinus' Formulierung aus *De processione mundi* aufzugreifen, es

[47] Weiterführende Überlegungen zum metaphysischen Gehalt dieses Traktates und seiner nicht nur neoplatonischen, sondern auch aristotelischen Inspiration finden sich in A. FIDORA u. A. NIEDERBERGER, *Vom Einen zum Vielen – Die Aufbrüche in der Metaphysik des 12. Jahrhunderts*, *op. cit.*, p. 136-144.

besteht «Konsonanz» zwischen diesen. Deshalb kann der argumentative Wert der Heiligen Schrift als Gegenstand der Theologie auch für die Philosophie mehr als illustrativ sein, denn er ist zugleich im Hinblick auf die *Ergebnisse* der philosophischen Argumentation korrektiv bzw. konfirmativ, so wie es umgekehrt die Ergebnisse der Philosophie für jene der Theologie sein können. Doch ist die Heilige Schrift als Gegenstand der Theologie eben in Gundissalinus' Schriften niemals *Teil* der philosophischen Argumentation, dies ist sie nur als Gegenstand der philosophischen Sprachkünste. Ihre korrektive und konfirmative Funktion hingegen bleibt beschränkt auf einen Vergleich der in den jeweiligen Wissenschaften gewonnenen Ergebnisse.

Es ist richtig, dass für Gundissalinus alle Ergebnisse der Philosophie letztlich mit den Resultaten einer gründlichen theologischen Lektüre der Heiligen Schrift übereinstimmen müssen und umgekehrt. Gleichwohl ist diese Übereinstimmung mit der theologischen Interpretation der Heiligen Schrift nicht die Bedingung der Wahrheit für die Theoreme der Philosophie bzw. Metaphysik, denn wenn soeben behauptet wurde, dass diese mit jener übereinstimmen ‚müssen', so müssen sie dies nicht etwa, um wahr zu sein, sondern, umgekehrt, gerade weil sie wahr sind. Aufs Ganze gesehen lassen sich damit bereits bei Gundissalinus die zentralen Motive einer säkularen Gestalt von Philosophie ausmachen, die im nachthomasischen Denken die Dialektik von Metaphysik und Theologie so dauerhaft prägen sollte, dass sich die Geschichte dieser beiden Disziplinen bis heute in den Begriffen von Unterscheidung und Übereinstimmung bewegt.

THOMAS RICKLIN

(Université de Neuchâtel)

DIE LATEINISCHE ENTDECKUNG DER QUINTESSENZ: DIE *PHILOSOPHIA* DES DANIEL VON MORLEY

1. Seit seinem Auftritt in Valentin Roses wegweisendem Artikel *Ptolemaeus und die Schule von Toledo* im Jahr 1874 gehört Daniel von Morley zum Reigen der mindestens den Spezialistinnen und Spezialisten bekannten Autoren des 12. Jahrhunderts[1]. Seine Stellung unter den *auctores minores* der Epoche ist durchaus gefestigt, aber wie es sich für einen Autor dieser Gattung gehört, gilt er als wenig innovativ. Lynn Thorndike etwa attestierte dem nur als Verfasser der *Philosophia* bekannten Autor im Jahre 1923 «little trickle of learning from Toledo» und war im übrigen der Meinung, Daniel sei nicht wesentlich über Adelard von Bath und Wilhelm von Conches hinaus gelangt[2]. Theodore Silverstein sah zwar in den in der *Philosophia* benutzten Texten «the newest of the new things in later twelfth century science»[3], aber auch er vertrat zu guter Letzt die Auffassung, dass Daniel nicht wirklich über die mit dem Stichwort Chartres assoziierten intellektuellen Leistungen hinaus gekommen sei[4]. Und wie zuvor Franz Bliemetzrieder gezeigt hatte, dass sich Daniel, ohne dies eigens auszuweisen, aus den *Questiones naturales* und aus *De opere astro-*

[1] V. ROSE, «Ptolemaeus und die Schule von Toledo», in *Hermes*, 8 (1874), p. 327-349.

[2] L. THORNDIKE, *A History of Magic and Experimental Science*, vol. II, New York, 1923, p. 179.

[3] TH. SILVERSTEIN, «Daniel of Morley, English Cosmogonist and Student of Arabic Science», in *Mediaeval Studies*, 19 (1948), p. 179-196, hier: p. 181.

[4] *Ibid.*, p. 195.

lapsus des Adelard von Bath bedient hatte[5], wies Silverstein, noch ohne die entsprechenden Resultate Martin Müllers zu kennen[6], auf wörtliche Übereinstimmungen zwischen der *Philosophia* des Wilhelm von Conches und dem Text Daniels hin, aus denen sich zweifelsfrei ergab, dass Daniel mit dem Text Wilhelms gearbeitet hatte[7]. In seiner Neuausgabe von Daniels *Philosophia* hat Gregor Maurach dann noch einige weitere Stellen angezeigt, die unmittelbar auf die *Philosophia* Wilhelms zurückgehen[8], während Charles Burnett jüngst nachgewiesen hat, dass die Paragraphen 161-174 von Daniels Text zu einem guten Teil wörtlich aus *De opere astrolapsus* des Adelard von Bath stammen und die Paragraphen 184-191 auf zwei Werken des Abū Maʿšar beruhen[9].

Daniels textliche Unselbständigkeit, seine Abhängigkeit von mindestens einem Autor, der gemeinhin mit der sog. Schule von Chartres in Verbindung gebracht wird und seine ebenso ausgiebige wie stillschweigende Benutzung ursprünglich arabischer Texte steht somit außer Zweifel. Seit Oliver Gutman[10] und Charles Burnett[11] den mysteriösen *Liber celi et mundi*, den Daniel ohne einen Autor zu nennen dreimal unter Anführung des Titels zitiert[12], endgültig identifiziert

---

[5] Cf. F. BLIEMETZRIEDER, «Über literarische Vorlagen des *Liber de naturis inferiorum et superiorum* des Daniel von Morley», in *Archiv für Geschichte der Mathematik, Naturwissenschaften und Technik*, 10 (1927), p. 338-344.

[6] Cf. M. MÜLLER, «Die Stellung des Daniel von Morley in der Wissenschaft des Mittelalters», in *Philosophisches Jahrbuch der Görres-Gesellschaft*, 41 (1928), p. 301-337.

[7] Cf. TH. SILVERSTEIN, *op. cit.*, p. 193f.

[8] Cf. DANIEL VON MORLEY, *Philosophia*, ed. G. MAURACH, in *Mittellateinisches Jahrbuch*, 14 (1979), p. 204-255. Nach der Paragraphennumerierung dieser Ausgabe wird im Folgenden zitiert.

[9] Cf. CH. BURNETT, «The Institutional Context of Arabic-Latin Translation of the Middle Ages: A Reassessment of the ‚School of Toledo'», in O. WEIJERS (ed.), *Vocabulary of Teaching and Research Between Middle Ages and Renaissance, Proceedings of the Colloquium London, Warburg Institute 11-12 March 1994*, Turnhout, 1995, p. 214-235, hier: p. 220-223.

[10] Cf. O. GUTMAN, «On the Fringes of the *Corpus Aristotelicum*: The Pseudo-Avicenna *Liber Celi et Mundi*», in *Early Science and Medicine*, 2 (1997), p. 109-128, hier: p. 112f.

[11] Cf. CH. BURNETT, *The Introduction of Arabic Learning into England*, London, 1997, p. 66f.

[12] Cf. DANIEL VON MORLEY, *op. cit.*, §§ 115, 122 und 136.

haben[13], ist zudem erwiesen, dass Daniel mindestens zwei Aristotelische Werke, deren Titel er anführt, nur indirekt gekannt hat. So stammt Daniels einziges Zitat der Aristotelischen *Physica*[14] nicht aus dem entsprechenden Werk des Aristoteles, sondern aus dem *Liber celi et mundi*[15]. Ebenso beruhen die beiden Passagen der *Philosophia*, wo Belegstellen aus *De sensu et sensato* genannt werden[16], nicht auf einer direkten Lektüre des angegebenen Werkes sondern wiederum auf dem *Liber celi et mundi*[17]. Da es sich beim angeführten *Liber celi et mundi* nachgewiesenermaßen nicht um *De caelo* des Aristoteles handelt und Daniel die *Physica* offensichtlich nicht aus erster Hand kennt[18], gibt es, wie Burnett jüngst festgestellt hat, mittlerweile keinen Beleg mehr dafür, dass Daniel auch nur eine Übersetzung gekannt hat, die sicher von jenem Gerhard von Cremona stammt, dessen Vorlesungen er in

---

[13] Auf die Möglichkeit, dass sich Daniel von Morley an diesen Stellen auf die entsprechende Schrift des (Pseudo-)Avicenna beziehen könnte, hatte zuvor schon Lemay hingewiesen. Cf. R. LEMAY, *Abu Ma'shar and the Latin Aristotelianism in the Twelfth Century*, Beirut, 1962, p. 336.

[14] Cf. DANIEL VON MORLEY, *op. cit.*, § 116: «[...] et iterum, sicut manifestat Aristotiles in libro De auditu naturali, motus corporis finiti debet esse finitus, ideo quod spatium, in quo movetur, est finitum. Alioquin contingeret, ut spatium eius finitum procederet in longitudinem infinitam, quod esset inconveniens».

[15] Cf. *Liber de celo et mundo*, in AVICENNA, *Opera*, Venedig, 1508, Ndr. Frankfurt, 1961, f. 38rb: «Hoc etiam manifestavit Aristotiles in libro De auditu naturali, quod motus corporis infiniti debet esse infinitus. Ideo quod spacium in quo movetur debet esse infinitum. Alioquin contingeret ut spacium eius finitum procederet magnitudinem infinitam».

[16] Cf. DANIEL VON MORLEY, *op. cit.*, § 111: «Sed, sicut demonstrat Aristotiles in libro De sensu et sensato, celum de natura sua habet splendorem, sed differunt partes eius in claritate secundum magis et minus, quia in stellis est plus splendoris et in reliquis partibus est minus, et idcirco videtur lumen stellarum et non videtur lumen corporis celi, sicut non videtur lumen ignis, qui est infra celum [...]». Und ebenda, § 135: «Aperte vero demonstrat Aristotiles in libro De sensu et sensato quod calor, quem sentimus, non est de natura earum [scil. stellarum] sicut calor ignis, sed calefaciunt nos suo motu».

[17] Cf. *Liber de celo et mundo*, *op. cit.*, f. 41vb: «Iam autem patefecit Aristotiles in libro De sensu et sensato, quod celum de natura sua habet splendorem, sed differentia est inter partes eius secundum maius et minus, quia in stellis est plus et in reliquis partibus est minus, et idcirco videtur lumen stellarum, et non videtur lumen corporis celi, sicut non videtur lumen ignis qui est infra celum». Und ebenda, fol. 41rb: «Iam autem patefecit Aristotiles in libro De sensu et sensato et in libro De anima, quod non est de natura earum [scil. stellarum] calor, sed calefaciunt nos suo motu».

[18] Siehe dazu auch TH. RICKLIN, *Die ,Physica' und der ,Liber de causis' im 12. Jahrhundert – Zwei Studien*, Freiburg i. Ü., 1995, p. 45f.

Toledo gehört haben will[19]. Damit präsentiert sich Daniel nicht nur als ein Autor, der seine Abhängigkeit von Werken wichtiger lateinischer Autoren der unmittelbar vorangehenden Generation nicht ausweist, er entpuppt sich auch als Textproduzent, der selbst da, wo er gewillt ist, den Autoritäten die Reverenz einer namentlichen Nennung zu erweisen, dies höchst partiell und zudem noch irreführend tut. Da er zudem keine der vielen Übersetzungen zu kennen scheint, als deren Urheber Gerhard von Cremona gilt, dürfte es auch mit der «pretiosa multitudo librorum», die er nach England zurückgebracht haben will[20], nicht allzu weit her sein. So gesehen besteht keinerlei Anlass, die gängige zurückhaltende Bewertung der philosophiehistorischen Bedeutung des Daniel von Morley zu revidieren. Mit fortschreitender Kenntnis der Daniel zur Verfügung stehenden ursprünglich arabischen Texte zerfällt sein eigenes Werk zusehends in disparate Teile. Parallel dazu verkümmert Daniels Autorenrolle, denn angesichts seiner durchgängigen Benutzung von fremden Formulierungen, scheint sich seine intellektuelle Kompetenz im Zusammenfügen von bereits Gedachtem zu erschöpfen.

Wir werden im Folgenden ebenfalls nicht umhinkommen, auf einige Passagen hinzuweisen, wo sich Daniel von Morley, ohne dies anzuzeigen, der Worte anderer bedient. Dennoch ist gerade Daniels *Philosophia* ein bemerkenswertes Beispiel der Tatsache, dass selbst ein wissenschaftliches Werk nicht einfach mit der Summe seiner Quellen gleichgesetzt werden kann. So zentral und unumgänglich die Analyse der in einem Werk verarbeiteten Quellen für das Verständnis der Genese des Textes sowie für das Ermessen der in ihn eingeschriebenen konstativen Festschreibungen und performativen Wagnisse ist, so offenkundig ist die Beschränktheit eines primär quellenfokussierten Zugriffes. Quelle ist nur, was es bereits gibt; Quellenkritik kann folglich nur im Aufspüren von bereits Bekanntem bestehen. Zwangsläufig gerät bei dieser Suche nach dem Bekannten eines Textes das, was dieser allenfalls an frisch Gedachtem und neu Gesagtem enthält, aus

---

[19] Cf. CH. BURNETT, «The Institutional Context», *op. cit.*, p. 219. Es sei darauf hingewiesen, dass es sich bei der lateinischen Übersetzung des *Liber celi et mundi* gemäß O. GUTMAN, *op. cit.*, p. 119-121 um eine Gemeinschaftsarbeit des Gundissalinus und des Johannes Hispanus handelt.

[20] Cf. DANIEL VON MORLEY, *op. cit.*, § 2: «Vocatus vero tandem ab amicis et invitatus, ut ab Hyspania redirem, cum pretiosa multitudine librorum in Angliam veni».

dem Blick. Im Sinne eines methodischen Korrektivs verlangt die quellenorientierte Lektüre deshalb nach der Ergänzung durch eine Analyse, deren primäre Sensibilität der dramatischen Struktur des Textes gilt, d.h. der Art und Weise, wie der Autor das, was er darlegen will, in Szene setzt. Nur im Rahmen einer solchen Analyse lässt sich überhaupt eruieren, wo genau ein wissenschaftlicher Autor, der wie Daniel von Morley offensichtlich im Schnittpunkt von traditioneller Lehre und noch unerprobtem Fremdem arbeitet, allenfalls neue Akzente setzt, alte Gewissheiten übergeht und ausradiert und vielleicht sogar neue Möglichkeiten zu denken erprobt. Im Zuge einer solchen Analyse erweist sich die *Philosophia* nun nicht nur als ein durchaus selbständig konzipiertes Werk. Es wird auch deutlich, dass ihr Autor tatsächlich etwas Neues mitzuteilen hat. Daniel von Morley entnimmt älteren lateinischen Texten und eben erst zugänglich gewordenen arabischen Werken zwar viele Bausteine, doch was er aus diesen Elementen zusammenfügt, hat zuvor noch niemand gesagt.

2. Daniel verwebt die weitgehend anderen Autoren entliehenen Worte zu einem Text, dessen Struktur weder in den *Questiones naturales* des Adelard von Bath noch in der *Philosophia* des Wilhelm von Conches eine Entsprechung hat, und auch nicht einem der im Text erwähnten arabischen Werke nachgebildet ist. Nach der handschriftlichen Überlieferung zu schließen, hat Daniel sein Werk nicht in Kapitel eingeteilt. Auch hat er darauf verzichtet, seinem Text eine tabellarische Inhaltsübersicht beizugeben. Die einzige markante Gliederung der *Philosophia* besteht darin, dass sie sowohl im ersten (§ 5) als auch im zweiten Prolog (§ 88) als aus zwei Teilen bestehend beschrieben wird, wobei der erste Teil die untere, der zweite Teil aber die obere Welt zum Gegenstand hat[21]. Sowohl der erste Teil (§§ 7-87) als auch der zweite Teil (§§ 91-195) sind, – auch wenn es nicht an Formulierungen fehlt, die den Übergang von einem thematischen Block zum nächsten anzeigen –, nicht weiter in eigentliche Kapitel unterteilt. Um so auffälliger ist allerdings, dass beiden Teilen der *Philosophia* je ein

[21] Cf. *ibid.*, § 5: «Cuius [scil. tractatus] prima pars continet de inferiori parte mundi, secunda de superiori». Und ebenda, § 88: «Hactenus de inferiori parte mundi series tractatus discurrit. Nunc igitur, presul venerande, licet te plurimum in liberalibus exercitatum fama testetur, huic tamen secunde particule, que de superiori phisica ratiocinatur, non te negligenter, sed vigilanti animo commendes [...]».

Textstück beigegeben ist, das den Eindruck erweckt, inhaltlich nur lose mit der jeweiligen Argumentation verknüpft zu sein. Die letzten vier Paragraphen des zweiten Teils des Buches (§§ 192-195), in denen Daniel als krönender Abschluss seiner Ausführungen eine Unterhaltung mit Gerhard von Cremona wiedergibt und dieser sich zum König im Geist erklärt, weil er keinem Sterblichen untertan ist, bilden das augenfälligere dieser beiden thematisch selbständigen Stücke[22]. Ihr Gegenstück hat diese Episode aus dem Leben Gerhards von Cremona in den Paragraphen 7-17. Diese elf Paragraphen sind einerseits formal deutlich von der in der ersten grammatikalischen Person abgefassten Einleitung (§§ 1-6) abgesetzt, andererseits erfolgt am Ende dieses Stückes (§ 18) der Hinweis, dass sich die Darstellung jetzt dem eigentlichen Gegenstand der Erörterung zuwende[23].

Die elf Paragraphen (§§ 7-17), von denen sich Daniel so schnell verabschiedet, präsentieren in gedrängter Form eine schöpfungstheologisch eingebettete Anthropologie. Ausgehend vom Axiom, dass alles geteilte Gute noch schöner strahle, wird in den Paragraphen 7-11 die von Gott angeordnete Existenz der Engel und der Menschen begründet und die Schöpfung der Welt darauf zurückgeführt, dass der Mensch aus den Dimensionen des Werkes die Macht des Urhebers, aus der Qualität die Weisheit des Anordnenden und aus der wunderbaren Schönheit die Güte des Wollenden erkennen solle, auf dass er den Schöpfer fürchte, bewundere und liebe. Auf diese Begründung der Schöpfung, für die sich im Werk eines Wilhelm von Conches oder Thierry von Chartres Parallelen finden lassen[24], folgt der zweite Teil des anthropologischen Vorspanns (§§12-17), der die Natur des Menschen zum Gegenstand hat. Als *animal divinum* ist der Mensch aus fremder (*externa*) und aus sterblicher Natur zusammengesetzt, damit er, seinen beiden Ursprüngen gerecht werdend, das Himmlische bewundere und das Irdische ordne. Aus dieser doppelten Natur ergibt

---

[22] Cf. dazu ausführlich TH. RICKLIN, *Die ,Physica'*, *op. cit.*, p. 82-88.

[23] Cf. DANIEL VON MORLEY, *op. cit.*, § 18: «Ostenso itaque, ex quibus diversitatibus homo constet tum in anima tum in corpore, quoniam ad presens non spectat negotium in huiusmodi diutius morari, ad constitutionem mundi, unde sermo venit, prius stilum inclino».

[24] Cf. WILHELM VON CONCHES, *Glosae super Platonem*, ed. E. JEAUNEAU, Paris, 1965, § xxxii, und THIERRY VON CHARTRES, *De sex dierum operibus*, ed. in N. M. HÄRING, «The Creation and the Creator of the World according to Thierry of Chartres and Clarenbaldus of Arras», in *Archives d'histoire doctrinale et littéraire du moyen âge*, 30 (1955), p. 137-216, hier: § 2.

sich auch, dass der aufgrund seiner Seele, seiner Sinneswahrnehmung, seines Geistes und seiner Vernunft göttliche, gleichsam aus oberen Elementen (*elementa superiora*) gebildete Mensch mittels dieser feinen Instrumente in den Himmel hinaufsteigen kann, während er aufgrund seines irdischen Teils sterblich auf der Erde wandelt (§ 12). Der Rest der anthropologischen Ausführungen (§§ 13-17) ist dann der Konkretisierung all jener *multa incommoda* gewidmet, die sich für den Menschen aus seiner irdischen Natur ergeben. Diese irdische Natur ist dafür verantwortlich, dass die drei platonischen Seelenkräfte *ratio*, *irascibilitas* und *concupiscientia* sich mitunter in ihr Gegenteil verkehren und zu Überheblichkeit, eitlem Ruhm und Eifersucht verkommen (§ 15). Aber nicht nur die Seelenvermögen werden durch die irdische Existenz korrumpiert. Störungen im Bereich der vier Elemente Feuer, Luft, Wasser und Erde, aus denen der Mensch besteht, haben verheerende Folgen. Je nachdem, welches Element gestört ist, kommt es zu Lähmung, Polypen, Wassersucht oder Lepra (§ 16). Zudem kann elementares Ungleichgewicht auch Neugier und Geschwätzigkeit sowie Rohheit und Lüsternheit bewirken (§ 17).

Damit ist Daniel am Ende der anthropologischen Ausführungen angelangt. Der Autor der *Philosophia* verschwendet kein einziges Wort darauf, seine überaus pessimistische Schilderung der menschlichen Existenz abschließend in irgendeiner Form zu entschärfen. So durch und durch anfällig für negative Einflüsse, wie der Menschen eben bestimmt worden ist, bleibt er das ganze erste Buch der *Philosophia* hindurch bestehen. In diesem ersten Teil der *Philosophia* wird die *constitutio mundi* der sublunaren Welt elemententheoretisch abgehandelt, ohne dass das Geschöpf Mensch je nochmals in Erscheinung treten würde. Und auch im zweiten Teil der *Philosophia*, der die *physica* der oberen Welt darlegt, kommt der Mensch vorerst nicht zum Zuge. Erst nachdem die Natur des Himmels und der Sterne, die Sphären und Häuser der Planeten samt ihren Kreisbahnen sowie die zwölf Zeichen des Tierkreises ausführlich erläutert worden sind, tritt der Mensch ganz am Schluss der *Philosophia* wieder in Erscheinung. In den Paragraphen 180-182 sind es vorerst nur isolierte Körperteile, die mit einzelnen Zodiakalzeichen und Planten in Beziehung gesetzt werden[25]. Nach einem Einschub in Paragraph 183 zur schwierigen Frage der Übereinstimmung zwischen den Wochentagen und den Planeten[26], folgt in den Paragraphen 184-190 schließlich eine längere Erörterung der Macht, die die Planeten in den einzelnen Häusern des Tierkreises über den Menschen haben.

3. Auf diese Ausführungen wird zurückzukommen sein. Für den Moment reicht es, darauf hinzuweisen, dass es in der *Philosophia* ganz offensichtlich einen anthropologischen Spannungsbogen gibt. Am Ende der Ausführungen hat der eingangs ausschließlich elemententheoretisch bestimmte Mensch einem Menschen Platz gemacht, der wesentlich durch astrologische Nativitätseinflüsse determiniert ist. Der ursprünglich im Zeichen der Elemente in seiner Hinfälligkeit vorgeführte Mensch wird zum Schluss im Zeichen des Zodiaks neu konzipiert. Dem bereits erwähnten Auftritt Gerhards von Cremona im Schlussstück der *Philosophia* (§§ 192-194) kommt denn auch primär die Funktion zu, die vorangehenden Ausführungen über die Macht der Nativitätskonstellation zu bestätigen. Das, was in den Paragraphen 184-190 eben ausgeführt worden ist, nämlich dass der zodiakale Aufenthaltsort der Planeten bei der Geburt eines Menschen für die Verfassung eben dieses Menschen verantwortlich ist, hat Gerhard von Cremona seinen Hörern anhand der *Ysagoge Japhiris*, d.h. anhand der

[25] Siehe dazu auch R. FRENCH, «Fortelling the Future: Arabic Astrology and English Medicine in the Late Twelfth Century», in *Isis*, 87 (1996), p. 453-480, hier: p. 470.

[26] DANIEL VON MORLEY, *op. cit.*, § 183: «Ex his vero septem planetis septem dies nec plures sua nomina sortiuntur. Prima igitur ebdomas solis est, secunda lune, tertia Martis, quarta Mercurii, quinta Jovis, sexta Veneris, septima Saturni. Quare non secundum ordinem planetarum ordinentur et dies, huius quidem questionis longa solutio est et ideo pretermittatur». Der Paragraph ist offenkundig durch die *Ysagoga minor* in der Übersetzung Adelards inspiriert, Cf. Abū Maʿšar in der *Ysagoga minor*, ABŪ MAʿŠAR, *The Abbreviation of the Introduction to Astrology, Together with the Medieval Latin Translation of Adelard of Bath*, ed. and trans. CH. BURNETT, K. YAMAMOTO, M. YANO, Leiden, 1994, p. 126: «Nunc autem quis diei quisve nocti presit, dicendum est. Prima ergo ebdomadis Solis est; secunda Luna; tercia Martis; quarta Mercurii; quinta Iovis; sexta Veneris; septima Saturni. Singulorum etiam dierum hora prima domini ipsius ferie erit. Cetere vero secundum planetarum ordinem ipsis date sunt, ita videlicet ut post Lunam Saturno detur, deinde aliis».

Ysagoga minor des Abū Maʿšar dargelegt[27]. Für den Fall, dass jemand dieser Bestätigung keinen Glauben schenken möchte, schlüpft Daniel von Morley umgehend selbst in die Rolle des Zweiflers, indem er Gerhard mit zwei überaus traditionellen kritischen Fragen zur Astrologie konfrontiert[28]. Doch statt ihn zu widerlegen führen präzis diese Fragen zu Gerhards endgültigem Triumph, wenn er, der für sich in Anspruch genommen hat, unter einem königlichen Zeichen geboren zu sein, auf die ironische Frage, wo er denn herrsche, antwortet: «Im Geist, denn ich diene keinem Sterblichen».

An dieser Stelle ist das negative Menschenbild, das Daniel mit den Paragraphen 7-17 seinen Ausführungen vorangestellt hatte, endgültig verdrängt. In der königlichen Figur Gerhards von Cremona inszeniert Daniel recht eigentlich die kathartische Überwindung der pessimistischen Anthropologie der einleitenden Paragraphen. Dabei spielt es so gut wie keine Rolle, ob die von Daniel geschilderte Szene einem historischen Faktum entspricht oder nicht. Es ist nicht weiter von Belang, ob der historische Gerhard sich selbst je als König *in animo* bezeichnet hat. Das historische Faktum, dass Daniel dies behaupten kann, ist aufsehenerregend genug. Es genügt, sich einige Zeilen jenes literarischen Portraits in Erinnerung zu rufen, das Wilhelm von Malmesbury zu Beginn des 12. Jahrhunderts von Gerbert entworfen hatte, um den neuen Status zu ermessen, der hier anhand der Figur Gerhards von Cremona, Inbegriff des mit den arabischen Wissenschaften vertrauten Intellektuellen, dargestellt wird. In deutlicher Zuspitzung älterer Berichte über Gerbert, hatte Wilhelm von Malmesbury in den *Gesta regum Anglorum* ausgeführt, der zukünftige Papst hätte in Sevilla bei den Arabern Ptolemäus gelesen, Alchandrus studiert sowie jenen Firmicus Maternus, auf den sich auch Gerhard von Cremona laut der *Philosophia* anlässlich seiner Widerlegung der anti-astrologischen Einwände Daniels beruft (§ 194)[29]. Des weiteren hatte Wilhelm von Malmesbury auch erzählt, dass Gerbert bei den Arabern gelernt habe, was der Gesang und der Flug der Vögel für die Zukunft ankündige und wie man feine Figuren aus der Unterwelt herauf rufe, wie er sich überhaupt alles Schädliche und Heilsame angeeignet habe, das die

[27] Cf. DANIEL VON MORLEY, *op. cit.*, § 192: «Cum vero predicta et cetera talium in hunc modum necessario evenire in Ysagogis Japhiris auditoribus suis affirmaret Girardus Tholetanus [...]».

[28] Siehe dazu TH. RICKLIN, *Die ‚Physica'*, *op. cit.*, p. 85f.

[29] Für den Text der Stelle cf. Anm. 78.

menschliche Neugier erfassen kann. Schließlich ist in den *Gesta regum Anglorum* sogar zu lesen, Gerbert habe den Teufel angerufen[30]. Ein halbes Jahrhundert später ist Gerhard als der neue Repräsentant derselben lateinischen Neugier gegenüber dem arabischen Wissen in Daniels *Philosophia* frei von allen dämonischen Zutaten. Seinem Interesse für die arabischen Wissenschaften haftet nichts Negatives mehr an. Mehr noch, seine Person wird als König im Geist zum Inbegriff unbegrenzter intellektueller Freiheit. Doch die durch Gerhard verkörperte Rolle eines Königs *in animo* verrät nicht nur einen radikalen Wandel in der Bewertung des arabischen Wissens. Sie zeugt auch von einem neuen Selbstverständnis der lateinischen Intellektuellen. Ungefähr gleichzeitig mit Walter von Châtillon, der in seiner *Alexandreis* gleichsam aus dem literarischen Nichts das Portrait eines Aristoteles schafft, der Alexander überhaupt erst zu Alexander dem Grossen macht[31], präsentiert Daniel von Morley in der Gestalt Gerhards von Cremona das Idealbild eines Intellektuellen, der für seine eigene Person in Anspruch nimmt, jenes philosophische Königtum verwirklicht zu haben, das Adelard von Bath zu Beginn seines *De opere astrolapsus*, einem Text, den Daniel nachweislich gekannt hat, im Jahre 1150 dem künftigen König Heinrich II. von England als wahrhaftes Vorbild jedes Königs empfohlen hatte[32].

---

[30] Cf. WILHELM VON MALMESBURY, *De gestis regum Anglorum*, ed. W. STUBBS, London, 1887, Ndr. Kraus Reprint, 1964, vol. I, II, 167, p. 193f.: «Et sicut Christiani Toletum, ita ipsi Hispalim, quam Sibiliam vulgariter vocant, caput regni habent, divinationibus et incantationibus more gentis familiari studentes. Ad hos igitur, ut dixi, Gerbertus, perveniens desiderio satisfecit. Ibi vicit scientia Ptholomaeum in astrolabio, Alandreum in astrorum interstitio, Julium Firmicum in fato. Ibi quid cantus et volatus avium portendat, didicit; ibi excire tenues ex inferno figuras; ibi postremo quicquid vel noxium vel salubre curiositas humana deprehendit [...] Ibi per incantationes diabolo accersito, perpetuum paciscitur hominium si se, ab illo qui denuo insequebatur defensatum, ultra pelagus eveheret». Cf. dazu auch N. BUBNOV, *Gerberti opera mathematica*, Berlin, 1899, Ndr. Hildesheim, 1963, p. 387.

[31] Cf. WALTER VON CHÂTILLON, *Alexandreis*, ed. M. L. COLKER, Padova, 1978, I, 27-193. Eine deutsche Übersetzung der nicht ganz einfachen *Alexandreis* hat G. Streckenbach vorgelegt. Für eine weitgehend erfolglose literaturhistorische Analyse der fraglichen Verse cf. H. HARICH, «Parce humili, facilis oranti, frange superbum. Aristoteles in der *Alexandreis* Walters von Châtillon», in *Grazer Beiträge*, 12/13 (1985/86), p. 147-169.

[32] Cf. CH. BURNETT, «The Introduction», *op. cit.*, p. 31 und 92, Anm. 72, wo die entsprechenden Zeilen abgedruckt sind: «Ait enim [scil. Philosophia] beatas esse res publicas si aut philosophis regende tradantur aut earum rectores philosophie adhibeantur». Siehe dazu auch TH. RICKLIN, «Von den ‚beatores philosophi' zum ‚opti-

4. Das anhand der Figur Gerhards von Cremona in Szene gesetzte neue Selbstverständnis der lateinischen Wissensspezialisten ist nicht ausschließlich das Resultat eines psychologischen Wandels. Gerade anhand der *Philosophia* Daniels von Morley lässt sich zeigen, dass dieses neue Selbstverständnis mitunter auch eine intime Verbindung mit für die lateinische Welt neuen Theorien eingeht, dass es sich nicht zuletzt aus solchen Theorien nährt und dass es schließlich diese Theorien auch tatkräftig fördert. Die neue Theorie, die Daniel der lateinischen Welt zu bieten hat, führt er zu Beginn des zweiten Teils der *Philosophia* ein (§§ 91-106). Schon anlässlich ihrer Einführung verhehlt Daniel nicht, dass das, was er nun darlegen wird, von den Arabern stammt. Auch dass diese arabische Lehre anderen Theorien widerspricht, stellt er von Anfang an in aller Deutlichkeit heraus. Zuerst hält er zwar nur allgemein fest, die Araber würden der Meinung gewisser Philosophen nicht zustimmen, denen zufolge die Himmelskörper aus dem reineren Teil der Hyle bestünden[33]. Doch dann beschreibt er zwei dieser falschen Meinungen näher. Die erste schreibt die Helligkeit der Himmelskörper dem Feuer, ihre Festigkeit aber den festeren Elementen zu. Die zweite falsche Lehre hingegen räumt dem Feuer zentrale Bedeutung ein[34]. Daniel nennt keine Namen, aber seine knappe Beschreibung der beiden falschen Theorien könnte dahingehend interpretiert werden, dass damit die entsprechenden Lehren Wilhelms von Conches[35] und Adelards von Bath[36] gemeint sind. Doch wie

---

mus status hominis'. Zur Entradikalisierung der radikalen Aristoteliker», in J. A. AERTSEN / A. SPEER (eds.), *Geistesleben im 13. Jahrhundert* (Miscellanea Mediaevalia 27), Berlin u.a., 2000, p. 217-230, hier: p. 226f.

[33] Cf. DANIEL VON MORLEY, *op. cit.*, § 91: «Quoniam de superiorum constitutione secundum Arabes habeo tractare, inprimis sciendum est, quod quorundam philosophorum opiniones non approbant, qui tradunt ex puriori parte yles celestia corpora composita fuisse».

[34] Cf. *ibid.*, §§ 91f.: «Quorum quidam dicunt, quod leviores partes elementorum quasi permixte et concrete ferebantur in aere, ex quibus collectis et coniunctis corpora stellarum molita est divina sapientia, ex igneis videlicet partibus lucida, ex corpulentis illa reddens solida. Quidam autem, quod absurdius est, affirmant corpora stellarum in principio fuisse obscura, utpote ex tribus elementis compacta, postea vero in ascensione ignis elementaris illuminata tam quam admodo igne accenditur candela».

[35] Cf. WILHELM VON CONCHES, *Philosophia*, ed. et trad. G. MAURACH und H. TELLE, Pretoria, 1980, I, xii, § 40, p. 36: «Quod vero in compositione stellarum et de inferioribus et de superioribus elementis aliquid sit dominante tamen superiori, ex hoc potest probari, quod visibilia sunt et splendida et mobilia. Quod enim visibilia sunt, ex visibili vel invisibili habent. At ex invisibili nihil potest esse visibile, unde Lucretius ‚Ex insensibili ne credas sensile nasci' et Macrobius ‚Omnis qualitas geminata

gesagt, für die beiden falschen Lehren interessiert sich Daniel nicht weiter. Ohne zu zögern holt er zu seinem theoretischen Paukenschlag aus:

> Es ist aber nur billig im vornherein zu wissen, dass die bedeutendsten Autoren der Astrologie die Auffassung vertreten, der Körper des Himmels bestehe nicht aus der Masse dieser vergänglichen Substanz sondern aus einer gewissen fünften Essenz, die nebst den vier Naturen aus dem Nichts geschaffen worden ist. Noch beachten diese [Autoren] in den Werken Gottes ein Früher und Später sondern sie sind überzeugt, dass alles, d.h. die Materie der oberen und der unteren Dinge gleichzeitig geschaffen worden ist, weswegen Moses ausruft: Im Anfang schuf Gott Himmel und Erde[37].

Die Wahrscheinlichkeit, dass Daniels erste Leser bei der Lektüre dieses Paragraphen gestutzt haben, ist einigermaßen hoch anzusetzen. Von der Existenz einer *quinta essentia* dürften die wenigsten von ihnen bisher etwas gewusst haben. Cicero hatte sie in Form einer *quinta natura*, aus der gemäss Aristoteles die Seele bestehe, in den *Tusculanae disputationes* zwar en passant angeführt[38], aber die Stelle scheint, wie auch die beiläufige Erwähnung der *quinta essentia* in den *Com-*

---

crescit, numquam contrarium operatur'. Non ergo ex igne vel aere habent, quod visibilia sunt, haec quippe sunt invisibilia; ex visibili ergo, i.e. ex terra et aqua. Similiter quod splendida sunt et mobilia, ex obscuro et immobili non habent, ergo ex splendido et mobili, scil. ex aere et igne. Facta sunt ergo ex IIII elementis, sed de inferioribus dominatur in eis aqua, de superioribus ignis [...]». Cf. WILHELM VON CONCHES, *Dragmaticon*, ed. I. RONCA (CCCM 152), Turnhout, 1997, III, 3, p. 63f., wo Wilhelm von Conches nach wie vor dieselbe Theorie vertritt.

[36] Cf. ADELARD VON BATH, *Questiones naturales*, ed. CH. BURNETT, Cambridge, 1998, p. 220: «Hec autem stellarum corpora ita proportionaliter compacta sunt, ut cum ex quatuor elementis componantur, eo magis habundent quod ad vitam rationemque magis aptum est. Magis enim ignea sunt quam terrestria».

[37] Cf. DANIEL VON MORLEY, *op. cit.*, § 92: «Sed quoniam ad aliud mea tendit intentio, ad presens, que illorum sententia potius eligatur, non est curandum. Hec et cetera talia pretermittantur. Hoc enim prescire equum est, quod maiores in astrologia affirmant corpus celi esse non ex massa huius substantie corruptibilis, sed ex quadam quinta essentia, que preter quatuor naturas ex nichilo fuit creata, nec attendunt in operibus Dei prius vel posterius, sed omnia fatentur simul fuisse creata, i.e. materiam superiorum et inferiorum; unde et Moyses exclamat: ‚In principio creavit Deus celum et terram'».

[38] Cf. CICERO, *Tusculanae disputationes*, ed. G. FOHLEN, Paris, 1931, I, 10, 22: «Aristoteles, longe omnibus (Platonem semper excipio) praestans et ingenio et diligentia, cum quattuor nota illa genera principiorum esset complexus, e quibus omnia orerentur, quintam quandam naturam censet esse, e qua sit mens».

mentarii in Somnium Scipionis des Macrobius im Rahmen eines Katalogs von Seelendefinitionen[39], niemanden zu weiterführenden Überlegungen veranlasst zu haben. Auch das ätherische *quintum elementum* aus dem die Himmelskörper laut Apuleius bestehen[40] bzw. das entsprechende *quintum temperamentum*, von dem Martianus Capella spricht[41], die *quinti corporis natura*, die Calcidius erwähnt[42] und das bei Nemesius überlieferte Aristotelische *corpus quintum*[43] sind, so weit wir zur Zeit wissen, bis zur Mitte des 12. Jahrhunderts offenbar unbeachtet geblieben[44]. Hermann von Carinthia, der anlässlich seiner Übersetzung des *Liber introductorii maioris* des Abū Maʿšar den Begriff einer *quinta natura* der Himmelskörper geprägt hatte[45], hatte

---

39 Cf. MACROBIUS, *Commentarii in Somnium Scipionis*, ed. I. WILLIS, Stuttgart/Leipzig, ²1994, I, 14, 19: «[...] Critolaus Peripateticus constare eam [scil. animam] de quinta essentia [...]».

40 Cf. APULEIUS, *De mundo*, ed. J. BEAUJEU, Paris, 1973, I, 291, p. 122f.: «Sed caelum ipsum stellaeque caeligenae omnisque siderea conpago aethera vocatur, non, ut quidam putant, quod ignitus sit et incensus, sed quod cursibus rapidis semper rotetur, elementum non unum ex quattuor quae nota sunt cunctis, sed longe aliud, numero quintum primum ordine, genere divinum et inviolabile».

41 Cf. MARTIANUS CAPELLA, *De nuptiis Philologiae et Mercurii*, ed. A. DICK, J. PREVAUX, Stuttgart, 1978, 8, 814, p. 430f.: «Terram in medio imoque defixam aeternis caeli raptibus circumcurrens circulari quadam ratione discriminat. [...] quarum circa medium, quod dixere centron, aquae primum, aerisque sequens, tertium ignis cyma commemorant, et tunc quinto quodam corporeae substantiae temperamento aethereos circumvolare fulgores, qui loco solis, lunae ac siderum signiferique orbis se obliquitas circumducit [...]».

42 Cf. CALCIDIUS, *Commentarii*, lxxxiv, ed. J. H. WASZINK, London, 1962, p. 135: «Sed sphaeras esse quasdam quinti illius corporis naturae congruentes easdemque per omne caelum ferri vario diversoque motu [...]».

43 Cf. NEMESIUS VON EMESA, *Premnon physicon*, trad. Alfani, ed. C. BURKHARD, Leipzig, 1917, V, 34, p. 69: «Aristoteles autem quintum etiam inducit corpus, hoc est aethereum et quod fertur in circulo, nolens caelum ex quattuor elementis esse factum (sed quintum corpus vocat quod fertur in circulo, eo quod in circulo circa idem feratur), Platone aperte dicente ex igne et terra illud constare».

44 Cf. dazu auch unten Anm. 69, wo Wilhelm von Conches offensichtlich in Kenntnis der Nemesius-Stelle argumentiert.

45 Cf. ABŪ MAʿSAR, *Liber introductorii maioris ad scientiam judiciorum astrorum*, ed. R. LEMAY, 9 vols., Neapel, 1995-1996, vol. VIII, I, 2, p. 9: «Omnis vero philosophie superneque indaginis auctoritate et ratione constat substantiam stellarium corporum nec ex aliquo elementorum huius mundi effictam, nec ex pluribus vel omnibus congestam. Si enim ex hiis elementis esset, eam elementarie prolis necessitas consequeretur: generatio, corruptio, augmenta, detrimenta, resolutio cetereque id genus alterationes. Que cum illic aliena sint, tam circulorum celestium quam stellarium corporum substantiam ex quinta quadam alia natura consistere ratio concludit».

in seinem eigenen Werk *De essentiis* nur zwischen der *essentia*, aus der die acht Himmelssphären bestehen, und der *substantia*, aus der die sublunare Welt gebildet ist, unterschieden[46], ohne explizit von einer *quinta essentia* zu sprechen. Auch Bernardus Silvestris, der den *ether* und die Sterne in seiner *Cosmographia* bestimmt als «non elementale [...] conpositum, sed ab elementis numero quintum, ordine primum, genere divinum, natura invariabile»[47], d.h. als nicht aus Elementarem zusammengesetzt, sondern aus dem der Zahl nach fünften Element, dem ersten der Ordnung nach, von göttlicher Art und unveränderlicher Natur, verwendet den Begriff der *quinta essentia* nicht. Erst bei Dominicus Gundissalinus, dessen literarische Tätigkeit indes das Produkt eben jenes Toledo ist[48], wo auch Daniel von Morley sein neues Wissen erworben haben will, wird jener Stoff aus dem die supralunare Welt besteht als *quinta essentia* bezeichnet. Gerade die unter dem Namen des Dominicus Gundissalinus publizierten Texte belegen aber auch, dass die Existenz einer *quinta essentia* für die Autoren der Generation des Daniel von Morley noch alles andere als gesichert ist. In *De divisione philosophiae* findet der Begriff anlässlich der Beschreibung der drei Welten und der ihnen jeweils entsprechenden Erkenntnisformen Verwendung[49], in *De processione mundi* werden dieselben

---

[46] Cf. HERMANN VON CARINTHIA, *De essentiis*, ed. and transl. CH. BURNETT, Leiden/Köln, 1982, p. 14 und 32f., wo Burnett die entsprechenden Stellen diskutiert. Cf. D. BLUME, *Regenten des Himmels, Astrologische Bilder in Mittelalter und Renaissance*, Berlin, 2000, p. 24

[47] BERNARDUS SILVESTRIS, *Cosmographia*, ed. P. DRONKE, Leiden, 1978, iii, 10. Cf. J. PFEIFFER, *Contemplatio Caeli. Untersuchungen zum Motiv der Himmelsbetrachtung in lateinischen Texten der Antike und des Mittelalters*, Hildesheim, 2001, p. 274f.

[48] Die Frage nach der Identität dieses Autors, namentlich ob die beiden Namen Gundisalvus und Dominicus Gundisalvi für ein und dieselbe Person stehen, hat A. RUCQUOI, «Gundisalvus ou Dominicus Gundisalvi?», in *Bulletin de philosophie médiévale*, 41 (1999), p. 85-106, jüngst aufgeworfen. Selbst wenn man ihrer Ansicht folgt und entsprechend der zwei Namensformen von zwei Autoren ausgeht, bleibt dies allerdings ohne Folgen für die Chronologie, ist Dominicus Gundisalvi doch von 1147 bis 1181 bezeugt während Gundisalvus in den Dokumenten für den Zeitraum zwischen 1157 und 1177 sicher belegt ist.

[49] Cf. DOMINICUS GUNDISSALINUS, *De divisione philosophiae*, ed. L. BAUR (BGPhMA IV, 2-3), Münster, 1903, p. 117f.: «Finis eius [scil. astrologiae] est eorum que sunt mundi visibilis incorruptibilis certa cognicio, scilicet corporum, que non habent esse per generacionem neque corrupcionem, scilicet corporum, que nec sunt elementa nec elementata, nec sunt naturalia, nec artificialia. Cum enim tres sunt mundi sive partes mundi, quarum prima est visibilis corruptibilis, qui est a centro terre usque ad circulum lune, de qua tractat sciencia naturalis, secunda visibilis incor-

drei Welten hingegen beschrieben, ohne dass der Begriff der *quinta essentia* zur Anwendung käme[50].

Die Art und Weise wie Daniel die *quinta essentia* einführt, namentlich die Tatsache, dass er sogleich das auf der Hand liegende Missverständnis ausräumt, es könnte sich bei dieser *quinta essentia* um einen erst im Verlauf der Weltwerdung entstandenen Stoff handeln, lässt denn auch darauf schließen, dass sich der Autor der *Philosophia* der Neuartigkeit dieses Stoffes und seiner Benennung durchaus bewusst ist. Bezeichnenderweise folgt auf die erstmalige Nennung der *quinta essentia* umgehend das erste der zwei einzigen Bibelzitate der *Philosophia* (§ 92)[51]. Nachdem Zitate aus Beda und Isidor die tatsächliche Simultaneität der Schöpfung von Himmel und Erde bestätigt haben (§ 93), kommt es zudem zum einzigen Auftritt des Augustinus in der *Philosophia*. Der Kirchenvater bestätigt dem Verfasser der *Philosophia*, dass die Begriffe ‚Himmel' und ‚Erde' des ersten Genesisverses allgemein (*universaliter*) zu verstehen seinen, wobei der Begriff ‚Erde' für die vier Elemente stehe und somit für die untere Welt, während ‚Himmel' die obere Welt bedeute[52]. Damit hat Daniel seine Deutung des ersten Bibelverses gerechtfertigt, die im Gegensatz zur gesamten traditionellen Exegese fünf Elemente in die beiden Begriffe ‚Himmel' und ‚Erde' hinein liest. Die störende Tatsache, dass der mosaische Schöpfungsbericht von der Schaffung einzelner Komponenten der Welt in der Zeit berichtet, eliminiert Daniel anschließend

---

ruptibilis, que est a luna, usque ad ultimum celum, de qua tractat astrologia, tercia est invisibilis et incorruptibilis, que nec est extra celum nec intra celum, de qua tractat theologia: profecto finis astrologie est circa cognicionem mundi, qui est ex quinta essencia. Primus enim mundus dicitur mundus nature, secundus dicitur mundus quinte essencie, tercius dicitur mundus intelligencie».

[50] Cf. DOMINICUS GUNDISSALINUS, *De processione mundi*, ed. G. BÜLOW (BGPhMA XXIV, 3), Münster, 1925, p. 48: «Unde ex prima copulatione materiae et formae non, nisi tria rerum genera, processisse videntur, scilicet invisibilis creatura et caelestia corpora et quattuor elementa; ideo haec tria perpetua». *Ibid.*, p. 54: «Quia igitur ex prima materiae et formae copula trina suboles progenita est, scilicet intelligentia et caelestia corpora et quattuor elementa, ita prima causa omnia movet, sed diverso modo».

[51] Für den Text cf. Anm. 37.

[52] Cf. DANIEL VON MORLEY, *op. cit.*, § 94: «Super hunc locum dicit Augustinus, quod universaliter nomine celi et terre comprehensa sunt, que fecit Deus. Per terram recte quatuor elementa designantur, quia sicut terra dicitur depuratio elementorum, ita elementa corruptela et fex mundi appellantur, per terram itaque inferiora, per celum superiora intellexit».

unter Berufung auf Plato. Mit der Behauptung, Plato habe Moses einen ungebildeten Philosophen genannt, verwirft er die bis auf Ambrosius zurückgehende lateinische Tradition, die den Anfangsvers der *Genesis* als prophetisch vorweggenommene Widerlegung der entsprechenden Lehren Platos' und Aristoteles' auffasst[53]. Wenn Daniel aus dem lateinischen *Timaeus* des Weiteren die Bemerkung zitiert «es ist die Art der Menschen vorher und nachher durcheinander zu bringen und ohne Rücksicht auf die Ordnung zu sprechen»[54], entwertet er den Bericht des Moses umgehend noch ein weiteres Mal.

Damit ist Daniel schon fast am Ende seiner programmatischen Rechtfertigung der *quinta essentia* angelangt. Doch ehe er die sich aus der Anerkennung dieses neuen Stoffes ergebenden schöpfungstheologischen Konsequenzen in aller Schärfe formuliert, zitiert er nochmals die Bibel. Dieses zweite und letzte Bibelzitat der *Philosophia* hat *Psalm* 44, 2 zum Gegenstand: «lingua mea calamus scribae velociter scribentis». Im Rahmen einer knappen Exegese des Verses identifiziert Daniel die *lingua* und den *calamus scribae* zuerst mit dem Sohn, durch den der Vater spricht bzw. wirkt. Danach hält er fest, dass *velociter scribentis*, d.h. das Wirken des Vaters durch den Sohn, nichts anderes bedeute, als dass alles gleichzeitig gewirkt worden sei, «quia dixit et facta sunt, mandavit et creata est» (§ 97). Jetzt, nach diesem

---

[53] Cf. AMBROSIUS, *Exameron*, ed. C. SCHENKL, Prag/Wien/Leipzig, 1897, 1, 1f., p. 3f.: «Tantumne opinionis adsumpsisse homines, ut aliqui eorum tria principia constituerent omnium, deum et exemplar et materiam, sicut Plato discipulique eius, et ea incorrupta et increata ac sine initio esse adseverarent deumque non tamquam creatorem materiae, sed tamquam artificem ad exemplar, hoc est ideam intendentem fecisse mundum de materia, quam vocant υλην, quae gignendi causas rebus omnibus dedisse adseratur, ipsum quoque mundum incorruptum nec creatum aut factum aestimarent, alii quoque, ut Aristoteles cum suis disputandum putavit, duo principia ponerent, materiam et speciem, et tertium cum his, quod operatorium dicitur, cui subpeteret competenter efficere quod adoriendum putasset. [...] Ex quo factum est ut partes mundi deos esse crederent, quamvis de ipso mundo non mediocris inter eos quaestio sit. Nam Pythagoras unum mundum adserit, alii innumerabiles dicunt esse mundos, ut scribit Democritus, cui plurimum de physicis auctoritatis vetustas detulit, ipsumque mundum semper fuisse et fore Aristoteles usurpat dicere: contra autem Plato non semper fuisse et semper fore praesumit adstruere, plurimi vero non fuisse semper nec semper fore scriptis suis testificantur. [...] Unde divino spiritu praevidens sanctus Moyses hos hominum errores fore et iam forte coepisse in exordio sermonis sui sic ait: in principio fecit deus caelum et terram, initium rerum, auctorem mundi, creationem materiae comprehendens [...]».

[54] Cf. PLATO, *Timaeus a Calcidio translatus commentarioque instructus*, ed. J. H. WASZINK, London, 1962, 34c, p. 27.

mit Bibelzitaten, theologischen und philosophischen Autoritäten überfrachteten Abschnitt, formuliert Daniel in aller Deutlichkeit, was aus der Anerkennung der *quinta essentia* folgt: «Es wurden also, wie aus dem Gesagten hervorgeht, der Zahl nach fünf Naturen geschaffen: Erde, Wasser, Luft, Feuer und Himmel».

5. «Creata sunt igitur, ut ex praecedentibus patefactum est, nature numero V: terra, aqua, aer, ignis et celum» (§ 97), lautet das neue Schöpfungsinterpretament Daniels. In seiner Vorlage heißt der entsprechende Satz: «Scias autem materias esse quinque, scilicet terram, aquam, aerem, ignem et celum.» Anders als Daniel selbst angibt und entgegen den Angaben in Maurachs Edition stammt nicht nur der Satz «Die bedeutendste Gliederung der Wissenschaft besteht [in der Unterscheidung] der Wissenschaft vom Himmel und der Wissenschaft von all dem, was unterhalb des Himmels enthalten ist» aus dem als Aristotelisch ausgegebenen *Liber de assignanda ratione unde orte sint scientie*[55]. Vielmehr stammen die Ausführungen der Paragraphen 98-101, in denen Daniel die Grundzüge seiner Kosmologie zum ersten Mal darstellt, wie bereits Silverstein gesehen hat[56], integral aus der unter Alfarabis Namen umlaufenden wissenschaftstheoretischen *Epistola de assignanda causa ex qua ortae sunt scientiae philosophiae*, besser bekannt unter dem Titel *De ortu scientiarum*.

Daniel von Morley, *Philosophia*, §§ 98-101	Alfarabi, *De ortu scientiarum*, cap. iv
Celum autem, quod sua natura movetur, movet predicta quatuor et permiscet et complexionatur ea, quia celum si non esset, procul dubio nec moverentur nec permiscerentur. Ex motu igitur eius figuratur substantia, que est sub cir-	Caelum autem, quod sua natura movetur, movet *haec reliqua* quatuor et permiscet et complexionatur ea, quia caelum si non esset, nec moverentur nec permiscerentur. Ex motu igitur *eorum et permixtione* figuratur substantia

[55] Cf. DANIEL VON MORLEY, *op. cit.*, § 99: «Sicut enim ait Aristotiles in Libro de assignanda ratione unde orte sint scientie: Maxima divisio scientiarum fit in scientiam de celo et scientiam de omni, quod continetur sub celo».

[56] Cf. TH. SILVERSTEIN, *op. cit.*, p. 184.

culo lune, multis figuris et permutatur de accidente ad accidens, de forma ad formam, de figura ad figuram, de triangulo ad quadrangulum, de terra in aquam, de albo in nigrum et huiusmodi, et istorum quidem talium superiora in causa esse dinoscuntur. Sicut enim ait Aristotiles in *Libro de assignanda ratione unde orte sint scientie*:	quae est sub circulo lune multis figuris, et permutatur de accidente ad accidens *et* de forma ad formam *et* de figura ad figuram, *ut* de triangulo ad quadrangulum *et huiusmodi et* de terra in aquam *et huiusmodi et* de albo in nigrum et huiusmodi. *Ipsa autem in se non permutatur, nec ex permutatione accidentium in substantia corrumpitur eius essentia, quia ex permutatione accidentium in illa non destruitur ipsa substantia, sed accidentia eius destruuntur ex permutatione eorum in illa. Probatio autem quod caelum est materia quinta, haec est, quod caelum nec est calidum nec frigidum nec humidum nec siccum nec leve nec ponderosum. Ergo natura eius est praeter haec quatuor.*
Maxima divisio scientiarum fit in scientiam de celo et scientiam de omni, quod continetur sub celo.	Maxima *autem* divisio scientiarum fit in scientia de caelo et scientia de omni quod continetur sub caelo *et scientia de eo quod est praeter haec*.
Massa autem substantie, quam continet celum, que est sub circulo lune, est ex igne et aere et aqua et terra, que, quantum ad sua elementa, semper est una et eadem, sed permutantur tantum accidentia eius ex qualitatibus quatuor, que sunt calor et frigidi-	Massa autem substantiae quam continet caelum, *scilicet quod* est sub circulo lunae, est ex igne et aere, aqua et terra. Quae *substantia* semper est una; sed permutantur tantum accidentia eius ex qualitatibus quatuor, quae sunt calor et frigiditas, humiditas

[57] Der Hinweis sei erlaubt, dass es sich bei *substantia permanens* um eine Konjektur des Herausgebers handelt. Nach dem kritischen Apparat der Edition zu urteilen, wo die Lesearten *spermanet*, *sperma nec* und *sperma aut* angegeben werden, dürfte der durch die *Philosophia* bezeugte Wortlaut indes der ursprüngliche sein.

[58] ALFARABI, *De ortu scientiarum*, ed. C. BAEUMKER (BGPhMA, XIX, 3), Münster, 1916, p. 23f.

tas, humiditas et siccitas. Verbi gratia, succus cibi, qui convertitur in sanguinem, ipse idem est, nisi quod tingitur, et postea convertitur in carnem, et cum sit idem, figuratur alia figura et coloratur alio colore. Similiter ipsa palma et os dactili et ipse homo est sperma, nec permutatur nisi figura et accidens. Et ex hac ratione substantia, que est sub circulo lune, vocatur corruptibilis. Substantia vero celi non permutatur, nisi loco tantum, nec a primeva natura aliquo inportuno casu extrinsecus adveniente recedit, quod esset suscipere augmentum vel diminutionem.	et siccitas. Verbi gratia succus cibi qui convertitur in sanguinem, ipse idem est nisi quia tingitur et postea convertitur in carnem; et cum sit idem, figuratur alia figura et coloratur alio colore. Similiter ipsa palma et os dactyli et ipse homo est *substantia permanens*[57] nec permutatur nisi *in* figura et accidentibus. Et ex hac ratione substantia quae est sub circulo lunae vocatur corruptibilis. Substantia vero caeli non permutatur nisi loco tantum, *nec formatur multis formis, nec figuratur multis figuris; et propter hoc probatur quod eius massa est praeter massam huius substantiae corruptibilis. Quod autem est praeter hoc et illud, nec massam habet nec materiam nec accidens, sed est separatum a substantiis et accidentibus, hoc est solus deus, qui est benedictus et excelsus super omnes deos*[58].

Wie die Gegenüberstellung der beiden Texte in aller Deutlichkeit zeigt, hat Daniel die Vorstellung eines spezifischen Stoffes des Himmels, der nichts mit den vier Elementen gemein hat, hier aus Alfarabis Wissenschaftseinteilung übernommen. Wie der Synopse indes ebenfalls zu entnehmen ist, hat er Alfarabis Ausführungen aber auch konsequent beschnitten und jeden Hinweis auf jene Wissenschaft vermieden, die nach der Wissenschaft des Himmels kommt. Anders als Alfarabi zeigt Daniel keinerlei Interesse, über den Himmel hinaus zu einer Wissenschaft von Gott zu gelangen. In Daniels *Philosophia* erscheint Gott gleichsam nur als Initialzünder. Sobald die fünf Naturen als ‚Himmel' und ‚Erde' geschaffen sind, hat Daniels *Philosophia* Gott nicht mehr nötig, zeigt sich ihr Autor kaum mehr daran interessiert, das Zusammenspiel von Gott und physikalischer Welt weiter zu bestimmen.

Den Raum, den Daniel durch seinen konsequenten Verzicht, jenseits des Himmels stets noch Gott mitzudenken, gewinnt, füllt er damit aus, dass er diesen Himmel, den er soeben mit Alfarabis Hilfe über der lateinischen Welt ausgespannt hat, näher bestimmt. In den Paragraphen 102-106 erläutert Daniel, wobei er sich weitgehend auf das dritte Kapitel des *Liber celi et mundi* stützt, wieso der Himmel weder zu- noch abnehmen kann. In Paragraph 107 folgt dann ein ganzer Katalog von Fragen zur physikalischen Natur des Himmels[59]. Auch diese Fragen wird Daniel im Folgenden gestützt auf den *Liber celi et mundi* beantworten und sich dabei auch formal eng an die Frage-Antwort Struktur dieser möglicherweise auf Hunayn zurückgehenden Paraphrase der ersten zwei Bücher des Aristotelischen *De caelo* halten[60]. So erörtert Daniel die Fragen, ob der Himmel ein endlicher oder unendlicher Körper sei (§ 108), ob er schwer oder leicht oder keines von beidem sei (§§ 109f.), ob ihm eine Farbe zukomme (§ 110), ob er ein leuchtender oder ein dunkler Körper sei (§ 111), ob er ein einfacher oder ein zusammengesetzter Körper sei (§§ 112-114), welche Bewegung ihm eigen sei (§§ 115-118) und welche Gestalt er habe (§§ 119f.). Wie seine Vorlage, aus der er immer wieder ganze Abschnitte in seine eigene Argumentation integriert, schließt Daniel möglichst alles, was an die sublunare Welt gemahnen könnte, aus der Bestimmung des Himmels aus. So steht am Ende der Ausführungen über den Himmel schließlich fest: «Der Himmel ist ein endlicher einfacher und leuchtender Körper, weder schwer noch leicht sondern mittel, von keiner Farbe gefärbt, bewegt er sich als Kugel im Kreis»[61].

Nachdem Daniel den Himmel somit als einen von allen elementaren und qualitativen Einschüssen freien physikalischen Körper be-

---

[59] Cf. DANIEL VON MORLEY, *op. cit.*, § 107: «Sed quia dictum est celum esse corpus, videndum est, si sit corpus finitum, an infinitum; aut si sit grave an leve aut neutrum, quis color ei accidat, si coloretur; si sit corpus lucidum an obscurum; sit sit simplex an ex diversis naturis compositum; quis motus sit ei proprius, cum moveatur; si sit spericum an oblongum vel alterius figure. Omnia ista circa corpus debent inquiri».

[60] Cf. O. GUTMAN, *op. cit.*, p. 118.

[61] Cf. DANIEL VON MORLEY, *op. cit.*, § 121: «Iam vero habemus, quod celum est corpus finitum, simplex, lucidum; nec grave nec leve, sed medium; nullo colore coloratum, circulari motu movens et spericum».

stimmt hat, wendet er sich im nächsten größeren Abschnitt der *Philosophia* den Sternen und Planeten zu. Nach wie vor ist er grundsätzlich dem *Liber celi et mundi* verpflichtet, wenn er zu Beginn der entsprechenden Ausführungen festhält, dass Sterne und Planeten von derselben Natur sind, wie der eben diskutierte Himmel[62]. Gemeinsam mit Abū Maʿsar hält er dann zusätzlich fest, dass diese Himmelskörper aus einer «quinta quadam alia natura» bestehen[63]. Zwar greift Daniel den Hinweis Abū Maʿšars nicht auf, dass Aristoteles diesen speziellen Stoff der Sterne und Planeten mit der *anima rationalis* gleichsetzt hat[64], dafür übernimmt der Autor der *Philosophia* aus dem *Liber introductorii maioris* einen ganzen Abschnitt (§§ 127-129), in dem die ptolemäische Lehre der elementar-humoralen Qualitäten der Planeten verworfen wird[65]. So kann Daniel, nachdem er sich stillschweigend die antiptolemäischen Ausführungen Abū Maʿšars angeeignet hat, schließlich feststellen, die Sonne werde nicht deshalb heiß und trocken genannt, weil sie heiß und trocken wäre, sondern weil dann, wenn sie in ihrem Haus, d.h. im Zeichen des Löwen stehe, Wärme und Trockenheit erzeugt werde. Entsprechend verhält es sich auch mit den anderen Planeten. Die vier elementar-humoralen Qualitäten kommen also nicht den einzelnen Planeten zu. Was wir als planetarische Qualitäten wahrnehmen, ist, wie Daniel ausdrücklich festhält, nichts anderes als die Wirkung der Planeten in unserer unteren Welt[66].

[62] *Ibid.*, § 123: «Cum vero dictum sit celum esse eiusdem nature in suis partibus, patet, quod, cum stelle sint partes celi, sunt et eiusdem nature cum celo [...]».

[63] Cf. Abū Maʿšar, *Liber introductorii maioris*, *op. cit.*, I, 2. Der entsprechende Text ist oben Anm. 45 zitiert.

[64] Cf. *ibid.*, I, 4, p. 17: «Ut cum homo ex anima rationali et naturis iiii. constet, stellarum quoque substantia, ut Philosophus intellexit, viva ex anima rat[i]onali motuque naturali legem habent [...]».

[65] Cf. *ibid.*, IV, 1, p. 56f.

[66] Cf Daniel von Morley, *op. cit.*, § 130: «Sciendum enim est, quod stellarum corpora nequaquam in sese ipsis quidem calida, sicca, frigida vel humida sunt, sed huiusmodi qualitates earum nature, prout in ipsarum ducatu comparet, ascribuntur. Sic vero sol de natura calidus et siccus dicitur, quia, cum sit in domicilio suo, scil. in Leone, calor cum siccitate generatur. Hoc modo Saturnus frigidus et siccus reperitur, quia, cum forte sit dominus anni, frigus inmoderatum sentimus. Inmoderatum vero frigus ad siccitatem accedit. Sic itaque dicimus Saturni natura, frigidam et siccam, et hac ratione vetusta indago stellarum naturas calidas, frigidas, siccas, humidas, masculas, femineas, diurnas, nocturnas et cetera talium decrevit. Nec enim in se aliquid huiusmodi sunt, sed effectus earum talis apud nos esse constans est». Cf. dazu auch Abū Maʿšar, *Liber introductorii maioris*, *op. cit.*, IV, 7, p. 69.

6. Die Feststellung, dass die Planeten selbst frei sind von humoralen und elementaren Qualitäten und dass ihre entsprechenden Wirkungen in unserer Welt nicht auf eine entsprechende Natur der Planeten zurückzuführen sind, erscheint angesichts von Daniels durchgehender Abhängigkeit vom *Liber celi et mundi* und vom *Liber introductorii maioris* einigermaßen naheliegend. Mindestens aus der Sicht eines sich im traditionellen wissenschaftlichen Kanon bewegenden Lateiners ist sie allerdings alles andere als selbstverständlich. In seiner *Philosophia* hatte Wilhelm von Conches seinerzeit versucht, die seit alters her bezeugte Kälte Saturns zu erklären, und festgestellt, dieser wie alle Himmelskörper warme Planet, werde aufgrund seiner Wirkung kalt genannt. Auf die Anschlussfrage, wie es denn zu erklären sei, dass einige der feurigen Himmelskörper Kälte bewirken, hatte Wilhelm dann allerdings eingestehen müssen, auf diesen Einwand keine rationale Antwort zu wissen, «sed in quibusdam recurrendum esse ad creatorem»[67]. Als er um die Mitte des 12. Jahrhunderts, in fortgeschrittenem Alter im *Dragmaticon* dann nochmals auf diese Problematik zu sprechen kommt[68], ist er zwar besser informiert, denn er weiß nun, dass Aristoteles nebst den vier Elementen noch die Existenz einer *quinta essentia* behauptet[69], doch ist er nicht bereit, diese Lehre zu akzeptieren. Vielmehr fragt Wilhelm von Conches jetzt aggressiv, wie denn die Sonne, wenn sie nicht warm sei, die Quelle der Wärme sein könne; wie Saturn, wenn er nicht kalt sei, in der Luft Kälte erzeugen könne; wieso denn Merkur, wenn er nicht feucht sei, Gott der Feuchtigkeit genannt werde und der Mars warm und trocken, der Mond aber kalt und feucht. Und er bittet die Parteigänger der Theorie einer *quinta essentia* herausfordernd, das doch zu erklären[70].

---

[67] Cf. WILHELM VON CONCHES, *Philosophia*, *op. cit.*, II, ix, § 29, p. 50. Cf. J. PFEIFFER, *op. cit.*, p. 256-259.

[68] Zur Datierung siehe TH. RICKLIN, *Der Traum der Philosophie im 12. Jahrhundert – Traumtheorien zwischen Constantinus Africanus und Aristoteles*, Leiden, 1998, p. 126.

[69] Cf. WILHELM VON CONCHES, *Dragmaticon*, *op. cit.*, III, 5, 2, p. 70: «Aristotiles igitur praeter quatuor elementa unam quintam voluit esse essentiam: quatuor vero elementa esse a luna deorsum, quintam essentiam ab eadem sursum». Cf. dazu auch oben Anm. 43.

[70] Cf. *ibid.*, III, 5, 4, p. 71: «Stellae igitur omnes, tam erraticae quam infixae, ex quinta essentia, non ex quatuor constant elementis. Sed quomodo Sol, cum non sit calidus, fons sit caloris; Saturnus, cum non sit frigidus, frigus generet in aere; Mercurius, cum non sit humidus, deus humoris dicatur; Mars, calidus et siccus; Luna, fri-

Aus dem Abstand von mehr als 800 Jahren liest sich die *Philosophia* des Daniel von Morley, als sei sie präzis als Antwort auf Wilhelms Frage konzipiert. Sie erklärt genau das, was Wilhelm für unerklärbar gehalten hatte und insofern sie dies mittels der exzessiven Verwendung zweier ursprünglich arabischer Texte tut, steht sie für den radikalen Paradigmenwechsel, den die neu zugänglichen wissenschaftlichen Werke aus dem arabischen Kulturraum in der lateinischen Welt provozieren. Wie Daniels *Philosophia* indes ebenfalls belegt, bedeutet dieser Paradigmenwechsel nicht einfach, dass lateinische Autoren jetzt unbesehen arabische Positionen übernehmen, denn Daniel modifiziert im Zuge des Paradigmenwechsels auch eben jenen arabischen Diskurs in einem entscheidenden Punkt, der es ihm erlaubt hat, den Stoff der Himmelskörper als *quinta essentia* zu denken. Nachdem Daniel den qualitativen Einfluss der Planeten als Ausdruck einer Wirkung bestimmt hat, die nicht auf die spezifische elementar-humorale Natur der einzelnen Himmelskörper zurückgeführt werden kann, da sie über eine solche nicht verfügen (§ 130), zeigt er in der Folge, dass die Himmelskörper tatsächlich weder selbst warm sind (§§ 131-136) noch eine eigene Farbe haben (§§ 137-141). Anschließend kommt er dann auf die offensichtliche *virtus* der Planeten zu sprechen (§§ 142-160). Zum richtigen Verständnis der komplexen Auswirkungen dieser *virtutes* ist die detaillierte Kenntnis des Aufbaus des Kosmos unerlässlich, weshalb Daniel in der Folge den von den arabischen Astronomen im Anschluss an Ptolemäus erarbeiteten Himmelsraster mit all seinen ineinander geschachtelten Himmel- und Planetensphären, Äquinoctial-, Zodiakal-, Tropikal-, Colurkreisen, dem Meridian und dem Horizont präsentiert (§§ 161-175). Wie Charles Burnett gezeigt hat[71], stammen die entsprechenden Ausführungen der *Philosophia* weitgehend aus *De opere astrolapsus* des Adelard von Bath.

Wie Burnett ebenfalls gezeigt hat[72], hat Daniel auch seine Liste der von den Planeten bei der Nativität ausgehenden Einflüsse (§§ 184-191), die auf die Aufzählung der Sternzeichen, den ihnen speziell verbundenen Planeten sowie dem ihnen jeweils zugeordneten Element, Körperteil und Wochentag (§§ 175-183) folgt, anhand zweier

gida et humida: qui hanc sententiam, immo dementiam, tenere voluerit, si potest, fingat».

[71] Siehe CH. Burnett, «The Institutional Context», *op. cit.*, p. 230-232.

[72] Cf. *ibid.*, p. 233-235.

Standardwerke des Abū Maʿšar erarbeitet. Bei den beiden Werken handelt es sich um die *Ysagoga minor* in der Übersetzung Adelards von Bath und den *Liber introductorii maioris* in der lateinischen Version Hermanns von Carinthia. Obwohl sich Daniel sprachlich eng an die beiden Vorlagen anlehnt, beschreibt er ganz andere Planeten als Abū Maʿšar. Tatsächlich ergibt ein Vergleich von Daniels Katalog der Nativitätseinflüsse mit dem entsprechenden Katalog der *Ysagoga minor* und dem *Liber introductorii maioris* des Abū Maʿšar folgende fünf signifikante Unterschiede:

1. Während Abū Maʿšar bzw. seine beiden Übersetzer von der Natur der sieben Planeten sprechen, präsentiert Daniel die Liste so, dass sie grundsätzlich die Natur beschreibt, für die der jeweilige Planet verantwortlich ist[73].

2. Mit Ausnahme der *Venus benivola* und der *luna benivola* unterdrückt Daniel konsequent die Erwähnung des guten bzw. schlechten Charakters der einzelnen Planeten. In der *Ysagoga minor* sind Saturn und Mars, entsprechend der astronomischen Tradition, schlechte Planeten, während Jupiter, Sonne, Venus und Mond gute Planeten sind[74].

3. Daniel unterschlägt die in der *Ysagoga minor* und im *Liber introductorii maioris* durchgehend verzeichneten elementaren Qualitäten der einzelnen Planeten. Keiner seiner Planeten verfügt über eine mittels der elemententheoretischen Gegensatzpaare feucht-trocken und heiß-kalt beschriebene Natur[75].

---

[73] Cf. etwa die Ausführungen zu Saturn: Abū Maʿšar, *Ysagoga minor*, *op. cit.*, V, 4f., p. 124: «Saturni autem natura maligna; est enim frigidus et siccus; melancolicus; obscurus; fetidus; edax; bone societatis tamen; in mollibus officiosus et aquis et ripis et araturis et plantis et manuum operibus [...]». Abū Maʿšar, *Liber introductorii maioris*, *op. cit.*, VII, 8, p. 143: «Saturnus quidem natura frigidus siccus, nonnumquam accidenter humidus, obscurus, asper, gravis, fetidus, vorax, tenax, multe cogitationis firmeque memorie, sibi magni aliis parvi. Eius est agricultura [...]». Cf. Daniel von Morley, *op. cit.*, § 184: «Qui nascitur ergo secundum eos [scil. Arabes] sub Saturno, cum Saturno sit obscurus, asper et gravis, erit melancholicus, avarus, [in] longinquis et frigidis locis peregrinus [...]».

[74] Cf. Abū Maʿšar, *Ysagoga minor*, *op. cit.*, V, 4-28, p. 124-126: «Saturni autem natura maligna [...]. Iupiter autem prosper [...]. Mars malivolus [...]. Sol autem benivolus [...]. Venus autem benivola [...]. Mercurius nature promiscue [...]. Luna benivola [...]».

[75] Cf. Abū Maʿšar, *Liber introductorii maioris*, *op. cit.*, VII, 8, p. 143-147: «Saturnus quidem natura frigidus siccus [...]. Iupiter natura calidus humidus [...].

4. Entsprechend zeichnen sich Daniels Planeten auch nicht durch eine spezifische humorale Natur aus, die eigens zu erwähnen Abū Maʿšar nie vergisst. Selbst im Falle Saturns, wo Daniel den melancholischen Charakter erwähnt, schreibt er diesen Charakter nicht dem Planeten selbst zu, sondern den Menschen, die in seinem Zeichen geboren sind[76].

5. Ein gewisser Autorenwille lässt sich schließlich auch in der Beschreibung der von den Planeten besonders affizierten sozialen Gruppen ausmachen. Namentlich fällt auf, dass Daniel den unter dem Einfluss Saturns stehenden landwirtschaftlichen Tätigkeiten keinerlei Interesse entgegenbringt. Der Sonne als dem königlichen Planeten par excellence hingegen räumt er zusätzliche Macht ein, wenn er über Abū Maʿšar und seine beiden Übersetzer hinausgehend auch noch Kaiser, Päpste und Ordensleute unter ihren Einfluss stellt.

Eine vergleichende Lektüre der entsprechenden Listen der Nativitätseinflüsse der sieben Planeten ergibt somit einen eindeutigen Befund: Die Planeten des Daniel von Morley sind frei von allen Eigenschaften, die auch nur im entferntesten auf eine durch die vier Elemente konstituierte Natur der Himmelskörper schließen lassen könnten. Ohne dass er selbst diesen Sachverhalt hier eigens betonen würde, hat Daniel in konsequenter Umgestaltung seiner Quellen eine Liste der Nativitätseinflüsse zusammengestellt, deren oberstes Kriterium darin besteht, die aus der *quinta essentia* bestehenden Himmelskörper durchgehend frei von elemententheoretischen Einschlägen zu denken. Im Rahmen der vorangehenden Ausführungen der *Philosophia* erscheint diese Präsentation der sieben Planeten nur konsequent. Doch stellt sich in diesem Fall die Frage, welche Umstände es Daniel von Morley erlaubt haben, die Theorie, der zufolge die supralunare Welt aus einem Stoff gebildet ist, der nichts mit den vier Elementen gemein hat, konsequenter handzuhaben als Abū Maʿšar selbst, der, wie wir gesehen haben[77], seinerseits Ptolemäus dafür kritisiert hatte, dass er die Planeten elemententheoretisch bestimmt.

Mars natura calidus siccus [...]. Sol natura igneus, temperatus [...]. Venus frigida humida, temperata [...]. Mercurius promiscuus ad omnem commixtionis assensum facilis [...]. Luna frigida [...]».

[76] Cf. Anm. 73.

[77] Cf. Anm. 65.

7. Daniel von Morley selbst geht in seiner *Philosophia* nirgends ausdrücklich auf Distanz zu Abū Maʿšar. Folglich könnte man vermuten, dass ihm nicht aufgefallen ist, dass er die Theorie seiner Vorlagen in einem entscheidenden Punkt revidiert und stringenter fasst. Aber auch falls ihm selbst nicht aufgefallen sein sollte, dass er die Theorie einer fünften Natur der Planeten konsequenter vertritt als seine arabischen Quellen, entbindet uns das nicht von der Frage, worauf diese zusätzliche gedankliche Stringenz zurückzuführen ist. Es macht wenig Sinn, die Frage mit dem Hinweis abzutun, dass es unmittelbar anschließend an die Ausführungen zu den Nativitätseinflüssen der sieben Planeten zu jenem Auftritt Gerhards von Cremona kommt, der die *Philosophia* berühmt gemacht hat, und die zusätzliche theoretische Stringenz der Beschreibung der Nativitätseinflüsse auf Gerhards Unterricht zurückzuführen, dem laut Daniel die *Ysagoga minor* des Abū Maʿšar zugrunde gelegen hatte. Denn damit verschiebt sich Frage nach den historischen Bedingungen der herausgestellten zusätzlichen Stringenz einfach von Daniel auf Gerhard.

In der Rede, die Daniel dem unterrichtenden Gerhard in den Mund legt, kommt es allerdings zum Auftritt einer Autorität, die bisher in der *Philosophia* noch nicht in Erscheinung getreten war. Diese neue Autorität, die Daniel hier ganz am Ende seiner Schrift noch einführt, ist Firmicus Maternus. Firmicus Maternus habe, so lässt Daniel Gerhard formulieren, darauf hingewiesen, dass bei der Bestimmung der Nativitätseinflüsse sowohl die Natur als auch die Konstellation zu beachten sei[78]. Tatsächlich unterscheidet Firmicus Maternus in der *Mathesis* zwischen dem aus den vier Elementen bestehenden Körper des Menschen, der das natürliche Produkt der göttlichen Vorsehung ist, und dem Charakter des entsprechenden Menschen, der das Resultat der Himmelskonstellation ist[79]. Mit dem Hinweis auf Firmicus Ma-

---

[78] Cf. DANIEL VON MORLEY, *op. cit.*, § 194: «At ille [scil. Gerardus] patienter expectans tandem ‚Legisti' ait ‚unquam Iulium Firmicum?' Cum vero me legisse respondissem, ‚Ex verbis' inquit ‚illius, ubi de genituris tractat, habemus, quod duo circa nativitatem debent inquiri, constellatio videlicet et natura. Si vero natura constellationi vel constellatio nature non concordet, constellatio non omnimodum consequetur effectum [...]'». Cf. CH. BURNETT, «The Institutional Context», *op. cit.*, p. 220f.

[79] Cf. FIRMICUS MATERNUS, *Mathesis*, ed. P. MONET, Paris, 1992, I, v, 6-9, p. 66f.: «Unde constat generis quidem nostri substantiam et ipsam nudi ac solius corporis formam ex quattuor elementorum commixtione providi numinis artificio esse formatam, colores vero nobis ac formas, mores etiam et instituta de nulla re alia nisi stella-

ternus lässt sich folglich nicht nur erklären, wieso der unter derselben Konstellation wie ein Königssohn geborene Sohn eines Bauern aufgrund seiner Natur auf eine andere Weise als der Königssohn König sein wird[80]. Der abschließende Hinweis auf die *Mathesis* ist auch dazu angetan, die Theorie einer durch einen essentiell zweigeteilten Kosmos determinierten Doppelnatur des Menschen als das eigentliche Anliegen der *Philosophia* herauszustellen. Als Körper ist der Mensch den Gesetzen der im ersten Teil der *Philosophia* behandelten sublunaren Welt entsprechend elemententheoretisch determiniert. Seine fremde Natur aber, die *natura externa* seiner Seele, die Daniel ganz zu Beginn der *Philosophia* als gleichsam aus oberen Elementen bestehend bestimmt hatte (§ 12), ist hingegen das ausschließliche Produkt des Himmels und der Planeten. Das ist die Quintessenz des zweiten Teils der *Philosophia*: Der supralunare Kosmos ist für die jeweilige Ausprägung des ewigen Teils des Menschen verantwortlich; oder, wie es Firmicus Maternus formuliert hatte, die Sterne geben dem irdischen Körper den göttlichen Geist ein.

Firmicus Maternus mag Daniel somit tatsächlich einen wichtigen Anstoß zur seiner, im Vergleich mit den Ausführungen der arabischen Vorlagen weit stringenteren Ausgestaltung der Lehre vom speziellen Himmelsstoff gegeben haben. Wenn Daniels Überwindung der ptolemäischen Lehre von der humoral-elementaren Natur der Planeten in ihrer historischen Tragweite erfasst werden soll, hilft indes auch die Konsultation des römischen Astrologen nicht wirklich weiter. Denn Daniel mag die im Verlauf unserer Analyse seiner Schrift angeführten Texte noch so gut gekannt haben, sein eigenes Werk ist nachgewiesenermaßen mehr als die Summe der von ihm verwendeten Texte. Vielmehr setzt die *Philosophia* dieses Autors, von dem sonst nur bekannt

rum perenni cursus agitatione distribui. Habent enim stellae proprium sensum divinamque prudentiam; nam, puro divinitatis animatae conceptu, summo illi ac rectori deo, qui omnia perpetua legis dispositione composuit ad perennis procreationis custodiendum ordinem, infatigabilibus consensionibus obsequuntur. [...] Quis dubitat quod per has stellas terrenis corporibus divinus ille animus necessitate cuiusdam legis infunditur, cui descensus per orbem solis tribuitur, per orbem vero lunae praeparatur ascensus?»

[80] Cf. DANIEL VON MORLEY, *op. cit.*, § 194: «Si ergo, ut ais, in eadem constellatione nati fuerint filius regis et filius rustici, ambo quidem reges erunt, sed non uno et eodem modo, quia filius regis de natura habet, ut succedat patri suo in regno. Natura enim filii rustici, licet deroget sue constellationi, tamen inter rusticos regnabit et omnibus, qui in suo genere erunt, potentior ac validior erit».

ist, dass er zeitweilig als Justiziar Heinrichs II. gewirkt hat[81], präzis jene intellektuelle Freiheit in Szene, die Gerhard von Cremona kraft seiner Nativitätskonstellation als König *in animo* für sich reklamiert.

In der intellektuellen Praxis seiner *Philosophia* ordnet sich Daniel von Morley keinem Sterblichen unter. Er hält sich weder an die lateinische Tradition, noch an einen der großen Namen der Schulen der ersten Hälfte seines Jahrhunderts. Ganz offensichtlich ist er der Auffassung, dass die neu zugänglich gewordenen arabischen Texte helfen, Schwierigkeiten zu klären, für die lateinische Autoren bisher wenig Sensibilität gezeigt hatten. Nur, Daniel folgt auch den neuen Meistern nicht blindlings. Zwar helfen sie ihm, die *quinta essentia* zu entdecken, ja er beschreibt diesen neuen Stoff so gut wie ausschließlich unter Verwendung ursprünglich arabischer Formulierungen. Doch hat er, im Zuge der denkerischen Erprobung dieser neuen Möglichkeit den Kosmos zu verstehen, offenkundig auch die elemententheoretische Befangenheit dieser Lehre entdeckt. Indem er die Planeten selbständig frei von elemententheoretischen Einschüssen beschreibt und so die elemententheoretische Befangenheit seiner Quellen ausräumt, gibt er der Lehre vom Nativitätseinfluss der Planeten eine kohärentere Form. Zugleich gelingt es ihm, eine Erklärung zu finden für das, was er selbst tut, wenn er jenseits der elemententheoretisch begründeten Zerbrechlichkeit des Körpers eine intellektuelle Freiheit findet, die ihm in Auseinandersetzung mit überkommenen und neu entdeckten Lehren erlaubt, frei darüber nachzudenken, wie ein Kosmos beschaffen sein muss, der diese Freiheit als Möglichkeit enthält. Wie die *Philosophia* deutlich macht, haben sich Autoren der zweiten Hälfte des 12. Jahrhunderts nicht nur darauf verstanden, die Möglichkeit dieser Freiheit zu postulieren, sie haben von ebendieser Freiheit mitunter auch praktisch Gebrauch gemacht.

---

[81] Cf. CH. BURNETT, *The Introduction of Arabic Learning*, *op. cit.*, p. 58 und Anm. 147.

YOSSEF SCHWARTZ

(Tel Aviv University)

ZWISCHEN PHILOSOPHIE UND THEOLOGIE IM 12. JAHRHUNDERT: HALEVI, IBN DAUD UND MAIMONIDES

Im Mittelpunkt der folgenden Überlegungen stehen die Wechselbeziehungen zwischen Philosophie und Theologie in einer Epoche, die ebenso geographisch wie zeitlich und kulturell definiert ist: im Andalusien des 12. Jahrhunderts. Ausgehend von drei Denkern möchte ich exemplarisch die Interferenzen zwischen der arabischen und der jüdischen Denktradition darstellen und darüber hinaus eine allgemeine Formulierung der Beziehungen zwischen Philosophie und Theologie vorschlagen. Die drei Denker, von denen dieser Aufsatz handelt, sind Jehuda Halevi, Abraham Ibn Daud und Moses Maimonides. Sie alle lebten in einer krisengeschüttelten Zeit – im Norden der Iberischen Halbinsel wurden große Gebiete von den christlichen Truppen erobert, im Süden zerbrach die Herrschaft der Almoraviden (*al-murabitun*) unter den Attacken der Almohaden *(al-muwahidun)* – und wurden von den politischen Entwicklungen persönlich, also in ihrer Lebensführung, und geistig, also in ihrem Denken, beeinflusst.

Jehuda ben Shmuel Halevi (arab. Abu-l-Hasan Jehuda Allawi) wurde um 1075-1085, in Kastilien, dem damals (seit 1085) christlichen Teil Spaniens geboren[1]; er war Arzt, Gelehrter und Dichter und gehörte schon der ausgereiften Phase der ibero-hispanischen Renaissance an.

[1] Zum Leben Halevis cf. Y. SILMAN, *Philosopher and Prophet: Judah Halevi, the Kuzari and the Evolution of his Thought*, Albany, 1995; M. GIL und E. FLEISCHER, (eds.), *Yehuda Ha-Levi and his Circle*, Jerusalem, 2001.

Den größten Teil seines Lebens verbrachte er im moslemischen Córdoba, wo er den theologischen und politischen Konflikt zwischen Moslems und Christen, der auf der Iberischen Halbinsel ebenso wie im Heiligen Land um die heiligen Orte ausgetragen wurde, unmittelbar miterlebte. Halevi hat ein großes theologisch-philosophisches Werk geschrieben, *Buch des Argumentes und Beweises zur Verteidigung des verachteten Glaubens* (*Kitab al-radd wa-'l-dalil fi 'l-din al-dhalil*)[2], kurz *Al-Kitab Al-Khazari (Das Buch Kusari)* genannt: ein Dialog, in dem sich ein Philosoph, ein Christ, ein Moslem und ein Jude mit einem heidnischen König über das wahre religiöse Handeln auseinandersetzen.

Abraham Ibn Daud wurde im Jahre 1110 in Córdoba geboren[3]; von wo er wegen der prekären politischen Situation unter den Almohaden (1147-1148) nach Toledo in Kastilien flüchtete. Im kosmopolitischen Córdoba aufgewachsen, gehörte die Kenntnis von Saadias, Solomon Ibn Gabirols und Halevis philosophischen und poetischen Werken genauso zu seiner Bildung wie die traditionelle jüdische Literatur, wissenschaftliche (vor allem über Astronomie und Astrologie) und philosophische Schriften (vor allem des arabischen Aristotelismus Alfarabis und Avicennas). 1160-1161 hat Ibn Daud zwei Bücher verfasst: *Sefer HaKabbala* (*Buch der Tradition*) und *Sefer HaEmuna HaRama (Der erhabene Glaube*), das auf Arabisch geschrieben und nur in zwei hebräischen Übersetzungen überliefert ist. Über sein Leben ist wenig bekannt: Gemäß einer jüdischen Chronik starb er als Märtyrer um 1180[4]. Auch seine Identität steht nicht eindeutig fest: Nach d'Alverney soll Ibn Daud kein anderer als Avendauth gewesen sein, jener jüdischer Gelehrte, der zusammen mit Dominicus Gundisalvi am Hof Alfons' VII. als Übersetzer tätig war und der oft mit dem Apostat Johannes

---

[2] JEHUDA BEN SHMUEL HALEVI, *Al-Kitab Al-Khazari*, ed. D. H. BANETH, Jerusalem, 1977; *Das Buch Kusari*, übersetzt von D. CASSEL, Berlin, 1922.

[3] Zum Leben und zur Philosophie Ibn Dauds cf. J. GUTTMANN, *Die Religionsphilosophie des Abraham ibn Daud aus Toledo*, Göttingen, 1879; G. D. COHEN, «Introduction», in ABRAHAM IBN DAUD, *The Book of Tradition (Sefer Ha-Qabbalah)*, critical edition and translation by G. D. COHEN, Philadelphia, 1967, p. xvi-lxii; T. A. M. FONTAINE, *In Defence of Judaism: Abraham Ibn Daud*, Assen, 1990; A. ERAN, *From Simple Faith to Sublime Faith: Ibn Daud's Pre-Maimonidean Thought*, Tel Aviv, 1998 (in hebräischer Sprache).

[4] R. ISAAC HA-ISRAELI, *Sefer yesod olam*, zitiert nach G. D. COHEN in ABRAHAM IBN DAUD, *The Book of Tradition*, *op. cit.*, p. xii.

Hispanus identifiziert wurde[5]. Dass Ibn Daud mit Avendauth identisch sein soll, ist plausibel, solange man ihn nicht zugleich mit Johannes Hispanus identifiziert[6].

Moses Maimonides wurde 1135 in Córdoba geboren[7], wanderte ebenfalls aus, zuerst nach Nordafrika, dann nach Israel und Ägypten. Als halachischer Führer der jüdischen Gemeinschaft in Ägypten, und von dort aus auch der jüdischen Gemeinden im Osten und Westen, schrieb er einen großen Gesetzkodex, einen umfangreichen Kommentar zur Mischna und mehrere Traktate. Zu seinen wissenschaftlichen Schriften gehören ein kleiner Traktat über Logik, *Makalah fi-Sina'at al-Mantik*[8] (heb. *Milot ha-Higaion*, *Begriffe der Logik*), mehrere medizinische Werke und das theologisch-philosophische Hauptwerk, *Führer der Unschlüssigen*[9], das um 1190 entstanden ist. Maimonides starb 1204.

Die Trennung zwischen Philosophie und Theologie im Mittelalter, sei es im arabischen, hebräischen oder lateinischen Kulturraum, ist ein altes Problem, das auch die moderne Forschung intensiv beschäftigt. Die Schwierigkeiten der Zuordnung eines Werks oder eines Autors zu einer der beiden Disziplinen haben ihre Wurzeln im mittelalterlichen Diskurs selbst, wobei eine Differenzierung je nach der Denktradition, Sprache und Epoche unterschiedlich ausfiel. Trotz aller geistigen und wissenschaftlichen Entwicklungen blieb eine Zuordnung immer problematisch, auch noch in der lateinischen Hochscholastik seit dem drei-

---

[5] M.-TH. D'ALVERNY, «Avendauth?», in *Homenaje a Millas-Vallicrosa*, 2 vols., Barcelona, 1954-1956, Bd. I, p. 19-43; G. D. COHEN in ABRAHAM IBN DAUD, *The Book of Tradition*, *op. cit.*, p. xxvii-xxviii.

[6] Cf. unten, Anm. 36. Ich bedanke mich für diesen Hinweis bei Alexander Fidora.

[7] Zum Leben und Werk von Maimonides ist seit der Mitte des 19. Jahrhunderts eine reiche Forschungsliteratur erschienen. Cf. W. BACHER, M. BRANN, D. SIMONSEN (eds.), *Moses ben Maimon; Sein Leben, seine Werke und sein Einfluss*, Leipzig, 1908; S. PINES, «Translator's Introduction: The Philosophic Sources of the Guide of the perplexed», in MOSES MAIMONIDES, *The Guide of the Perplexed*, translated by S. PINES, Chicago, 1963, p. ivii-cxxxi; M. KELLNER, *Maimonides on Human Perfection*, Atlanta, 1988; F. NIEWÖHNER, *Maimonides: Aufklärung und Toleranz im Mittelalter*, Heidelberg, 1988; M.-R. HAYOUN, *Maimonides, Arzt und Philosoph im Mittelalter: eine Biographie*, München, 1999.

[8] I. EFROS (ed.), *Maimonides' Treatise on Logic: The Original Arabic and Three Hebrew Translations*, New York, 1938.

[9] MOSHE BEN MAIMON, *Dalala al-Hairin*, ed. S. MUNK, Jerusalem, 1931; MOSE BEN MAIMON, *Führer der Unschlüssigen*, übersetzt von A. WEISS, Leipzig, 1923; MOSES MAIMONIDES, *The Guide of the Perplexed*, *op. cit.*

zehnten Jahrhundert, als vor allem wegen der Institutionalisierung des Wissens durch das neue Schulsystem zwischen Philosophie und Theologie als Wissensbereiche und als Disziplinen unterschieden wurde. Ob Albertus Magnus bzw. Thomas von Aquin in ihren Mitte des dreizehnten Jahrhunderts angefangenen Kommentarwerken zu Aristoteles als ‚Philosophen' oder als ‚Theologen' angesehen werden sollen, ist nach wie vor eine relevante Frage[10]. Diese Zuordnung wird noch durch den Bedeutungswandel der Begriffe seit dem Mittelalter verkompliziert, denn man muss bei jedem Versuch der Systematisierung den modernen Reflex mittelalterlicher Begriffe mitbedenken. Hinsichtlich Kurt Flaschs ständiger Reaktion gegen die Etiketten-Manie[11] kann man zur Apologie solcher Termini wie ‚Theologie' und ‚Philosophie', bzw. ‚Theologe' und ‚Philosoph' in der gegenwärtigen Darstellung des Mittelalters einwenden: Erstens, dass es sich meistens um Selbstdefinitionen der jeweiligen mittelalterlichen Denker als Theologen oder Philosophen handelt, und zweitens, dass diese Einteilung einer eindeutigen Praxis entspricht, die den Horizont der Lektüre und des Schreibens mittelalterlicher Autoren geprägt hat. Trotzdem besteht eine Diskrepanz zwischen der Selbstdefinition und der tatsächlichen Praxis des Denkens und Schreibens, und auch zwischen der Selbstdefinition und der Schreib- und Denkpraxis einerseits und dem Werk und seiner Rezeption andererseits.

Genau diese verschiedenen Perspektiven, aus denen mittelalterliche Denker ihre eigene Begrifflichkeit entwickeln, wie auch die verschiedenen Gesichtspunkte, nach welchen diese Formulierungen im Einklang bzw. im Widerspruch zum allgemeinen philosophischen Verständnis stehen, möchte ich im Folgenden betrachten. Dafür schlage ich sechs Kriterien zur methodologischen Unterscheidung zwischen Philosophie und Theologie vor. Diese Kriterien werde ich auf das Werk von Juda Halevi, Abraham Ibn Daud und Moses Maimonides anwenden und versuchen, von der exemplarischen Analyse zu allgemeineren Schlussfolgerungen zu gelangen. Dabei ist zu beachten, dass diesen jüdischen Denkern der Begriff ‚Theologie' unbekannt war und

---

[10] M. GRABMANN, *Die theologische Erkenntnis- und Einleitungslehre des hl. Thomas von Aquin, auf Grund seiner Schrift ‚In Boethium De trinitate'*, Freiburg i. Ü., 1948, p. 226; E. GILSON, *History of Christian Philosophy in the Middle Ages*, Toronto, 1955, p. 668; M.-D. CHENU, *Das Werk des hl. Thomas von Aquin*, Köln, 1960, p. 65.

[11] Cf. K. FLASCH, *Das philosophische Denken im Mittelalter*, Stuttgart, 1986, p. 14.

dass sich die Bedeutung des jeweiligen arabischen und hebräischen Begriffs nicht präzisieren lässt, sondern von der Selbstpositionierung des jeweiligen Denkers zwischen Religion und Philosophie abhängt. Deshalb haben die Gelehrten der Wissenschaft vom Judentum systematisch von ‚jüdischer Religionsphilosophie' statt von jüdischer Theologie gesprochen. Wie ich zeigen möchte, handelt es sich bei dieser begrifflichen Uneindeutigkeit um kein inhaltliches Defizit, sondern vielmehr um eine alternative epistemologische Weltanschauung, die die jüdischen mittelalterlichen Denker von den Gelehrten der christlichen Scholastik unterscheidet.

Verschiedene Deutungen von Philosophie und Theologie bzw. Gesetz

Die folgenden Kriterien sind ein Versuch, die Selbstdefinitionen und -auffassungen, die Praxis des Denkens und Schreibens und die Rezeption des Werks – gewissermaßen die subjektive und die objektive Identität dreier mittelalterlicher Autoren systematisch zu analysieren. Bei dieser ‚analytischen' Vorgehensweise werden diese Denker nach verschiedenen begrifflichen Unterscheidungen betrachtet werden, und um sie wieder in ihrer Totalität zu fassen, werde ich in meinen Schlussbemerkungen jeden von ihnen individuell, nach den aufgestellten Kriterien, beschreiben.

Erstes Kriterium: Selbstdefinition

Eine einfache und vielleicht wichtige Frage ist: wie definiert sich ein Autor? Eine Selbstdefinition kann von der allgemeinen ‚beruflichen' Anschauung eines Autors, nämlich von dem, was seine intellektuelle Identität in ihrer Totalität umfasst, oder auch von einem spezifischen Werk ausgehen. Halevi definiert sich selbst im allgemeinen als religiösen Denker und setzt sich als solcher intensiv mit der Philosophie auseinander. In einer ähnlichen Weise wie Gazali und vielleicht auch unter dessen Einfluss[12], betont er die Grenze des Philosophierens, um dagegen das religiöse politische Handeln zu stellen. Man sollte die «griechische Weisheit» nicht beachten, schreibt er in einer seiner Ge-

---

[12] Zum Einfluss von Gazali auf Halevi cf. D. H. BANETH, *Jehuda Halewi und Gazali*, Berlin, 1924.

dichte, «da sie keine Früchte hat, nur Blumen»[13]. In seinem theoretischen Werk wird eine komplizierte Beziehung zur Philosophie erkennbar. Als Teilnehmer am Dialog im *Kuzari*, verschwindet der Philosoph zusammen mit dem Christen und dem Moslem schon im ersten Traktat. In diesem einführenden Teil des Dialogs stellt der Philosoph eine ernsthafte Alternative zum jüdischen Weisen dar. Nicht zufällig werden der Philosoph und der Jude bei dem König im ersten Traktat nach ihrem Glauben (*maatakada*) gefragt, der Christ und der Moslem aber nach ihrer Glaubenslehre bzw. Weisheit (*alama*) und Handlungsweise (*amala*). Während des Dialogs zwischen dem König und dem Juden steht die philosophische Auseinandersetzung immer im Mittelpunkt der Diskussion, wobei die dialogische Form keine Einschätzung über die Haltung des Verfassers erlaubt[14].

Im Gegensatz zu Halevi macht Ibn Daud zum Hauptziel seines Buches nicht die Widerlegung der Philosophie im Namen der Religion, sondern die Übereinstimmung zwischen Religion und Philosophie und sieht die Ablehnung der Philosophie als Folge intellektueller und religiöser Schwäche an. Weil die Bereiche von Religion und Philosophie nicht voneinander zu unterschieden sind, kann er sich gleichzeitig als religiösen Denker und als Philosophen definieren.

> Aber in unseren Tagen kommt es nicht selten vor, dass wohl mancher in die Wissenschaften ein wenig hineinguckt, der die Kraft nicht hat, in beiden Händen zwei Lichter zugleich zu halten; in seiner Rechten das Licht der Religion und in seiner Linken das der Weisheit, sondern, dass wenn das eine, das Licht seiner Weisheit brennt, das andere, dass der Religion erlischt. [...] Deswegen nun meinen viele unserer Zeitgenossen, dass das Studium der spekulativen Wissenschaften der Wahrheit selbst schade und kümmern sich lieber um gar keine Wissenschaft; was aber zur Folge hat, dass sie weder die haupt- und Fundamentalsätze ihres Glaubens kennen, die doch von ihnen am fleisigsten und gründlichsten erforscht werden sollten, noch die Zweigesätze, die keiner so großen Anstrengung bedürfen[15].

---

[13] H. BRODY (ed.), *Diwan des Abu-l-Hasan Jehuda ha-Levi*, 2 Bde., Berlin, 1896-187, p. 166, 53-54.

[14] Cf. L. STRAUSS, «The Law of Reason in the Kuzari», in *Persecution and the Art of Writing*, Chicago, 1980 (1952), p. 95-141; A. L. MOTZKIN, «On Halevi's *Kuzari* as a Platonic Dialogue», in *Interpretation*, 9 (1980), p. 111-124, insb. p. 113.

[15] ABRAHAM BEN DAVID HALEVI, *Das Buch Emunah Ramah oder Der erhabene Glaube*, übersetzt von S. WEIL, Berlin, 1919, p. 3.

Diese doppelte Begabung beschreibt Ibn Daud in seinem *Sefer Ha-Kabbala*, als er seinen Lehrer, seinen Onkel R. Baruk b. Isaac ibn Albalia, beschreibt als jemanden, der «zusätzlich zu seiner Kenntnis der Tora und zu seiner Weisheit große Kenntnis in der griechischen Weisheit» besaß[16]. In seinem philosophischen Werk richtet Ibn Daud sich nur an solche Leser, die elementare wissenschaftliche philosophische Bildung haben. Dementsprechend verfasst er sein Werk in einer eher komplizierten technischen Sprache, so dass es sich deutlich von dem poetischen und populären Werk Halevis[17] unterscheidet.

Maimonides definiert sich selbst existentiell und thematisch mehrfach als Philosoph, und das scheinbar auch dann, wenn er eindeutig als Religionsführer handelt. Im *Führer der Unschlüssigen* I: 71 erklärt er den Hintergrund seiner Philosophie wie auch die Wurzeln des theologischen Denkens der *Kalam*.

> Das Wenige allerdings, was man im Kalam über die Lehre von der Einheit Gottes und dem was damit zusammenhängt, bei einigen der Geonim und bei den Karäern findet, besteht aus Gedanken, welche diese den arabischen Dialektikern entlehnt haben. Sie sind unbedeutend gegenüber dem, was die Araber darüber geschrieben haben. [...] einer gewissen Sekte, die sich ,die Mutazila' nannte. [...] Hingegen hielten die Spanier, die Andalusier unseres Glaubens, durchaus an den Lehren der Philosophen fest und neigten sich, insoweit diese den Grundlehren unserer Religion nicht wiederstreiten, deren Ansicht zu[18].

Sein philosophisches Weltbild spiegelt nicht nur sein intellektuelles System wider, sondern auch ein allumfassendes ethisches und politisches System, innerhalb dessen er als religiöser Gesetzgeber tätig sein kann. Der *Führer der Unschlüssigen* ist in Form eines Briefes an seinen geliebten Schüler Joseph ben Jehuda ben Shimeon verfasst. In der Einführung entwirft Maimonides, ähnlich wie Ibn Daud, die Figur des idealen Lesers seines Buches: Dieser Leser muss zuerst die verschiedenen propädeutischen Wissenschaften studieren, vor allem Mathematik und Astronomie, dann Logik und Metaphysik. Dabei handelt es

---

[16] ABRAHAM IBN DAUD, *The Book of Tradition*, *op. cit.*, p. 87, hebr. p. 65.

[17] Vgl. J. GUTTMANN, *op. cit.*, p. 6: «Dem Lesekreis des *Kosari* und der *Herzenspflichten* war Abraham ibn Daud's *Emunah Ramah* daher von vornherein verschlossen».

[18] MOSE BEN MAIMON, *Führer der Unschlüssigen*, *op. cit.*, Bd. I, p. 282-284.

sich um ein philosophisches Werk, das sich an jüdische Philosophen wendet:

> Es ist nun keineswegs die Tendenz dieses Werkes, alle diese der großen Menge verständlich zu machen, so wie auch nicht denen, die Anfänger im Studium sind, oder denen, die sich bloß mit dem Studium der Gotteslehre, nämlich mit ihrer traditionellen Auslegung befassen; vielmehr ist der Gegenstand dieses Buches im ganzen und in allen seinen Teilen das Verständnis der Tora nach der Wahrheit, und es hat zum Zwecke, demjenigen eine Einleitung zu geben, welcher der Religion kundig und mit dem Gesetz vertraut ist, der an die Wahrheit der Tora glaubt und in seinem Glauben und Charakter untadelig ist, der aber Philosophie studiert hat und ihre Probleme kennt, und den die menschliche Vernunft angezogen hat, um ihn in ihrem Bereich wohnen zu lassen[19].

Die möglichen Adressaten seines Werks unterteilt Maimonides in drei Gruppen: Die Ungebildeten, die Rabbiner, nämlich die Religionslehrer, die keine philosophische Bildung haben, und die philosophische Elite[20]. Nur an die letzte Gruppe wendet sich das Buch seiner Intention nach. Seine Einstellung sich selbst, seinen Schülern und der religiösen Kaste gegenüber formuliert er in seinen Briefen, vor allem in jenen an den oben genannten Schüler und Übersetzer Shmuel Ibn Tibon und Joseph ben Shimeon. In dem Briefwechsel mit Joseph gibt es eine humoristische Stelle, in der der Schüler sich darüber beklagt, dass Maimonides ihm seine Tochter Kima zur Frau gegeben hat und sie untreu geworden sei. «Kima» ist ein Begriff aus der Astronomie – er bezeichnet eine Sternengruppe – und bedeutet auch die Zahl 7, so dass die Frau, die Maimonides seinem Schüler Joseph auserkoren hatte, für die sieben Wissenschaften mit der Astronomie an ihrer Spitze steht. Die beiden Trauzeugen bei dieser Hochzeit waren Obeid Allah (d.h. Maimonides selbst) und Averroes. Dass die Braut ihrem Mann gegenüber untreu geworden ist, kann man mit der Verbreitung der Philosophie jenseits der jüdischen Kultur interpretieren. In seiner Antwort bezeichnet Maimonides seinen Schüler als Tor, heb. Ksil, also mit dem Namen einer anderen Planetenkonstellation, als jemand der

---

[19] *Ibid.*, p. 12.

[20] Eine parallele Einteilung der Gesellschaft in drei Gruppen nach intellektuellen Parametern, nämlich zwischen Philosophen, Gesetzeslehrern und Ungebildeten, findet sich auch bei Averroes, vor allem in seinem *Kitab fasl al-maqal*. Cf. AVERROES, *Kitab fasl al-maqal*, ed. and trans. G. F. HOURANI, Leiden, 1959; M. J. MÜLLER, *Philosophie und Theologie von Averroes*, München, 1875; cf. auch den Aufsatz von J. C. MARLER, «Averroes: The Platonic Rejection of Textual Conservatism» in diesem Band.

zwischen dem Heiligen und dem Profanen nicht unterscheiden kann[21]. Dieser Briefwechsel reflektiert eine intime Beziehung zweier Philosophen, wobei der Versuch des Schülers auffällt, Averroes in diesen intimen philosophischen Zirkel aufzunehmen, was darauf hindeutet, dass der Philosophen-Kreis des Maimonides und seiner Schüler auch Denker anderer religiöser Richtungen zuließ.

Keiner der drei Autoren scheint sich selbst nur als Philosophen definiert zu haben. Halevi ist sogar ein selbst erklärter Anti-Philosoph. Bei den beiden anderen stellt das philosophische Ethos ein zentrales Element der Selbstdefinition dar, bei Maimonides stärker als bei Ibn Daud, aber diese Definition bezieht sich nur auf einen begrenzten Teil ihrer literarischen und sozialen Tätigkeit. Das erste Kriterium lässt also keine eindeutige Zuordnung zur Philosophie oder Theologie zu.

Zweites Kriterium: Stil

Zu den populären Gattungen der mittelalterlichen philosophischen Literatur gehört der Kommentar zu Aristoteles bzw. ein Traktat, der einem bestimmten wissenschaftlichen Thema gewidmet ist.

Halevi hat kein Werk geschrieben, das einer sog. philosophischen Fachliteratur zugerechnet werden kann, sondern er kultiviert den Stil eines Apologeten und Polemikers, der im Namen des jüdischen Glaubens gegen die innere Kritik der Karaiten, gegen die konkurrierenden Offenbarungsglauben der Christen und Moslems und gegen die Philosophie argumentiert.

Dagegen nimmt Ibn Daud eine Sonderposition ein, denn einerseits unternimmt er eine fast systematische Unterscheidung zwischen den Disziplinen, andererseits lassen sich mindestens Teile seines Buches als wissenschaftliche Einführungen in die Physik und Metaphysik lesen, wobei die wissenschaftlichen Inhalte mit den Inhalten der Heiligen Schriften in Einklang gebracht werden. Auch Maimonides hat keinen Kommentar zu Aristoteles geschrieben, nur die oben erwähnte kurze Abhandlung zur Logik und einige medizinische Schriften. Seine Spekulation, die zum großen Teil philosophisch ist, ist entweder im Stil

[21] Beide Briefe sind in deutscher Übersetzung erschienen in der *Monatsschrift für Geschichte und Wissenschaft des Judentums*, 14 (1865), p. 25-30 und p. 69-74.

exegetischer Schriften (*Mishna*-Kommentar) oder gesetzlicher bzw. halachischer Schriften (*Mishne Tora*) verfasst. Auch den *Führer der Unschlüssigen* beschreibt er in seiner Einleitung als ein exegetisches Werk, in dem schwierige Stellen aus der Heiligen Schriften und aus der rabbinischen Literatur erklärt werden sollen, um religiöse Irrtümer zu verhindern. Ein Philosoph im reinen Sinne dieses Begriffs war er also auch nicht. Im scholastischen Sinn ist also keiner der drei Autoren ein wahrer Philosoph, da sie Werke, die stilistisch als philosophisch bezeichnet werden könnten, nicht geschrieben haben.

Drittes Kriterium: intellektueller Horizont

Mehr als Ausübung der natürlichen Vernunft im Sinne der modernen Aufklärung wie auch im Sinne der sogenannten «Aufklärung im Mittelalter»[22] gilt die Philosophie im Mittelalter als literarischer Kanon. Wie sich ein Autor auf diesen Kanon bezieht und wie er ihn in seinem eigenen Werk aufarbeitet, weist auch auf seine Zugehörigkeit zu verschiedenen Strömungen und Disziplinen hin.

Halevi erwähnt die arabischen Philosophen nicht namentlich. Obwohl der Einfluss von Alfarabi und Avicenna in seiner Darstellung der philosophischen Intellektlehre in verschiedenen Teilen des *Kuzari* deutlich erkennbar ist[23], werden diese Autoren und ihre Werke nicht als Quellen angegeben. Halevi ist von moslemischen religiösen Strömungen mehr beeinflusst als von moslemischen Philosophen: Shlomo Pines hat shiitische Einflüsse im *Kuzari* ausgemacht[24], David Kaufmann und Baneth haben über den Einfluss Gazalis gearbeitet[25]. Diana Lobel hat in einer neueren Forschung die Sufi-Terminologie analy-

[22] Cf. Y. SCHWARTZ, «Mittelalterliches Philosophieren: Zur Säkularisierung der interreligiösen Problematik», in E. GOODMAN-THAU (ed.), *Zeit und Welt, Denken zwischen Philosophie und Religion*, Heidelberg (im Druck).

[23] Cf. S. PINES, «Shi'te Terms and Conceptions in Judah H.'s *Kuzari*», in *Jerusalem Studies in Arabic and Islam*, 2 (1980), p. 165-251, insb. p. 211-216; Y. SILMAN, *op. cit.*

[24] S. PINES, «Shi'te Terms and Conceptions in Judah H.'s *Kuzari*», in *Jerusalem Studies in Arabic and Islam*, 2 (1980).

[25] D. KAUFMANN, *Geschichte der Attributenlehre in der jüdischen Religionsphilosophie von Saadia bis Maimuni*, Gotha, 1877, p. 119-140; D. H. BANETH, *Jehuda Halewi und Gazali*, *op. cit.*

siert[26]. Der Hauptteil von Halevis Zitaten-Arsenal besteht jedoch aus traditioneller jüdischer, vor allem rabbinischer Literatur.

Wie ich schon gezeigt habe, versucht Ibn Daud, in einem bewussten Gegensatz zu Halevi eine doppelte Tradition zu formulieren, indem er in seinem philosophischen Werk auf klassisches jüdisches Schrifttum zurückgreift und zugleich eine philosophische Argumentation entwickelt. Halevi wird von Ibn Daud nicht erwähnt, seine philosophischen Autoritäten sind vor allem Avicenna, Alfarabi und Gazali[27]. Bemerkenswerterweise lässt auch Ibn Daud, ähnlich wie Halevi, die nicht jüdischen Quellen namentlich unerwähnt. Am Anfang des Buches nennt er als wichtige Denker Saadia und Ibn Gabirol. Den ersten bezeichnet er, trotz einiger Mängel, als seinen Vorläufer:

> Es ist uns aber in unserer Gegend kein anderes Buch zur Hand gekommen, welches die Nachdenken unserer Nation in dem Maße belehrte, dass sie nur dazu ihre Zuflucht zu nehmen hätten, um ihren glauben zu befestigen, als das Buch *Emunuth ve-Deot* des Rabbi Saadiah, ein Werk, wodurch der Verfasser – der gütige Gott vergelte es ihm – sehr viel Gutes stiftete[28].

Den zweiten dagegen bezeichnet er vor allem als Gegner:

> Auch sind wir fleißig gesessen über dem Buch des sel. Rabbi Schelomoh Ben Gebirol, das wohl einige Tendenz hat, philosophisch zu nützen; allein er beschränkt sich darin nicht speziell auf die israelitische Nation, sondern er handelt von Dingen, die Leute jedes Glaubens angehen. Dazu macht er über einen und denselben Gegenstand ungeheuer viel Worte, so dass wir sein angedeutetes Werk, wenn wir dasselbe tüchtig läutern wollten, zehnmal kürzer fassen könnten. Ich würde aber seine Sache nicht tadeln, wenn er nicht äußerst Verwerfliches gegen die Nation ausgesprochen hätte[29], wie dies jeder weiß, der von seinem Buche Einsicht genommen. Doch jenes ganze Werk dient nur zum Beleg, wie schwach dieser Mann in der Philosophie war[30].

---

26 D. LOBEL, *Between Mysticism and Philosophy: Sufi Language of Religious Experience in Judah Ha-Levi's ,Kuzar'i*, New York, 2000.

27 Cf. T. A. M. FONTAINE, *op. cit.*, p. 10-11; A. ERAN, *op. cit.*, p. 17.

28 ABRAHAM BEN DAVID HALEVI, *Das Buch Emunah Ramah*, *op. cit.*, p. 3.

29 Weils Übersetzung folgt hier der bebräischen Version Ibn-Lavis. J. GUTTMANN, *op. cit.*, p. 44, übersetzt nach der hebräischen Übersetzung von Ibn-Motot: «Wenn er nicht so irreführenden Einfluss auf unsere Gemeinschaft ausgeübt hätte».

30 ABRAHAM BEN DAVID HALEVI, *Das Buch Emunah Ramah*, *op. cit.*, p. 3-4.

Im Verlauf seiner Diskussion erwähnt Ibn Daud die Namen klassischer griechischer Denker, vor allem Aristoteles und Platon, aber abgesehen von einer einzigen Erwähnung al-Farabis[31] nennt er keine seiner moslemischen philosophischen Quellen.

Bei Maimonides, eine Generation später, kann man von einer umgekehrten Tendenz sprechen. Ein Autor wie Saadia, der zum theologischen jüdischen Kalam gehörte, wird nicht erwähnt, auch wenn Maimonides in einzelnen bestimmten Gedanken von ihm wohl beeinflusst wurde. So wird auch Ibn Daud namentlich nie genannt, obwohl er auf verschiedenen Gebieten ähnliche Meinungen wie Maimonides vertreten hat[32]. Dagegen werden die Namen arabischer Wissenschaftler und Philosophen ziemlich oft erwähnt. In einem bekannten Brief an seinen hebräischen Übersetzer Shmuel Ibn Tibbon nennt Maimonides die lesenswerten philosophischen Quellen[33]: Platons Schriften seien oft in Metaphern formuliert und deshalb schwer zu verstehen, und man dürfe sogar davon absehen, da die Schriften von Aristoteles reichten und man die vor-aristotelischen früheren Philosophen nicht zu benutzen bräuchte. Um die Werke von Aristoteles jedoch völlig zu verstehen, bräuchte man die verschiedenen Kommentare, vor allem die von Alexander von Aphrodisias, Themistius und Averroes. Für die Logik rage Alfarabi über allen anderen Philosophen hinaus, und die Lektüre seiner Werke stellt Maimonides fast als normativen Imperativ dar. Die Lehre Avicennas enthalte zwar einige wichtige Elemente, müsse vorsichtig und selektiv gelesen werden, und auch Ibn Bajja sei ein großer Philosoph. Alle anderen Namen werden von Maimonides mit eher kritischen Kommentaren versehen. Die Lektüre von christlichen Autoren wie al-Tayyib oder Yahja Ibn Adi lohne nicht, auch nicht die Lektüre von Al-Razi und Isaac Israeli, der nicht mehr als Arzt gewesen sei. Das *Buch der Definitionen* und das *Buch der Elemente* belächelt Maimonides als «Phantastereien, Luftgespinste und Nichtigkeiten», und Israelis Wissen lässt er nur im medizinischen Bereich gelten.

---

[31] *Ibid.*, p. 82.

[32] Indirekt bezieht sich Maimonides wahrscheinlich u.a. auch auf ihn, wenn er an der oben zitierten Stelle (oben, Anm. 18) von der jüdischen philosophischen Tradition in Anadalusien spricht und behauptet, dass «sie in vielen Punkten mit unseren in dem vorliegenden Werke ausgesprochenen Ansichten im Einklang steh[t]». Cf. MOSE BEN MAIMON, *Führer der Unschlüssigen*, *op. cit.*, p. 284.

[33] *Letters and Essays of Moses Maimonides: Critical Edition of the Hebrew and Arabic Letters*, ed. I. SHILAT, Jerusalem, 1988, p. 552-554.

Maimonides definiert sich selbst also als treuen Anhänger jener philosophischen Tradition Andalusiens, die entschiedener als im Osten die Lehre Platons und der Neuplatoniker zugunsten von Aristoteles und der peripatetischen Schule ablehnte. Frühere Denker, die unter neuplatonischem Einfluss standen, wurden deshalb weniger beachtet. Ebenfalls typisch für diese Denkströmung ist die scharfe Ablehnung der islamisch-jüdischen Theologie, nämlich der Kalam. Avicenna, der von Ibn Daud stark rezipiert wurde, ignoriert Maimonides gerade wegen seiner relativen Nähe zur Kalam und zur platonischen Lehre.

Ihrer Bildung nach sind alle drei Autoren, insbesondere aber Ibn Daud und Maimonides, von der philosophischen Tradition stärker geprägt als vom theologischen Schrifttum, greifen sie doch in ihren eigenen Werken auf den philosophischen mehr als auf den theologischen Kanon zurück. Aber da auch dabei eine klare Unterscheidung eher schwierig ist, spiegelt ihr Werk die Durchdringung von Philosophie und Theologie, von wissenschaftlichem und philosophisch-theologischem Denken wider.

Viertes Kriterium: Rezeption

Das Zitieren, wie, was und von wem zitiert wird, erlaubt die Rezeption eines Autors nachzuvollziehen. Das namentliche Erwähnen und die Angabe von Quellen folgen einer rhetorischen Regelung und einer stilistischen Praxis, die einerseits die Selbstdefinition, die subjektive Einschätzung eines Autors und andererseits seine öffentliche Anerkennung, seine objektive Einordnung erkennen lassen.

Halevi wird von Ibn Daud und Maimonides in ihren philosophischen Schriften nie namentlich erwähnt, denn er wurde nicht als Philosoph rezipiert. Aber auch Ibn Daud ist seinerseits nicht als Philosoph rezipiert worden, vielleicht weil er als früher jüdischer Aristoteliker in den Schatten seines denkmächtigen Nachfolgers Maimonides[34] geriet und ignoriert wurde, wie die jüngere Forschung erklärt. Tatsächlich ist Ibn Daud von den Philosophen als Philosoph ignoriert worden, weil er ihnen als Apologet galt. Den *Erhabenen Glauben* hatte er gleichzeitig mit dem *Buch der Tradition* verfasst, und beide sollten eine Reaktion,

---

[34] J. GUTTMANN, *op. cit.*, p. 8ff.; T. A. M. FONTAINE, *op. cit.*, p. 1; A. ERAN, *op. cit.*, p. 20f.

eine historische und eine philosophische Antwort, auf die innere Häresie der Karaiten wie auch auf die Angriffe von der moslemischen und christlichen Seite sein. Dass Ibn Daud in jüdischen Kreisen als Apologet und nicht als Philosoph galt, erklärt, warum er von jüdischen Philosophen ignoriert wurde und warum sein Werk nicht einmal während der hebräischen philosophischen Renaissance im 13. Jahrhundert, sondern erst am Ende des 14. Jahrhunderts ins Hebräische übersetzt wurde – dann allerdings gleich zwei Mal. Diese Übersetzungen wurden nicht in den großen philosophischen Zentren, sondern in Spanien unternommen, denn nach den religiösen und ethnischen Verfolgungen von 1391 warf man der Philosophie vor, die Wiederstandskräfte der Eliten geschwächt[35] zu haben, und suchte nach apologetischer Argumentation, wozu das Werk von Ibn Daud, dessen historische Schriften den spanischen Gelehrten vertraut waren[36], benutzt wurde.

Anders als Halevi und Ibn Daud wurde Maimonides von den jüdischen Rationalisten in der Provence und in Italien ab Anfang des 13. Jahrhunderts als Philosoph rezipiert und schon die ersten Interpreten brachten sein Werk mit der Lehre des Averroes in Verbindung. Die Aschkenazi-Juden dagegen sahen ihn von Anfang an als Lehrer der Halacha an, wobei die Rezeption in der extremen Behauptung R. Jakob Emdens kulminiert, der *Führer der Unschlüssigen* sei eine Verfälschung[37]. In der christlichen Scholastik wiederum wurde Maimonides als Theologe und nicht als Philosoph rezipiert, was die Zitatweise verdeutlicht: Weder in den Schriften der Professoren der Artes noch bei Antiaristotelikern, sondern bei Magistern der Theologie und zwar hauptsächlich in theologischen Schriften wird aus Maimonides Werk

---

[35] Y. BAER, *A History of the Jews in Spain*, Bd. I, Philadelphia, 1961, p. 101-110 und p. 288-305, Bd. II, Philadelphia, 1966, p. 139-150; J. GUTTMANN, *Die Philosophie des Judentums*, München, 1933, p. 206-220; M. HALBERTAL, *Concealment and Revelation: The Secret and its Boundaries in Medieval Jewish Tradition*, Tel Aviv, 2001, p. 86-95 (in hebräischer Sprache).

[36] Diese Beschreibung bestärkt nur die oben genannte Überzeugung, dass Ibn Daud kein Apostat gewesen sein kann. Es ist kaum zu glauben, dass im Jahrzehnt nach den Verfolgungen von 1391 die Schriften eines Mannes, der seinen jüdischen Glauben verlassen hatte, popularisiert wurden.

[37] Cf. A. FUNKENSTEIN, «Das Verhältnis der jüdischen Aufklärung zur mittelalterlichen jüdischen Philosophie», in K. GRÜNDER und N. ROTENSTREICH (eds.), *Aufklärung und Haskala in jüdischer und nichtjüdischer Sicht*, Heidelberg, 1990, p. 13-21, hier p. 16; A. RAVITZKY, «The Secrets of Maimonides: Between the Thirteenth and the Twentieth Centuries», in id., *History and Faith, Studies in Jewish Philosophy*, Amsterdam, 1996, p. 303, n. 184.

zitiert. Auch in den Schriften von Dominikanern wie Albertus Magnus und Thomas von Aquin finden sich Zitate aus Maimonides, allerdings nicht in ihren Kommentaren zu Aristoteles, sondern in ihren Summen und theologischen Traktaten. Im Kontext solcher theologischer Werke steht Maimonides jedoch nicht für den inneren Diskurs einer christlichen Theologie, sondern eher für die Idee einer natürlichen Theologie, die an die heidnischen Philosophen angelehnt ist (*scientia divina*, nicht aber *scientia Dei*). So wurde Maimonides innerhalb der scholastischen Einteilung der Wissenschaften zu einem ‚Philosophen der Theologen'.

Die mittelalterliche Rezeptionsgeschichte ändert sich im Übergang zur Moderne. Von einem gewissen Zeitpunkt an – seit dem 9. Jahrhundert im arabischen und im Laufe des 13. Jahrhunderts auch im lateinischen Raum – gilt im Mittelalter Philosophie als Synonym für Aristotelismus. Diese Entwicklung war im westlichen Teil der moslemischen Welt stärker ausgeprägt als im Osten und hat später das lateinische Abendland beeinflusst. Der Titel ‚Philosoph' galt nicht nur als Bezugnahme auf Aristoteles, sondern hatte definitorische Kraft für die Philosophie als Disziplin. «Während also Bibel und Talmud die Dokumente der Offenbarung waren», was in gleicher Weise für Offenbarungschriften anderer Religionen gilt, «galt Aristoteles als Quelle der Vernunft»[38]. Gegen den aristotelisch geprägten Rationalismus wurden zwei Hauptstrategien virulent: Entweder wurde die Philosophie *qua* aristotelische Philosophie abgelehnt oder es wurde ein alternatives Gedankengebäude aufgestellt. Im mittelalterlichen Diskurs wurden antirationalistische Argumente ganz allgemein als Angriff auf die Philosophie aufgefasst (erst die Moderne griff auf ähnliche Argumente zurück und formulierte ein alternatives philosophisches System). Im modernen Verständnis ist Halevi sowohl dem Wortschatz als auch den Themen nach Philosoph. Dabei steht sein philosophisches Gedankengebäude auf antirationalistischen bzw. antiintellektuellen Fundamenten, denn Elemente wie Sprache, Schrift, Mythos und Tradition drücken ein nominalistisches Weltbild im Sinne eines ‚Kultur-Nominalismus' aus. Halevi vertritt eine besondere Art von radikalem Aristotelismus, der neben die Welt der physikalischen Erscheinungen eine nicht weniger reale Welt der kulturellen Tatsachen stellt. In der Moderne findet sich kein paralleler herrschender Begriff von Philosophie,

[38] M. KÖNIG, *Die Philosophie des Jehuda Halevi und des Abraham Ibn Daud*, Gießen, 1929, p. 7.

und die Philosophie öffnet sich für alternative Deutungen. Nicht selten hängt diese hermeneutische Öffnung mit der neuen Lektüre mittelalterlicher Texte zusammen: So hat der deutsche Idealismus der mittelalterlichen Mystik und dem Neuplatonismus neue Denkimpulse abgewinnen können[39], so hat Franz Rosenzweig aus der Lektüre Halevis[40] eine eigene philosophische Spekulation entwickeln können. Die moderne Erweiterung des Philosophiebegriffs stellt erneut die Frage nach der philosophischen Zuordnung eines Denkers.

Fünftes Kriterium: Erkenntnis und Wissenschaft

In der lateinischen Scholastik des 12. und 13. Jahrhunderts gab es einen kontinuierlichen Versuch, die disziplinäre und systematische Grenze nicht nur zwischen den zwei Forschungsmethoden, sondern auch zwischen ihren zugrundeliegenden Wahrheitsbegriffen zu ziehen. Ein solcher Versuch und die damit zusammenhängende systematische Diskussion gab es in jüdischen Kreisen nur wenig, so dass die Auffassung der Autoren nur aus der näheren Analyse ihrer Texte herauszudestillieren ist.

Halevi argumentiert zugunsten der religiösen Offenbarung und der auf sie zurückgehenden Schriften als der höchsten und wahren Disziplin. Im Bereich der Ethik, also im Streben nach der höchsten menschlichen Vollkommenheit, wie auch im Bereich der Erkenntnis, also bei der Suche nach dem höchsten Wissensinhalt, stellt er das religiöse Handeln und die religiöse Inspiration über die Kraft der natürlichen Vernunft, was einer Ablehnung der Philosophie gleichkommt. So lässt sich zwischen Halevis Hauptwerk, das in Form eines interreligiösen Dialogs geschrieben ist, und den lateinischen Dialogen, Abaelards *Dialogus inter Philosophum, Judaeum et Christianum*[41] und Ramon

---

[39] Cf. z.B. W. BEIERWALTES, *Platonismus und Idealismus*, Frankfurt a. M., 1972.

[40] Cf. zum Beispiel Rosenzweigs Brief an seine Mutter vom 5. 6. 29: «Korrekterweise hätte ich also Jehuda ben Schmuel genannt werden sollen, also genau mit dem Namen des großen Mannes, dessen mittelgroße Wiederverkörperung auf dem Wege des Ibbur ich bin: Jehuda Halevis». In E. ROSENZWEIG (ed.), *Briefe*, Berlin, 1935, p. 628.

[41] PETRUS ABAELARDUS, *Gespräch eines Philosophen, eines Juden und eines Christen (Dialogus inter Philosophum, Iudaeum et Christianum)*, übersetzt von H.-W. KRAUTZ, Frankfurt a. M., 1995, p. 23.

Lulls *Buch vom Heiden und den drei Weisen*[42], ein interessanter Unterschied ausmachen. Ramon Lulls Gesprächspartner sind drei Weise, die außerhalb der Stadtmauern zusammentreffen und zum Spazieren in den Wald gehen, wo sie der *Intelligentia*, also dem Ideal einer natürlichen und universellen Vernunft, begegnen. Diese gemeinsame Offenbarung können die Weisen nur außerhalb der Stadtmauern, außerhalb der Grenzen der konventionellen (religiösen) Zivilisation empfangen, und ebenfalls dort begegnen sie denn auch dem Heiden, der für das gleiche Ideal philosophischer Bildung steht wie sie. Jeder der Weisen kann sowohl mit *Intelligentia* als auch mit dem Heiden reden, der wie sie zur wahren Religion gelangen will. Lull, wie später auch Cusanus[43], beschreibt eine höchst rationalistisch-religiöse Haltung, wie sie auch der ethisch-logisch orientierte Abaelard und der theologisch-politisch orientierte Maimonides vertreten haben. In den neuplatonischen negativen Formulierungen von Maimonides, Lull oder Cusanus werden Sprache, Schrift, Tradition und Mythos sekundär interpretiert, denn der Philosoph als politische Figur gehört einer elitären und universellen Gemeinde an, deren tiefere Religiosität außerhalb der Sprache liegt. Mit diesem rationalen Universalismus hängt die große Häresie der mittelalterlichen Philosophen zusammen, die mit den Namen lateinischer Averroisten verbunden ist, denen der Pariser Bischof Etienne Tempier in seiner Verurteilung von 1277 vorwirft, dass «es keine ausgezeichnetere Lebensform [gibt], als sich frei der Philosophie zu widmen»[44].

Demgegenüber basiert eine anti-rationale Auffassung der Offenbarung nicht auf der Kraft des Einzelnen, über seine materielle Grenze in die göttliche Geistessphäre durchzudringen, sondern im willkürlichen Willen des Göttlichen, sich in konkreter menschlicher geschichtlicher Realität in unendlicher Mannigfaltigkeit zu offenbaren. Das ist die Theologie, die Halevi formuliert. Halevis Dialog findet zwar zwischen ähnlichen Teilnehmern wie bei Lull statt, aber diese kommen in einer rein ‚urbanen', also kulturell bestimmten unutopischen Umgebung zusammen. Der Heide ist bei Halevi ein König, der eher ein religiöses

---

[42] RAIMUNDUS LULLUS, *Das Buch vom Heiden und den drei Weisen*, übersetzt von TH. PINDL, Stuttgart, 1998.

[43] NICOLAUS DE CUSA, *De pace fidei*, ed. R. KLIBANSKY und H. BASCOUR, *Opera omnia*, Bd. VII, Hamburg, 1970.

[44] Pariser Verurteilung, These 40; zitiert nach K. FLASCH, *Aufklärung im Mittelalter? Die Verurteilung von 1277*, Mainz, 1989, p. 137.

und politisches Ideal als ein kontemplatives repräsentiert und der zur dialogischen Situation durch eine Wundertat gelangt, durch eine wiederkehrende Vision, in der ihm ein Engel sagt: «Deine Gesinnungen sind wohl dem Schöpfer wohlgefällig, nicht aber deine Handlungen»[45]. Der König verlangt vom Philosophen, er soll ihm nicht nur die richtige religiöse Meinung, sondern auch das richtige Ritual bzw. die richtige religiöse Handlung vorstellen, was der Philosoph nicht kann, weil es ihm gleichgültig ist, welche Religion der König annehmen will. Die daraus folgende Ablehnung der Philosophie ist hier gleichzeitig auch die Ablehnung der Möglichkeit eines interreligiösen bzw. metareligiösen Dialogs. Auf ähnlicher Weise wie Thomas von Aquin zu Beginn seiner *Summa contra gentiles*[46] behauptet auch Halevi, dass die Philosophen ihren Diskurs zu keiner epistemologischen Entscheidung führen können. «Kurz, überall sind Zweifel zu erheben, und kein Philosoph stimmt mit dem andern ganz überein»[47]. Der philosophische Dialog und seine notwendigen Aporien repräsentieren deshalb den dynamischen bzw. dialektischen und deswegen erlösungslosen Charakter der Philosophie selbst[48]. Die Rationalität, die die philosophische Argumentation auszeichnet, ist im interreligiösen Dialog ausgeschlossen. Die Aussagen der Vertreter des Christentums, des Islams und des Judentums zeigen, dass es sich für Halevi um drei geschlossene, nichtkommunizierende Systeme handelt. Der König als Heide suggeriert zugleich die Möglichkeit eines interreligiösen Dialogs und seine Begrenztheit. Um ein religiöses System überhaupt verstehen zu können, muß sich der König zuerst für eine bestimmte Religion entscheiden.

---

[45] JEHUDA BEN SHMUEL HALEVI, *Das Buch Kusari*, *op. cit.*, I: 1, p. 2.

[46] *S. Thomae Aquinatis Summa Philosophica seu De veritate Catholicae Fidei contra Gentiles*, lib. 1, cap. 4, Paris, 1925, p. 5: «quod investigationi rationis humanae plerumque falsitas admiscetur, propter debilitatem intellectus nostri in judicando et phantasmatum permixtionem. Et ideo apud multos in dubitatione remanerent ea, quae sunt verissime etiam demonstrata, dum vim demonstrationis ignorant, et praecipue cum videant a diversis, qui sapientes dicuntur, diversa doceri. [...] Et ideo oportuit, per via fidei, fixa certitudine, ipsam veritatem de rebus divinis hominibus exhiberi». Diese Argumentation des Aquinaten steht ihrerseits in enger Beziehung zu Maimonides' Diskussion im *Führer der Unschlüssigen*, *op. cit.*, I: 34. Cf. dazu A. WOHLMAN, *Thomas d'Aquin et Maimonide. Un Dialogue exemplaire*, Paris, 1988, p. 165-205.

[47] JEHUDA BEN SHMUEL HALEVI, *Das Buch Kusari*, *op. cit.*, V: 14, p. 406; und cf. in seinem oben zitierten hebräischen Gedicht H. BRODY (ed.), *op. cit.*, p. 166, 59-60: «Höre die Aussage ihre verwirrten Weisen / gebildet auf Fundamente von Leere und Tünche».

[48] JEHUDA BEN SHMUEL HALEVI, *Das Buch Kusari*, *op. cit.*, IV: 5, p. 326f.

Obgleich die drei Religionen nach den Aussagen ihrer Vertreter gemeinsame Themen behandeln – die Einheit Gottes, die Schöpfung aus dem Nichts, die Prophezeiung, Gottes Vorsehung u.a. –, bedeutet diese inhaltliche Übereinstimmung nur einen zweiten Rang der Religiosität, weil sie keine Rolle in der Ausformung der religiösen Gewissheit spielt. Das religiöse Phänomen ist nicht auf die Ratio bzw. auf die rationalen Glaubenswahrheiten reduzierbar, denn diese werden nur als Konsequenz eines schon existierenden Glaubens angenommen. Es kann also bei Halevi kein ‚Diskurs im Wald' stattfinden; überhaupt kein interkultureller Diskurs. Halevis philosophisch-theologischer Auffassung nach ist es nicht möglich, die Grenze seiner eigenen Tradition zu überschreiten. Dass er dennoch eine Geschichte von religiöser Konversion erzählt, weist darauf hin, dass er von dem spezifischen Fall der Khazaren, einem historisch verbürgten Vorfall, wusste.

Maimonides unterscheidet nicht, weder zwischen philosophischer und theologischer Erkenntnis noch zwischen jüdischem und nicht jüdischem Wissen. Es gibt für ihn nur einen einzigen Wahrheitsbegriff und nur eine einzige menschliche Erkenntnisweise, und zwar die philosophische[49]. Im *Führer der Unschlüssigen* werden die philosophischen Inhalte, nämlich Physik, Metaphysik und Ethik, zum inneren Kern des jüdischen Glaubens, zu einem esoterischen Geheimwissen der intellektuellen Elite stilisiert. So wurde Maimonides von seinen jüdischen Gegnern für seine esoterische Einstellung kritisiert, nach der die intellektuelle Vollkommenheit, also die Annäherung an Gott, den Philosophen, unabhängig von ihrer Konfession, möglich ist, während die Masse, auch wiederum unabhängig von der Konfession, keinen Zugang dazu finden kann. In diesem Zusammenhang lässt sich auch das rationalistische Dilemma seiner Offenbarungstheologie ausmachen. Wenn Maimonides die Offenbarung Gottes am Berg Sinai beschreibt, unterscheidet er zwischen der Offenbarung, die Moses als Prophet, Philosoph und Gesetzgeber erfuhr, und derjenigen des Volkes Israel:

[49] Zum Vergleich zwischen den epistemologischen Voraussetzungen Maimonides' und Halevis, wie sie in ihrer Darstellung der Prophezeiung zum Ausdruck kommen, cf. H. A. WOLFSON, «Hallevi and Maimonides on Prophecy», in *Jewish Quarterly Review*, 32 (1941-42), p. 345-370; *Jewish Quarterly Review*, 33 (1942-43), p. 49-82.

> Es ist mir einleuchtend, dass bei der Offenbarung auf dem Berge Sinai nicht alles, was Moses zuteil wurde, ganz Israel zuteil wurde. Vielmehr erging die Rede an Moses allein[50].

Nur der Erstere, der «Ehrwürdigste unter allen Geborenen», konnte die unbestimmte und unheimliche Rede Gottes in eine apodiktische Sprache übersetzen. Das Volk durfte nicht auf den Berg steigen, sondern musste sich mit dem Wort Mose begnügen. Aber in Anlehnung an rabbinische Quellen betont Maimonides, das gesamte Volk habe die zwei ersten Gebote unabhängig von Moses erhalten. Damit ist ein theologisch-politisches Postulat verbunden: Weil jene Wahrheiten, die in den zwei ersten Geboten formuliert sind, allgemein erkannt werden konnten («[...] weil diese beiden Grundlehren, nämlich das Dasein und die Einheit Gottes, in Wahrheit durch die menschliche Forschung erkannt werden können»), bezeichnen sie eine universelle natürliche Erkenntnis. In Bezug auf den einzigen Wahrheitsbegriff unterscheidet Maimonides zwischen den Menschen im Allgemeinen, die nur einzelne universelle Teile der Wahrheit anerkennen können, und den einzelnen, philosophisch gebildeten Menschen die größeren Zugang dazu haben.

Ibn Dauds Versuch, die Grenze zwischen der philosophischen und der religiösen Erkenntnis durchlässiger zu machen, lässt sich zwischen der Haltung von Maimonides und derjenigen von Halevi einordnen. Nach Ibn Daud kann die religiöse Botschaft keinesfalls irrational sein, und in dieser Hinsicht steht er Maimonides nahe, wobei es ihm wichtig erscheint, ähnlich wie bei Halevi, zwischen dem, was jüdisch, und dem, was nicht jüdisch ist, eindeutig zu unterscheiden. Dies hat er in seiner Erkenntnistheorie ebenso wie in seiner Darstellung der Prophetie formuliert. Aber dabei lässt er die höchste rationale Ebene der Prophezeiung aus, jene Ebene, auf der der Prophet von seiner imaginativen Kraft nicht mehr abhängig ist, weil er die reine immaterielle Sphäre erreicht hat – jene Stufe also, die bei Avicenna wie auch bei Maimonides als Gipfel der Erkenntnislehre gilt und die zu einer Verbindung religiöser und philosophischer Ideale beiträgt. Gerade deshalb gilt solche intellektuelle Vollkomenheit im Bereich der Prophetie für Ibn Daud als gefährlich, weil darin alle kulturellen Grenzen verschwinden[51].

---

[50] Cf. MOSE BEN MAIMON, *Führer der Unschlüsigen*, *op. cit.*, II: 33, Bd. II, p. 227f.
[51] Cf. A. ERAN, *op. cit.*, p. 223f.

Sechstes Kriterium: Sozio-linguistische Zugehörigkeit

Für die mittelalterliche jüdische Spekulation des 9. bis 13. Jahrhunderts ist die linguistische Wanderung zwischen Arabisch, Hebräisch und den europäischen Vernacularia ein wichtiges Kriterium der Einordnung. Alle drei Autoren, die in diesem Artikel behandelt wurden, gehören der andalusischen Intelligenzia an. «Certainly the processes of reasoning and abstraction came most easily to him in Arabic», schreibt Gerson Cohen über Ibn Daud, «as they had to ha-Levi and Maimonides»[52]. Für alle drei waren sowohl Hebräisch als auch Arabisch gleichermaßen zugängliche Schriftsprachen. Symbolisch und vielleicht auch absichtlich politisch ist diese Kombination hinsichtlich der Verwendung der jüdisch-arabischen Sprache, eines Idioms, dem ein Moment von gleichzeitiger Zugehörigkeit und Entfremdung zu ihrer arabischen kulturellen Umgebung eigen ist. Abgesehen von Spuren einer früheren Beschäftigung mit Latein und Spanisch, die sich bei Ibn Daud ausmachen lassen, wählen alle drei Autoren das Arabische als Sprache ihrer philosophischen Überlegungen aus. Die gewählte Schrift-Sprache kann also als Hinweis auf den philosophischen Inhalt und somit auf die Selbstdefinition als Philosophen dienen. Denn für die Gedichte wählt Halevi, wie Maimonides für seine halachischen Werke, das Hebräische, während sie das Arabische vorziehen, wenn sie einen abstrakten Wortschatz benötigen. Der Begrifflichkeit nach gehören alle drei Autoren der gleichen philosophischen Kultur an. Die je nach Inhalt der verfassten Schrift gewählte Sprache führt gerade bei Halevi zu einer paradoxen Haltung: Einerseits hält er das Hebräische für die vollkommene und göttliche Sprache, die sich von allen anderen in Konvention begründeten Sprachen ontologisch unterscheidet, andererseits erkennt er das Arabische, indem er es für seine spekulativen Schriften benutzt, als die wahre Sprache des Philosophierens und der Philosophie an. Diese pragmatische Verwendung der Sprache je nach dem Bedürfnis der zu verfassenden Schrift schien Halevi selbstverständlich gewesen zu sein, jedenfalls sind keine Spuren einer Spannung erkennbar. Die Hinwendung zum Hebräischen als philosophischer Sprache begann erst später, v.a. seit dem 13. Jahrhundert, und zwar im Abendland bei den im christlichen lateinischen Raum lebenden Juden[53].

---

[52] G. D. COHEN, «Introduction» in ABRAHAM IBN DAUD, *The Book of Tradition*, *op. cit.*, p. xxiii.

[53] Eine interessante Frage bezüglich dieser linguistischen Entwicklung stellen die

Zusammenfassung

Auf der Basis dieser Kriterien möchte ich nun eine Zuordnung der drei hier behandelten Autoren vorschlagen.

Halevi lässt sich als ein Denker beschreiben, der sich selbst nicht als Philosoph, sondern als Angehöriger einer bestimmten Strömung der Kalam ansieht (1), der kein philosophisches Werk hinterlassen hat (2), der dennoch philosophische Kenntnisse besaß (3), der in der mittelalterlichen Literatur nicht als Philosoph rezipiert wurde (4), der vor allem wegen seiner systematischen Diskussion bezüglich des Status der Philosophie gegenüber der Theologie (5), die er in der damaligen Sprache der Philosophie, auf Arabisch, verfasste (6), einen festen Platz in der philosophischen Tradition der Moderne fand (4).

Ibn Daud lässt sich als ein Denker beschreiben, der sich selbst unter anderem auch als Philosoph betrachtete (1), der kein systematisches philosophisches Werk geschrieben, aber große Teile seines Werkes im philosophischen und wissenschaftlichen Stil verfasst hat (2), der eine umfassende philosophische Bildung besaß (3), der in der mittelalterlichen Literatur nur bedingt als Philosoph rezipiert wurde (4), vielleicht auch weil er in der epistemologischen Debatte zwischen philosophischer und religiöser Erkenntnisweise keine klare Haltung bezogen hat (5), der die seiner Epoche typische sprachliche doppelte Zugehörigkeit aufweist (6) und der im philosophischen Kanon noch eine Randposition besetzt.

Maimonides ist besonders schwerer einzuordnen. Der Selbstdefinition nach ist er Philosoph (1), aber auch er hat keine systematische

---

Beziehungen zwischen jenem neuen hebräischen Vokabular und den zur gleichen Zeit entwickelten europäischen Vernacularia als Schriftsprachen dar. Beide Phänomene sind eng mit der Entwicklung der neuen mystischen Strömungen der Zeit verbunden, die zum großen Teil durch die Übernahme philosophischer Spekulation innerhalb einer höchst religiösen Sprache charakterisiert sind. So behauptet Joseph Dan in einer jüngeren Studie, die Entstehung der kabbalistischen Literatur sei mit diesem semiotischen Wandel eng verbunden, da hier zum ersten Mal in der jüdischen Geschichte das philosophische und das sakrale Vokabular im Rahmen einer einzigen Sprache zusammengefasst sind. Cf. J. DAN, *The ‚Unique Cherub' Circle: A School of Mystics and Esoterics in Medieval Germany*, Tübingen, 1999, p. 5.

philosophische Abhandlung geschrieben (2), lässt sich dennoch der arabischen philosophischen Tradition Andalusiens zurechnen (3) und ist von den jüdischen Rationalisten als Philosoph rezipiert worden (4), auch wenn manchmal der *Führer der Unschlüssigen* zugunsten der halachischen Werke ignoriert[54] wurde. In der epistemologischen Auseinandersetzung bezieht Maimonides eine eindeutige rationalistische Position, stellt die Suche nach der Wahrheit als religiöse Pflicht dar, die jede menschliche Erkenntnis bestimme. (5) Auch er hat die Sprache, in der er seine Werke verfasst, je nach thematischen Bedürfnissen gewählt (6), bezweifelte sogar die Möglichkeit, seine philosophischen, also auf Arabisch geschriebenen Schriften ins Hebräische zu übersetzen. Mehr als Halevi und Ibn Daud ist die moderne Etikettierung von Maimonides als Philosoph oder als Theologe schwankend.

Die hier aufgestellten Kriterien sind nur Hilfsmittel, um die Schwierigkeiten der Zuordnung eines Autors zur Philosophie oder Theologie zu verstehen – sie können jedoch diese Zuordnung insofern erleichtern, als sie deutlich machen, dass sie nur bedingt möglich und zulässig ist. Denn wenn jedes Kriterium gilt, wird deutlich, dass jeder der behandelten Denker, wie auch andere mittelalterliche Denker, manchmal Theologe, manchmal Philosoph ist – zu erkennen, wann ein Autor als Theologe und wann er als Philosoph auftritt, wäre ein entscheidender Beitrag zum Verständnis der mittelalterlichen intellektuellen Konstellation.

[54] Eine interessante Ausnahme findet sich in den Schriften Abulafias, der als Kabbalist drei Kommentare zu Maimonides' *Führer der Unschlüssigen* verfasst hat; cf. M. IDEL, *Maimonide et la mystique juive*, Paris, 1991.

JOSEP MANUEL UDINA

(Universitat Autònoma de Barcelona)

DIE DISKUSSION ZWISCHEN METAPHYSIKERN UND HEBRÄISCHEN THEOLOGEN: MAIMONIDES

I. Einleitung als Fragestellung

Im zweiten Teil seiner *Vorlesungen über die Geschichte der Philosophie* widmet Hegel der mittelalterlichen ‚arabischen' Philosophie einen kurzen Abschnitt von zehn Seiten[1]: nur zehn Seiten!, die halbe Seitenzahl von der, die er kurz vorher für seine ‚Einleitung' ins mittelalterliche Denken (das heißt eine Haupteinleitung ins Christentum im allgemeinen und in die Patristik im besonderen) aufgewandt hatte[2]; im Gegensatz dazu reserviert er gleich darauf der christlichen ‚scholastischen' Philosophie einen anderen Abschnitt von mehr als siebzig Seiten[3]. Von den dem arabischen Denken gewidmeten zehn Seiten gehört nicht einmal eine ganze dem Judentum zu[4]; Hegel erwähnt hier nur kurz Maimonides, über dessen philosophische Bedeutung er lediglich schreibt:

> Wir finden bei Moses Maimonides sehr strenge abstrakte Metaphysik, die sich nach Art Philons mit den mosaischen Büchern und deren Explikation verknüpfte[5].

---

[1] Cf. G. W. F. HEGEL, *Vorlesungen über die Geschichte der Philosophie*, Bd. II, Frankfurt, 1986, p. 514-524.

[2] Cf. *ibid.*, p. 493-513.

[3] Cf. *ibid.*, p. 524-600. Dagegen nimmt der erste Teil der *Vorlesungen* (über die Geschichte der griechischen Philosophie) etwa fünfhundert Seiten ein.

[4] Cf. *ibid.*, p. 523-524.

[5] Cf. *ibid.*, p. 524.

Dass sich Hegel bezüglich Maimonides so kurz und oberflächlich fasst, ist nicht weiter überraschend, wenn man seine eindeutige Judenfeindlichkeit im Auge hat, von der die ganzen hegelschen Werke ausdauerndes Zeugnis ablegen[6]. Was allerdings überrascht, ist die Tatsache, dass Hegel gerade Maimonides' Werk *More Nevukhim* (nach der Übersetzung von Buxtorf 1629 auch *Doctor perplexorum* benannt) verwendet, um ein abschließendes kritisches Urteil über das islamische Denken des Mittelalters abzugeben: Hegel begründet sein Resümee des islamischen Denkens auf zahlreichen und ausgedehnten Zitaten aus dem *Führer der Unschlüssigen*[7]; die Zitate richten sich gegen die ‚Sekten' der ‚Muatzali' und der ‚Dewarim'[8]; und vor allem gegen die Sekte der ‚Meddaberim'[9]. Warum zitiert Hegel das von Maimonides auf Arabisch mit hebräischen Buchstaben geschriebene Werk *Dalalat al-Ha'irin*, um das mittelalterliche arabische Denken zu kritisieren?

Zur Beantwortung dieser Frage kommen wir nicht umhin, andere mit Maimonides streng verbundene Fragen zu stellen (schließlich hat dieser Beitrag nicht Hegel, sondern Moses ben Maimun zum Thema!): 1) was genau kritisierte Maimonides in den Kapiteln 71 und 73 des ersten Teils seines berühmtesten Werks – oder welchen Sinn, welche Reichweite hatte seine Kritik?; 2) erreichte diese Kritik ihr Ziel, ihren Zweck[10]?

Es ist ein Gemeinplatz, dass Hegel nur eingeschränkte Kenntnis von der östlichen Welt und nur wenig Interesse für sie hatte. Bedeutender aber scheint mir die Frage zu sein, warum er Maimonides – das ‚universale Genie' beziehungsweise den für die Juden ‚zweiten Moses' –

---

[6] Die nicht nur judenfeindliche, sondern auch christenfeindliche Jugendhaltung Hegels (in Tübingen, Bern und Frankfurt zwischen 1792 und 1797) verwandelte sich in eine ganz neue hegelsche Haltung gegen 1798 in Frankfurt (erinnern wir uns an *Den Geist des Christentums und sein Schicksal* oder an die zweite Fassung der *Positivität der christlichen Religion*). Diese neue Haltung, die nicht mehr gegen, sondern ausschließlich für das Christentum war, blieb gleichwohl fest judenfeindlich und ist während des ganzen Lebens und Werkes Hegels unveränderlich geblieben. Cf. dazu F. FERNÁNDEZ LIRIA, *Hegel y el judaismo*, Barcelona, 2000, p. 175.

[7] Kapitel 71 und 73 des ersten Teils des Werks. Zur lateinischen Übersetzung von Johannes Buxtorf (1599-1664) cf. C. CARRETE, «La versión bíblica del *Doctor Perplexorum* por Juan Buxtorf», in T. ALEXANDER u.a. (eds.), *Sobre la vida y obra de Maimónides*, Córdoba, 1991, p. 67-78.

[8] Cf. HEGEL, *op. cit.*, p. 515.

[9] Cf. HEGEL, *op. cit.*, p. 515, p. 518-521.

[10] Cf. unten II («Maimonides und die hebräischen Theologen») und III («Grenzen, eine falsche Frage und offene Fragen») bezüglich der ersten und der zweiten Frage.

als Quelle einer Kritik der östlichen Philosophie unter anderen möglichen Quellen auswählte[11].

Ich meine, der Grund hierfür ist, dass Maimonides' Kritik eine so große Anstrengung der Vernunft und der logischen philosophischen Arbeit an den Tag legte, dass Hegel sich notwendigerweise dafür begeistern musste, genau so wie er auch für den Erzbischof von Canterbury schwärmte und das Zitat aus dessen *Cur Deus homo* I, 2 als Leitmotiv des anselmschen Denkens entnahm:

> Es scheint mir eine Nachlässigkeit zu sein, wenn wir im Glauben fest sind und nicht suchen, das, was wir glauben, auch zu begreifen[12].

Und der deutsche Professor erläutert gleich danach seinen Studenten mit Blick auf Kant und Jacobi und deren romantischen gefühlvollen Zeitgeist:

> Jetzt erklärt man dies [das heißt den Satz Anselms] für Hochmut; unmittelbares Wissen, Glauben hält man für höher als Erkennen. Anselmus aber und die Scholastiker haben das Gegenteil sich zum Zweck gemacht[13].

Solch ein Lob kann Hegel auf Averroes nicht anwenden, denn er begreift ihn – hier Brucker und Tennemann folgend – als einen ‚Kommentator des Aristoteles'[14]; aber er wendet dieses Lob auch nicht

[11] Für die Charakterisierung von Maimonides als ‚universales Genie' cf. D. GONZALO MAESO, «Maimónides, genio universal», in T. ALEXANDER u.a. (eds.), *op. cit.*, p. 251-264. Für die Charakterisierung von Maimonides als ‚zweiter Moses' cf. N. ROTH, «The Jews in Spain at the Time of Maimonides», in N. ROTH u.a. (eds.), *Moses Maimonides and His Time*, Washington D.C., 1989, p. 3 («From Moses to Moses, none arose like Moses» [Judah al-Harizi über Maimonides]); A. J. HERSCHEL, *Maimónides* [spanische Übersetzung der ins Englische übersetzten deutschen Ausgabe 1935], Barcelona, 1984, p. 312; H. KREISEL, «Moses Maimonides», in D. H. FRANK u.a. (eds.), *History of Jewish Philosophy*, London/New York, 1997, p. 245; cf. auch J. L. BLAU, «Foreword», in HABERMAN, *Maimonides and Aquinas. A Contemporary Appraisal*, New York, 1979, p. XI («For jewish tradition, Moses the son of Maimon was *the* philosopher even as the biblical Moses was *the* lawgiver»). Für andere Charakterisierungen (wie z.B. ‚Israels Adler') cf. P. B. FENTON, «The Literary Legacy of Maimonides' Descendants», in T. ALEXANDER u.a. (eds.), *op. cit.*, p. 149.

[12] HEGEL, *op. cit.*, p. 554.

[13] *Ibid.*

[14] *Ibid.*, p. 523.

auf Maimonides an, sondern nur auf Anselm und die christliche Scholastik. In diesem Sinn zeigt sich, dass Hegel weder die eigentliche Bedeutung noch die Reichweite der Kritik des Maimonides im Grunde erkannt hat; gemeint ist hier die Kritik, die der große Rabbi gegen die vorausgehenden Denker richtet, und zwar genau in den Kapiteln (71 und 73) des ersten Teils des *More Nevukhim*, aus denen Hegel in seinen *Vorlesungen* mehrere Textstellen entnommen hat.

Ich komme damit auf die erste der zwei zuvor gestellten Fragen zurück: Welche Reichweite und welchen Sinn hat Maimonides' Kritik an der Philosophie und der Theologie seiner Zeit? Wir treten damit nun in das Thema unseres Beitrags über RaMBaM ein.

II. Maimonides und die hebräischen Theologen

Maimonides war und ist als RaMBaM bekannt. Aber RaMBaM ist das Akrostichon nicht nur von ‚Rabbi Moses Ben-Maimun', sondern auch von ‚Rosh Medaberim Bejol Makom', das heißt: ‚Der erste, der an jedem Ort spricht'[15]. Die Erwähnung des Akrostichons ist hier angebracht, weil Maimonides in den in Frage stehenden Kapiteln seines Hauptwerkes den Ausdruck ‚*an* jedem Ort' verwendet, insofern er in der Tat ‚*in Hinblick auf* jeden Ort' spricht: nicht nur in Hinblick auf den Ort der Juden, sondern auch in Hinblick auf den Ort der Muslime und der Christen selbst. Am Ende des ersten Teils vom *Führer der Unschlüssigen*, genau wie am Anfang des zweiten Teils dieses Werks, kritisierte der Rabbi die Mehrzahl der vorausgehenden oder zeitgenössischen islamischen Denker (Theologen oder Philosophen, *muatzali* oder *falasifa*) wegen ihres Mangels an rationaler Ernsthaftigkeit; gleichzeitig kritisierte er aber auch die Mehrzahl der vorausgehenden und zeitgenössischen jüdischen Denker (Theologen oder Philosophen), die den islamischen folgten oder sie nachahmten; und schließlich kritisierte er die Mehrzahl der vorausgehenden christlichen Denker, mit denen Muslime und Juden übereinstimmten. Diese Kritik, die ganz rational sein will, zielt darauf, die eigene theologisch-philosophische Haltung zu rechtfertigen[16]. Mindestens in der Absicht ist diese Haltung so radikal

[15] M. ORIAN, *Maimónides. Vida, pensamiento y obra*, Barcelona, 1984, p. 15.

[16] Zur Absicht der maimonidischen Dialektik im Zusammenhang mit den jüdischen Scholastikern cf. M. CRUZ HERNÁNDEZ, «Maimonides como *faylasûf*», in T. ALEXANDER

wie die Haltung Anselms, die Hegel so sehr preist. Noch genauer: die Haltung, das Ziel und der Zweck des Maimonides sind, trotz Hegel, radikaler als die Haltung und der ‚Zweck' des ‚Anselmus' und der christlichen ‚Scholastiker'.

Für Maimonides besteht das Problem nicht so sehr im islamischen *kalam*, als vielmehr in der theologischen Reflexion der Christen der ersten Jahrhunderte:

> Wisse jedoch, dass alles, was die Araber, und zwar die Mutaziliten und Aschariten, in betreff dieser Fragen gesagt haben, Ansichten sind, die auf Behauptungen und Heischesätzen beruhen, die den Schriften der Griechen und der Syrer entnommen sind, die eifrig gegen die Meinungen der [alten griechischen] Philosophen ankämpfen und deren Aussprüche zu widerlegen trachten. Dies hat seinen Grund darin, dass nach der Verbreitung des Christentums unter diesen Völkern, in denen die Ansichten der Philosophen [des antiken Griechenlands] in allgemeinem Ansehen standen – denn von diesen ist ja die Philosophie ausgegangen –, und der Geltendmachung seiner bekannten Lehren [der Lehre nämlich von der Dreieinigkeit, der Menschwerdung und des Opfertodes Christi] infolge des Auftretens glaubenstreuer Herrscher [insbesondere Theodosius II und Justinian], die [dem Christentum ergebenen] Lehrer jener Zeitalter unter den Griechen und Syrern einsahen, dass diese Lehren von den Lehrmeinungen der [alten griechischen] Philosophen vollständig und klar widerlegt werden könnten. [...] Als nun nach dem Auftreten des Islams die Schriften der Philosophen ins Arabische übertragen wurden, wurden auch diese Entgegnungen übersetzt, die gegen die Schriften der [alten griechischen] Philosophen gerichtet waren[17].

Vom Islam bekamen die mittelalterlichen Juden auch die folgende Erbschaft:

> Die Spanier, die Andalusier unseres Glaubens, hielten durchaus an den Lehren der [peripatetischen] Philosophen fest und neigten sich, insoweit diese den Grundlehren unserer Religion nicht widerstreiten, deren Ansichten zu[18].

---

u.a. (eds.), *op. cit.*, p. 82-93; und O. LEAMAN, *Moses Maimonides*, London/New York, 1990, p. 85-99 (Kap. 5: «The Assault on the *kalam*»).

[17] MOSES MAIMONIDES, *Führer der Unschlüssigen*, übersetzt von A. WEISS, Hamburg ²1972, Bd. I, p. 284-286.

[18] *Ibid.*, Bd. I, p. 284. Cf. zum stolzen Bewusstsein, das Maimonides von seinem Ursprung als *Sephardit* hatte, obwohl er mit zwanzig Jahren Spanien verlassen musste, N.

Aber die kritische Aneignung dieser alten Erbschaft durch die islamischen Denker brachte eigenartige Wendungen mit sich:

> Sie wählten von den Ansichten der älteren Philosophen dasjenige, was die, die es wählten, als nützlich für sich erachteten, obgleich die neueren Philosophen dessen Unrichtigkeit bereits erwiesen hatten, wie zum Beispiel die Lehre von den Atomen und vom leeren Raume. Bald aber sahen sie ein, dass diese Fragen allen Religionen, die sich auf eine Offenbarung stützten, gemeinsam seien und dass diese alle dieser Lehrsätze bedurften[19].

Bis hier erstreckt sich der lange Schatten von Aristoteles, obwohl hier nicht der reine Aristoteles spricht, wie bei Averroes, sondern ein durch al-Farabi und Ibn Bajja (Avempace) vermittelter Aristoteles[20]. Aristoteles' Autorität in der Widerlegung der Philosophen der vorausgehenden Zeit war unbestreitbar für Rabbi Moses[21]. Schon ein

---

ROTH, «Maimonides as Spaniard: National Consciousness of a Medieval Jew», in T. ALEXANDER u.a. (eds.), *op. cit.*, p. 463-472; Bezüglich der überreichen Bildung, die der junge Maimonides in *Sepharad* erhielt, cf. auch N. ROTH, «The Jews in Spain at the Time of Maimonides», in N. ROTH u.a. (eds.), *op. cit.*, p. 1-20. Zur Christen- und Judenverfolgung der Almohaden cf. M. CRUZ HERNÁNDEZ, «Maimónides como *faylasûf*», und M. ORFALI, «Maimónides ante el problema de las conversiones simuladas: tolerancia y *halajá*», in T. ALEXANDER u.a. (eds.), *op. cit.*, p. 79f. und p. 375-393.

19 MAIMONIDES, *Führer der Unschlüssigen*, *op. cit.*, Bd. I, p. 286.

20 Siehe zu Maimonides' Aristotelismus J. A. GARCÍA-JUNCEDA, «Presencia de Aristóteles en Maimónides», und A. MARTÍNEZ LORCA, «Del Dios aristotélico al Dios judío. Reflexiones sobre el aristotelismo en Maimónides», in T. ALEXANDER u.a. (eds.), *op. cit.*, p. 197-207 und p. 359-374; und R. RAMÓN GUERRERO, *Filosofías árabe y judía*, Madrid, 2001, p. 283f. Zu al-Farabis Wirkung auf Maimonides cf. R. RAMÓN GUERRERO, «Filosofía árabe y judía: Al-Farabi y Maimónides», in T. ALEXANDER u.a. (eds.), *op. cit.*, p. 423-430.

21 Cf. die Einleitung des zweiten Teils von Maimonides' Hauptwerk; cf. auch das Kap. 73 des ersten Teils, am Anfang (erste und zweite These), über Atomismus und Lehre der Leere (MAIMONIDES, *Führer der Unschlüssigen*, *op. cit.*, Bd. I, p. 315, 317-319). Für eine Kritik an den Konsequenzen cf. MAIMONIDES, *Führer der Unschlüssigen*, *op. cit.*, Bd. I, p. 393-394. Ausgehend von Thesen wie dieser stellten die Dialektiker (oder Mutakalim) die Methoden auf, mit denen sie die Schöpfung der Welt und das Dasein Gottes beweisen wollten (*sieben* Methoden: Kap. 74), sowie die Einheit (oder Einigkeit) Gottes (*fünf* Methoden: Kap. 75) und seine Unkörperlichkeit (*drei* Methoden: Kap. 76). Außerdem wird Maimonides' Gewissheit über die Schwäche dieser Methoden durch die Tatsache reflektiert, dass er nach der Vorlegung derselben den folgenden Schluss zieht: MAIMONIDES, *Führer der Unschlüssigen*, *op. cit.*, Bd. I, p. 393: «Sie machen uns des Beweises für das Dasein, für die Einheit und Unkörperlichkeit Gottes verlustig» – anders gesagt, sie haben diesen Beweis unmöglich gemacht –, «da die Beweise, durch die alles dies erhellt, durchaus aus der wirklichen und sichtbaren Natur der Dinge, welche durch

Jahrhundert vor der Anerkennung durch die christliche Scholastik bezeugt Maimonides seinen tiefen Respekt vor der aristotelischen Autorität:

> Mit einem Worte, die älteren zum Christentum übergetretenen griechischen und die mohammedanischen Dialektiker ließen sich in ihren Behauptungen schlechterdings nicht davon leiten, was von dem Zustande des Seienden auf den ersten Blick ersichtlich ist [ersten Blick, den der Peripatetismus dagegen ganz gut versteht und begreift], sondern sie erwogen, wie das Seiende beschaffen sein müsste, um als Argument für die Wahrheit ihrer Ansichten zu dienen oder ihr wenigstens nicht zu widersprechen. [... Aber] im allgemeinen sage ich, die Sache verhält sich so, wie es Themistius sagt: Die Wirklichkeit richtet sich nicht nach den Meinungen, sondern die wahren Meinungen müssen sich nach der Wirklichkeit richten[22].

Trotzdem ist der Aristotelismus von Maimonides nicht ohne Einschränkungen. Es gibt Probleme, wie die Frage der Schöpfung, in denen der Rabbi mit dem Denker aus Stagira nicht einstimmen wird[23]. Aber seine Differenzen sind völlig anders als die von den früheren Denkern aus der Welt des Islams und des Judentums:

> Nachdem sie diese Lehrsätze aufgestellt hatten, die ich dir mitteilen werde, entschieden sie nach ihrem Beweisverfahren apodiktisch, dass die Welt

---

die Sinne und durch das Denken bekannt wird, hergeleitet werden müssen». Das heißt: es ist die Natur des Seienden, was uns Aristoteles zeigt, nachdem er Theorien wie die Lehre der Leere oder den Atomismus widerlegt. Es handelt sich nämlich um Theorien, die weder «durch die Sinne» noch «durch das Denken» erfasst werden können (cf. MAIMONIDES, *The Guide of the Perplexed*, translated by S. PINES, Chicago/London 1963, Bd. I, p. 231: «For the demonstrations by means of which all this can be made clear, can only be taken from the permanent nature of what exists, a nature that can be seen and aprehended by the senses and the intellect»).

[22] MAIMONIDES, *Führer der Unschlüssigen*, *op. cit.*, Bd. I, p. 288-290.

[23] Siehe hierzu A. AXELROD-KORENBROT, *Maimónides filósofo*, México D. F., 1981, p. 115-129 (Kap. 8: «La creación del mundo»); M. BRASA, «Maimónides en la historia de la filosofía», in T. ALEXANDER u.a. (eds.), *op. cit.*, p. 47-51; W. DUNPHY, «Maimonides' Not-So-Secret Position on Creation», in N. ROTH u.a. (eds.), *op. cit.*, p. 151-172 (Kap. 9); M. FOX, *Interpreting Maimonides. Studies in Methodology, Metaphysics and Moral Philosophy*, Chicago/London, 1990, p. 251-296 (Kap. 10: «Creation or Eternity: God in Relation to the World»); H. KREISEL, «God, the Divine Attributes, and the Proofs for Existence» (*Guide* I, 50 - II, 1) und «Creation, Eternity, and the Account of the Beginning» (*Guide* II, 13, 31), in D. H. FRANK u.a. [eds.], *History of Jewish Philosophy*, London/New York, 1997, p. 252-262; und O. LEAMAN, *op. cit.*, p. 64-84 (Kap. 4: «How Did God Create the World?»).

> erschaffen ist. Sobald aber feststehe, dass die Welt erschaffen ist, stehe auch ohne Zweifel fest, dass sie einen Schöpfer habe. Hierauf erbringen sie Beweise, dass der Schöpfer Einer sei, und dann stellen sie, da er Einer ist, fest, dass er unkörperlich sei. Dies ist hinsichtlich dieser Frage das Verfahren jedes arabischen Dialektikers, und ebenso machen es ihre Nachahmer unseres Glaubens, die auch ihre Methoden befolgen. [...] Einig sind sie nur darin, dass die Welt erschaffen ist, und, wenn dies gilt, sei auch bewiesen, dass ein Schöpfer dasein müsse[24].

Dagegen sagt der Rabbi:

> [I]ch schlage dabei im allgemeinen folgendes Verfahren ein: Ich sage nämlich, die Welt kann nicht anders als entweder erschaffen oder unerschaffen sein. Ist sie erschaffen, so hat sie ohne Zweifel einen Schöpfer. Dies ist nämlich eine unmittelbar einleuchtende Wahrheit, weil das Erschaffene sich nicht selbst erschaffen kann, vielmehr sein Schöpfer etwas außer ihm sein muss. Der Schöpfer der Welt ist also Gott. Wäre aber die Welt unerschaffen, so müsste, wenn dies bewiesen ist, daraus unbedingt folgen, dass es Ein Seiendes gibt außerhalb aller körperlichen Dinge der Welt, welches weder ein Körper noch eine Kraft in einem Körper ist, und dieses muss ein einziges, immer und ewig Bestehendes sein, das keine Ursache hat und sich nicht verändern kann, und dieses Seiende ist Gott. Es ist dir nunmehr dargelegt, dass die Beweise für das Dasein und die Einheit und Unkörperlichkeit Gottes allerdings notwendig auf Grundlage der Annahme des Nichterschaffenseins der Welt geführt werden müssen. [...] Nicht weil ich daran glaube, sondern weil ich das Dasein Gottes nach der Lehre unserer Religion mittels eines solchen Beweises feststellen wollte, über den es schlechterdings keine Meinungsverschiedenheit geben kann[25].

Mit der Kritik der Dialektiker (oder Mutakalim) und der ihnen verwandten Denker – sowohl islamischen als auch jüdischen und christlichen – schließt der ‚zweite Moses' den ersten Teil seines Hauptwerkes und lässt für den zweiten Teil die Umsetzung seines Entwurfes. Vorerst, in der Einleitung des zweiten Teils, stellt Maimonides seine sechsundzwanzig (peripatetischen) Prinzipien dar. Das aristotelische Postulat der Ewigkeit der Welt, das nach diesen dargestellt wird, kann nach dem Rabbi als Hypothese nicht widerlegt werden, obwohl er es persönlich nicht akzeptiert. Ausgehend von den erwähnten Postulaten, beweist er in den Kapiteln 1 und 2 die Existenz, die Ewigkeit und die Körperlosigkeit Gottes, völlig unabhängig davon, ob die Welt seit immer existiert oder in der Zeit geschaffen wurde; und erst später (ab

[24] MAIMONIDES, *Führer der Unschlüssigen*, *op. cit.*, Bd. I, p. 290-291.
[25] *Ibid.*, p. 293-294.

dem Kapitel 13) wird die Diskussion der Schöpfung oder Nicht-Schöpfung der Welt angegangen[26]. Maimonides selbst wiederholt die Kritik der traditionellen Denker und fasst seinen Entwurf im folgenden Text zusammen:

> Erwäge nun, der du dies liesest, ob du es vorziehst, die Wahrheit zu suchen und die Leidenschaft und die Tradition und die Hinneigung zu dem, was du bisher hochgehalten hast, aufzugeben und dich von dem Zustande dieser Denker und von dem, was ihnen und ihren Anhängern widerfahren ist, nicht irreleiten zu lassen; denn das hieße gleichsam, sich aus der glühenden Asche in das Feuer flüchten. Denn sie heben, indem sie wähnen, durch diese Lehrsätze das Erschaffensein der Welt beweisen zu können, die Natur des Seienden auf und stellen die Schaffung des Himmels und der Erde in einem anderen Lichte dar. Sie führen uns auch nicht einmal einen Beweis für die Welterschafung vor. [...] Ebenso ist alles, was Aristoteles und seine Anhänger an Argumenten über die Ewigkeit der Welt vorgebracht haben, meines Erachtens kein entscheidender Beweis, sondern nur Behauptungen, denen, wie du weißt, überaus wichtige Bedenken entgegenstehen. [...] Ich werde also, wenn ich gezeigt habe, dass auch das von uns Behauptete möglich ist, ebenfalls versuchen, durch ein wissenschaftliches Argument die Überlegenheit unserer Meinung über die andere, das heißt die Überlegenheit der Behauptung, dass die Welt erschaffen ist, über die, dass sie ewig sei, zu beweisen und zu zeigen, dass ebenso wie sich für uns im Glauben an das Erschaffensein gewisse Unwahrscheinlichkeiten ergeben dies in einem noch höheren Maße in betreff des Glaubens an die Ewigkeit der Fall ist[27].

In der Tat, nachdem Maimonides in den Kapiteln 17 und 18 schwerwiegende Einwände gegen die aristotelische These von der Ewigkeit der Welt dargelegt und so diese These entkräftigt hat, bringt er im 19. Kapitel Beweise für die Schöpfung *ex nihilo*, die bei ihm gleichbedeutend mit der Schöpfung *in tempore* ist. Unmittelbar danach (in den Kapiteln 19, 20 und 22) wird die peripatetische These kritisiert; hier nun werden die Schwierigkeiten der neueren Philosophen gelöst (im 21. Kapitel). Im 16. Kapitel verteidigt Maimonides seine Behauptung der Schöpfung der Welt nur als *wahrscheinlicher* als die These der Ewigkeit der Welt, und im 23. Kapitel scheint er sich für seine ‚rhetorische'

[26] Nachdem Maimonides auf die Himmelssphären und die Engel (beziehungsweise *intelligentiae separatae*) in den Kap. 2-11 und auf die Emanation im Kap. 12 zu sprechen kommen ist. Siehe zu diesen Kapiteln W. DUNPHY, «Maimonides' Not-So-Secret Position on Creation», in N. ROTH u.a. (eds.), *op. cit.*, p. 155-161.

[27] MAIMONIDES, *Führer der Unschlüssigen*, *op. cit.*, Bd. I, p. 393 und Bd. II, p. 109 und p. 109-110.

Sprache zu entschuldigen[28]. Das aber zeigt nur die intellektuelle Redlichkeit des Verfassers. Auf jeden Fall bringt seine Haltung zweifellos eine Geistesgröße und einen Rationalitätsanspruch zum Ausdruck, die lobenswert sind, obwohl Hegel solches Lob nicht zu huldigen vermochte. Anselm gegenüber zeigt sich Hegel großzügiger, obwohl Geistesgröße und Rationalitätsanspruch meiner Meinung nach bei Maimonides ausgeprägter sind. Tatsächlich ist reiche *finesse d'esprit* und unbedingte Rationalitätsforderung in der Behauptung, mit der Rabbi Moses sein Vorhaben ankündigt, beinhaltet:

> Ich bin jedoch der Ansicht, dass dieser Lehrsatz (der Lehrsatz nämlich, dass ‚das Bewegte unendlich' sei, das heißt die Sphäre der Welt, sich für eine unendliche Dauer unzähligemal bewegt') nur als Annahme und nicht, wie die Ausleger von Aristoteles sagen, als unbedingte Wahrheit gilt, anderseits jedoch auch nicht undenkbar ist, wie die Dialektiker sagen[29].

Finesse d'esprit und Rationalitätsanspruch impliziert infolgedessen die Behauptung, dass die eigene These (von der Schöpfung der Welt in der Zeit) auch nur ‚denkbar' (das heißt möglich) ist, obwohl man sie als *wahrscheinlicher* als die aristotelische Behauptung der Ewigkeit der Welt betrachtet. Angesichts des Zeitgeistes und inmitten der Orthodoxie, die den Rabbi umgab, war allerdings erheblicher Mut erforderlich für eine intellektuelle Haltung wie die von Maimonides gezeigte. Die scharfe Polemik, die zwischen den Juden der Epoche um Maimonides entstand, ist mindestens ein indirekter Beweis der offenen Radikalität dieses Denkers und der stumpfen Geschlossenheit der Orthodoxie[30].

III. Grenzen, eine falsche Frage und offene Fragen

Wir sind schon auf die letzte der zwei in der Einleitung gestellten Fragen zurückgegangen: Erreichte die Kritik des Maimonides in seinem

---

[28] Cf. MAIMONIDES, *The Guide of the Perplexed*, *op. cit.*, Bd. II, p. 159.

[29] MAIMONIDES, *Führer der Unschlüssigen*, *op. cit.*, Bd. II, p. 19.

[30] Über die berühmte Polemik um Maimonides cf. M.-R. HAYOUN, *La philosophie et la théologie de Moïse de Narbonne*, Tübingen, 1989, p. 3-15; S. MUNK, *Mélanges de philosophie juive et arabe*, Paris, 1955 (erste Ausgabe 1857), p. 489f.; J. RIBERA, «La controvèrsia maimonista a Catalunya», in M. VILADRICH, J. RIBERA, F. J. FORTUNY (eds.), *Cicle commemoratiu del 850 aniversari del naixement de Maimònides*, Lleida, 1985, p. 21-42; J. RIBERA, «La polémica sobre la *Guía de perplejos* en Cataluña y Provenza», in T. ALEXANDER u.a. (eds.), *op. cit.*, p. 431-444.

Führer der Unschlüssigen an den vorausgehenden und zeitgenössischen Denkern ihren Zweck? Um die Antwort besser zu erklären, möchte ich mich auf den Titel des Beitrags beziehen. Wenn im Titel ‚Maimonides' sowohl auf die ‚Metaphysiker' als auch auf die ‚hebräischen Theologen' bezogen wurde, sollte damit angedeutet werden, dass Maimonides sich weder mit den Philosophen noch mit den Theologen seiner Zeit voll identifiziert; dagegen bekämpft der Rabbi Theologen und Philosophen ohne Unterschied, weil er sie sogar als homogene Gruppe behandelt. Gegenüber seinen theologisch-philosophischen Gegnern schließt sich Maimonides – der zugleich ein jüdischer Theologe und Philosoph ist – der aristotelischen Physik und Metaphysik an, obwohl nur in bedingter Form. Dieses Erbe der Vergangenheit hat sich in der arabischen Welt verbreitet, und zwar in den jüdischen Gemeinschaften derselben, wo es diejenige Unschlüssigkeit zum Ausdruck bringt, für die gerade das Werk *Führer der Unschlüssigen* eine Antwort sucht.

Da die beste Art und Weise, das von einem dritten Element verursachte Trauma zu lösen, darin besteht, von diesem Element selbst auszugehen, macht sich Maimonides die peripatetische Metaphysik zueigen, indem er sie hypothetisch akzeptiert, sogar in den Fällen, wo sie mit dem reinen jüdischen Glauben unvereinbar ist, wie im Falle der Ewigkeit der Welt. Der Rabbi erklärt sich immer rechtgläubig und ohne Zweifel als Jude und tritt seinen Gesinnungsgenossen nicht eigentlich gegenüber, vielmehr kommt in Maimonides die Auseinandersetzung zwischen ihnen und der Metaphysik, das heißt dem Aristotelismus, zum Ausdruck, jene Auseinandersetzung, die seine Gesinnungsgenossen selbst nicht wirksam führen konnten, so dass sie unter seinen Glaubensgenossen Verlegenheit verbreiteten; eine Verlegenheit und Unschlüssigkeit, die der große Rabbi als eigentlicher Führer der Unschlüssigen artikulierte und unter Kontrolle brachte[31]. Hier liegt zweifellos die Größe des Maimonides, die Hegel nicht anerkennen konnte[32].

---

[31] Cf. zum Wortspiel zwischen *dem Führer* Maimonides und dem Titel seines Hauptwerkes (*Führer der Unschlüssigen*) M. ORIAN, *op. cit.*, p. 129-152.

[32] Dagegen, «c'est par la lecture du *Guide* que les plus grands génies des Juifs modernes, les Spinosa, les Mendelssohn, les Salomon Maimon et beaucoup d'autres, ont été introduits dans le sanctuaire de la philosophie», S. MUNK, *op. cit.*, p. 487. Cf. E. BELLO, «Spinoza, lector crítico de Maimóndes», in T. ALEXANDER u.a. (eds.), *op. cit.*, p. 27-35.

Aber die Größe eines Denkers bringt auch die eigenen Grenzen mit sich. Der Versuch des Maimonides, das vom Aristotelismus verursachte Trauma durch die Aufnahme spezifisch aristotelischer Weltanschauung zu lösen, bezeugt einerseits einen Mut, der ebenso groß ist wie das Trauma, das der Aristotelismus vorher im Islam und später im Christentum entstehen ließ. Andererseits hat dies aber zugleich seine Grenzen und bewirkt auch eine Gefahr. Es besteht vor allem die Gefahr, eine bestimmte begrenzte Metaphysik, nämlich die peripatetische, in eine grundsätzlich apodiktische und unbestreitbare Weltanschauung umzuwandeln, die die Alternativen, wie den Atomismus oder die Lehre der Leere, oder jede andere Alternative, die sich später ergeben könnte, nicht berücksichtigt; hiervon ausgehend stellt sich die Gefahr, den Glauben (den jüdischen, den islamischen oder, im europäischen Abendland, den christlichen) mit der Weltanschauung einer bestimmten Zeit zu identifizieren (sei es dem Aristotelismus oder, noch schlimmer, die integristisch religiös antiperipatetische Reaktion, die er verursacht): eine Gefahr, die man nicht einfach übersehen darf, denn die Konsequenzen für einen solchen Glauben sind mit der Zeit verheerend, wie die Geschichte bestätigt (sowohl im Judentum oder im Islam, wegen der entsprechenden postmaimonidischen oder postaverroistischen integristischen Reaktion, als auch im katholischen – und nicht nur katholischen – Christentum wegen des Siegs des thomistischen Aristotelismus). Eine zweite Gefahr besteht darin, Aristoteles im Ganzen zu übernehmen, um letztlich eines seiner grundsätzlichen Axiome – wie das Axiom der Weltewigkeit, das mit dem Schöpfungsglauben (sei es dem jüdischen, dem christlichen oder dem islamischen) unvereinbar ist – zu widerlegen; diese Übernahme bringt auch einen doppelten Widerspruch mit sich. Entweder stellt man einen Aristoteles dar, der sich selbst widerspricht, weil ihm anhand seiner Prinzipien klar gemacht wird, dass er nicht auf dem Nicht-Kreationismus beharren sollte; aber damit würde man zeigen, dass man den Denker aus Stagira nicht besonders ernst nimmt. Oder man stellt sich selbst als teilweise peripatetisch dar, um den Aristotelismus schließlich zu widerlegen; aber das würde bedeuten, dass der eigene implizite Widerspruch zum Vorschein käme.

Bevor wir zu den Fragen gelangen, die uns Maimonides' Haltung in seiner Diskussion – anhand der aristotelischen Metaphysik – mit den hebräischen Theologen-Philosophen stellt, möchten wir eine Frage anzeigen, die falsch und grundlos gestellt worden ist. Wir beziehen uns auf diejenigen Historiker (und Übersetzer von Maimonides), die behauptet haben, dass der Verfasser vom *Führer der Unschlüssigen* im Unterschied zu Thomas von Aquin die Meinung vertreten habe, dass die Schöpfung nicht rationalerweise bewiesen, sondern nur durch den Glauben angenommen werden könne[33]. Die entsprechende falsch gestellte Frage lautet wie folgt: Ist die Position des großen Rabbi bezüglich eines vernünftigen Kreationismus von geringerem Wert als die des Aquinaten? Diese Frage hat heute keinen Sinn, weil schon klar gezeigt worden ist, dass Maimonides die Schöpfung rationalerweise beweist[34].

---

[33] Beispiel des Gemeinplatzes des Parallelismus zwischen Maimonides und Thomas von Aquin ist Habermans Werk: cf. J. HABERMAN, *Maimonides and Aquinas. A Contemporary Appraisal*, New York, 1979. Cf. dazu auch I. DOBBS-WEINSTEIN, «Medieval Biblical Commentary and Philosophical Inquiry as Exemplified in the Thought of Moses Maimonides und St. Thomas Aquinas», in N. ROTH u.a. (eds.), *op. cit.*, p. 101-120; M. FOX, *op. cit.*, p. 124-151 (Kap. 6: «Maimonides and Aquinas on Natural Law»); und J. GARCÍA GONZÁLEZ, «La índole voluntaria del conocimiento de Dios en Maimónides: un análisis lingüístico y una comparación», und L. ROBLES, «Tomás de Aquino, lector de Maimónides», in T. ALEXANDER u.a. (eds.), *op. cit.*, p. 187-195 und p. 445-454.

[34] Und nicht nur die Schöpfung im allgemeinen, sondern auch die Schöpfung *in tempore* (gegen eine Schöpfung *ab aeterno*). In diesem Sinn darf man zweifellos behaupten, dass Thomas' Position bezüglich des vernünftigen Kreationismus von geringerer Komplexität als Maimonides' ist. Nach Philosophiehistorikern (wie Gilson, Fakhry und Wolfson) oder nach Maimonides-Übersetzern (wie Friedländer ins Englische und Munk ins Französische) verstand der große Rabbi die Behauptung der Ewigkeit der Welt als Verneinung ihres Erschaffenseins, ohne zu berücksichtigen, dass eine ewige Welt als erschaffen auch denkbar ist, wie Origenes schon im dritten Jahrhundert behauptete (cf. *Peri archon* I, 3, 3 und 4, 3 - 4, 5). Zur genuinen Haltung von Maimonides bezüglich eines vernünftigen Beweises der Schöpfung der Welt (als Schöpfung nämlich *in tempore*) cf. W. DUNPHY, «Maimonides and Aquinas on Creation: A Critique of Their Historians», in L. P. GERSON (ed.), *Essays in Ancient and Medieval Philosophy Presented to Joseph Owens*, Toronto, 1983, p. 361-379, und «Maimonides' Not-So-Secret Position on Creation», in N. ROTH u.a. (eds.), *op. cit.*, p. 101-120; M. FOX, *op. cit.*, p. 151-172. Trotzdem behauptet man gewöhnlich den Gemeinplatz, dass Maimonides und der Aquinate bezüglich dieses Punktes dieselbe These verteidigen; cf. z.B. E. BLOCH, *Das Materialismusproblem, seine Geschichte und Substanz* (Anhang: «Avicenna und die Aristotelische Linke» [1952]), Frankfurt, 1972, p. 504 («Thomas erklärte, sein Leben lang, die Schöpfung der Welt am Anfang der Zeit sei philosophisch unbeweisbar; diesesfalls im Einklang mit dem jüdischen Aristoteliker Maimonides»). Und noch heute sagt man weiter: «Auf die Frage, ob die Welt erschaffen oder ewig sei, antwortet Maimonides in Teil 2 [seines *Führers der Unschlüssigen*], dass diese Frage mit den Mitteln der Logik nicht zu entscheiden ist, da die Beweise für beide Möglichkeiten unzureichend sind; er selbst entscheidet sich als Jude für das Erschaffensein der Welt», F. NIEWÖHNER, «Moses Maimonides», in F. VOLPI (ed.), *Großes Werklexikon der Philosophie*, Stuttgart, 1999, p. 975. Der zweite Moses

Das sind daher die weiteren Fragen, mit denen wir diesen Beitrag beschließen, aber auch offen lassen möchten[35]:

1) Zeigt Maimonides seine Ernstlosigkeit, wenn er die metaphysische Weltanschauung des Aristoteles als einen rationalen Ausdruck der Erscheinung des Seins selbst charakterisiert und damit die anderen möglichen Alternativen mit der Imagination gleichsetzt?

2) Darf man die peripatetischen Prämissen als unbestreitbar annehmen und alle ihre Schlussfolgerungen akzeptieren, außer die der Ewigkeit der Welt, die nicht mit dem eigenen Glauben übereinstimmt?

3) Wir stehen vor einer Alternative. Einerseits beansprucht Maimonides mit der Vernunft nicht nur die Schöpfung der Welt beweisen zu können – auch wenn nur als *wahrscheinlichere* Lehre –, sondern auch die biblische Erzählung über die Entstehung der Welt *in der Zeit* und nicht die Entstehung *ab aeterno*. Andererseits scheint nach Thomas von Aquin nur der Glaube uns zur *novitas mundi* hinzuführen. Welche Alternative ist besser?

---

beweist doch mit den Mitteln der aristotelischen Logik das Erschaffensein (beziehungsweise die *novitas mundi* oder die *creatio in tempore*) der Schöpfung als wahrscheinlicher als die aristotelische Ewigkeit der Welt. Der Aquinate würde niemals eine solche These vertreten.

[35] Der Verfasser des vorliegenden Beitrags möchte auch, bevor er diese Fragen stellt und damit den Beitrag beendet, den Kollegen Jesús Adrián, Robert Fritsche und Raúl Gabás seine Dankbarkeit für ihre sprachliche Korrektur des deutschen Textes des Vortrags äußern.

JACK C. MARLER

(Saint Louis University)

AVERROES: THE PLATONIC REJECTION OF TEXTUAL CONSERVATISM

Either in or shortly before 1179 (A.H. 575), Averroes wrote his *Kitab fasl al-maqal*, to which reference is usually made in English as the *Decisive Treatise on the Harmony of Religion and Philosophy*, as a work devoted to «the correspondence between religion and philosophy and the rules for allegorical interpretation in religion»[1]. Averroes excludes this treatise from the catalogue of his demonstrative works by saying that

> [...] if it were not for the publicity given to the matter [...] we should not have permitted ourselves to write a word on the subject; and we should not have had to make excuses for doing so [...] because the proper place to discuss these questions is in demonstrative books[2].

Averroes, by profession, was a lawyer; and the species of literature to which the *Decisive Treatise* belongs may be described as legal apologetic, but it is only somewhat comparable, as a defense of philosophy, to the *Apology* which Plato attributes to Socrates. In the *Decisive Treatise*, unlike the *Apology*, philosophy does not speak on its own behalf.

In the *Decisive Treatise*, Averroes considers the relationship between philosophy and religion as a subject for treatment under religious law; and it is, therefore, as a strictly legal argument, and not as a

---

[1] AVERROES, *Kitab fasl al-maqal*, ed. and trans. G. F. HOURANI, Leiden, 1959, p. 62.

[2] *Ibid.*

demonstration in philosophy, that he expounds his thesis. His argument, however, does have philosophical content and it has a philosophical background, especially in the *Republic* of Plato. But, on the subsequent history of philosophy in the Middle Ages, it seems to have had little or no influence at all.

The *Decisive Treatise* was never translated into Latin and, in Arabic manuscripts, the text is preserved only in Madrid, Biblioteca Nacional, Arabic MS 5013, the transcription of which was finished on 11 January 1236 and in Escorial, Arabic MS 632, which can be dated at 25 April 1324. Although the hands by which both of these codices were written are Maghribi, codicological evidence is such that the provenance of these manuscripts must have been Andalusian, as was Averroes himself.

In Hebrew translation, the text of the *Decisive Treatise* was conserved, either partially or completely, in two manuscripts at Leiden, in another at Oxford, and in a fourth at Paris. The Arabic text appears to have been rendered in Hebrew, as possibly of interest to the Maimonists, near to the beginning of the fourteenth century, either shortly before or shortly after. The text in Hebrew, it is clear, has an eclectic foundation based, as it is, on readings gathered from both the Madrid and Escorial manuscripts or, perhaps, from their archetypes or copies. Because no other source of readings appears to be suggested by the Hebrew translation, the text which is furnished by the Madrid and Escorial manuscripts and which, in 1959, was edited by George Hourani, is a closed recension.

In Arabic, the *Decisive Treatise* seems neither to have been much copied nor to have been circulated outside of Andalus; and, as received in modern scholarship, the text is not editorially controversial. It is not cited in other mediaeval Arabic texts in manuscript and, after the close of the Middle Ages, the *Decisive Treatise* was unknown in any language until 1859, when M. J. Müller edited and published the Arabic text which he had found in the codex housed at the Escorial[3].

In the formation of his argument, Averroes divided his text into three chapters. The first is concerned to show that, under religious law (*ash-shar'*), philosophy (*al-falsafa*) is an object of duty. The second argues that philosophy is not opposed to Islam. And the third fur-

[3] In the introductory remarks to his translation of the *Fasl al-maqal*, George Hourani gives an account of the manuscripts.

nishes grounds for saying that philosophical interpretations of scriptural texts should not be revealed throughout the community of believers.

Although, in discussing philosophy, Averroes does make use of *falsafa*, the word coined in Arabic from Greek, he more often mentions philosophy by means of the word *hikma* which is Arabic for *sophia* and which, as is important to his argument, does appear in the *Qur'an*. The readers, to whom Averroes was addressing the argument, were presumed to be experts in religious law; and, with a view to a readership of that kind, it was both prudent and necessary for Averroes, as much as possible, to rely on a scriptural vocabulary.

Because the scriptures do not mention all topics under which legal questions may be raised, the sources of religious law, as Averroes and his readers largely understood them, also include the tradition (*sunna*) which descends from the Prophet and, to the extent that it can be identifed and described, consensus (*ijma*) among the religious scholars (*'ulama*). In conformity with Aristotle, Averroes maintains that philosophy is constituted by demonstrative reasoning – that is, by *burhan*, another term from the scriptures; and he would claim that, since philosophy cannot be anything other than demonstrative science, its positive contents are neither matters of opinion nor such as can be religiously circumscribed.

For Averroes, as it would be for any who follow the Aristotelian division of the sciences, legal reasoning seems to be practical, not theoretical. And, since it always incorporates opinion, it appears to fall short of being demonstrative. As a result, the legal reasoning of the *Decisive Treatise* does not pretend to be a philosophical response to the objections against philosophy which, in 1095, Ghazali had expressed in his *Tahafut al-falasifa* and which, during the career of Averroes, were prevalent in the culture of western Islam. The philosophic response came later, about 1180, in the *Tahafut al-tahafut*. However, in the *Decisive Treatise*, wishing to make the strongest possible case in defense of philosophy, Averroes does not simply argue that, as a matter of law, philosophy should be tolerated. He argues, instead, on the basis of the scriptures as a summons to *hikma* that, only for persons capable of demonstrative reasoning, there is an unqualified duty to obtain a philosophical knowledge of God. Thus he argues further that any neglect of this duty is equivalent to unbelief (*kufr*).

By emphasizing *hikma*, Averroes is recalling *sophia* as the term by which Aristotle had designated first philosophy, or metaphysics, and – in so doing – he is appealing to scriptural authority to furnish license for private cultivation of metaphysical discourse within the community of believers and, with this, to insinuate such principles of Aristotelian logic as constitute grounds for metaphysical proof.

Addressing himself to questions about *ijma*, Averroes goes on to show that, against philosophy, there has never been any demonstrable consensus among the learned personnel of Islam, especially since the opinions of the philosophers, who are themselves among the learned, have never been taken into account. Because the learning of the philosophers is, in fact, the very point at issue with which the *Decisive Treatise* is concerned, it is not easy to believe that Averroes could have thought this to be an argument which his intended readers could take seriously.

Since, evidently, some propositions obtained by philosophical demonstration are in conflict with the scriptures, philosophy may very well be thought conducive to unbelief, and, for that reason, Averroes, in the *Decisive Treatise*, must reconcile any obligation which he thinks is imposed by scripture for undertaking philosophy with that of obedience to religious law and, therefore, with the duty of not promoting unbelief.

In the context of Islam, it is religious law which plays the role of faith. How, on the platform of religious law, Averroes would prove the agreement of philosophy with religion is consistent not only with allegorical sensibilities inherited from the Hellenistic Near East but, very ironically, also with what may be understood as the Platonic rejection of textual conservatism.

For the ancient Greeks, the regions of *orientalia* began at the western boundary of the Persian empire and included Egypt which, after the middle of the fourth century B.C.E., was uneasily governed by Artaxerxes III Ochus. In the era of Herodotus, it was in Egypt that the Greeks seem to have discovered the paradigm of religion. There are, in Herodotus, two words which, into Latin, are conventionally translated as *religio*. Of these, the more common is *eusebeia* which denotes reverence toward the gods and which Herodotus applies to the cultic practice of all Greeks and some barbarians. The less common is *thrēskeia*, which denotes service to the gods and which, previous to

Macedonian adventures in the east, appears only in Herodotus and, within that context, only as a term by which to designate the religious culture of Egypt[4]. Thus, at a time when the *polis* was the dominant symbol of life among the Greeks, *thrēskeia* does not refer to the cults of Homeric formation; and it certainly does not apply to the rituals of civic piety by which each *polis* in Greece distinguished itself from all others. But it does appear to signify an elaborate hieratic culture, noteworthy for priestly circumcision (*peritomē*), which was unconfined by the walls of any *polis* and which, to a Greek visiting Egypt, must have seemed despotic. Following Herodotus, *thrēskeia* is absent from Greek literature until reappearing in the *Septuagint*[5]. Thereafter, it occurs with increasing frequency in the texts of Christianity.

Like Odysseus, the earlier Greeks did not regard themselves as bondsmen of the gods and so, by comparison to Egypt, their cults – whether of the *poleis*, of the oracles, or of the mysteries – may not always seem to be unequivocally religious. Although the Greeks could acknowledge, as is evident in the semi-Platonic *Epinomis*, that the Syrians and the Egyptians were their superiors in the understanding and worship of celestial deities, they were inclined to view the eastern cults as subject to being edified on the basis of Greek *paideia*. Accordingly, the *Epinomis* anticipated the ecumenical theory of Hellenism, especially as this was implemented by the Seleucids and the Ptolemies and, somewhat later, continued as Roman policy:

> [...] let us take it that whatever Greeks acquire from foreigners is finally turned by them into something nobler [...] there is hope, both strong and noble,that a really nobler and juster respect than is in the combined repute and worship which came from foreigners will be paid to all these gods by the Greeks who have the benefit of their various education, their prophecies from Delphi, and the whole system of worship under their laws[6].

For Averroes, as the Andalusian embodiment of Islamic Hellenism, it was the works of Plato and Aristotle, such as he had received them in the Arabic language, which constituted the *paideia* by which he would interpret religious law in regard to philosophy. Such being the case, Averroes found that the scriptures recommend three methods of assent to religious propositions, the demonstrative, the dialectical, and

---

[4] HERODOTUS, *Historiae*, ed. CH. HUDE, 2 vols., Oxford, 1927, vol. II, p. 18 and p. 37.

[5] *Wisdom of Solomon* 14, 18.

[6] PLATO, *Epinomis*, in *Opera*, 5 vols., ed. J. BURNET, Oxford, 1900-1907, vol. IV, 987D-988A.

the rhetorical which, as forms of reasoning and of speaking, Aristotle had described and expounded:

> Summon to the way of your Lord by wisdom (*al-hikma*) and by good preaching (*al-maw'izma*, suggesting *al-khitab*, rhetoric), and debate (*jadil*, suggesting *al-jadal*, dialectic) with them in the most effective manner[7].

In brief, as Averroes would understand them, demonstration is valid reasoning ordered to truth as pursued for its own sake, dialectic is reasoning ordered to the coherence of reputable opinions, and rhetoric is speech ordered toward persuasion, especially with the formation of images in human souls. Truth, therefore, pertains essentially to demonstration and no better than incidentally to both dialectic and rhetoric.

Corresponding to these three methods of assent, Averroes distinguishes three types of mentality: the rhetorical which includes nearly all believers, the dialectical which is exemplified by the teachers of religion, and the demonstrative which is realised only among the philosophers who, in the community of believers, are numerically the least.

Proposed not as methods of assent to the scriptures but as types of mentality, these classes and their properties, as the *Decisive Treatise* exhibits them, seem to owe more to what Averroes had read in Plato than to what he could have found in Aristotle. And, indeed, within the three years previous to his having written the *Decisive Treatise*, Averroes had finished his *Commentary on the Republic*. With reference to the geometric metaphor of the Divided Line, in *Republic* VII, by which the powers of the soul are schematized and related to their proper objects, the abilities of rhetoric and dialectic should be arranged on the side of *doxa* and that of demonstration on the side of *epistēmē*. Thus, for Averroes, demonstrative – or apodictic – rationality is the pragmatic equivalent of the Platonic, not the Aristotelian, sense of dialectic.

With his linking of Aristotelian principles of reasoning and discourse to Platonic psychology, Averroes is claiming in effect that, as a general rule of religious culture, assent to the scriptures is based on nothing better than intellectual deficits. To this, exception can only be found among such believers as can investigate the scriptures philoso-

---

[7] *Qur'an* 16, 125; AVERROES, *op. cit.*, p. 49.

phically and, therefore, as can perceive such agreement as there is between the import of scripture and the results of scientific demonstration. Philosophical interpretation of scripture, as is argued in the *Decisive Treatise*, must conform both to the requirements of apodictic rationality and to the principles of the Arabic language in which the scriptures are recorded. Demonstrative treatment of the scriptures, in other words (and somewhat anachronistically), ought to be accompanied by what Friedrich Schleiermacher called «grammatical hermeneutics», the limiting principles of philological evidence[8].

From his knowledge of Plato and Aristotle, what Averroes brings to the scriptures is the philosophical – and Hellenistic – distinction between material and immaterial being according to which he understands that, at least for some passages in the scriptures, allowance must be made for separating the hidden meaning (*batin*) of a text from its apparent meaning (*zahir*). Otherwise, demonstrative assent to the scriptures would not be possible and, for the demonstrative state of mind, unbelief would be the necessary result. But since, as Averroes seems to think, the scriptures themselves furnish a mandate for demonstrative assent from all such persons as indeed are apodictically rational, the scriptures must have originated as a composite of apparent meanings, which are evident to all believers, and of inner meanings which are evident only to those believers for whom Aristotelian logic is the necessary test of truth. The legal force of the *Decisive Treatise* appears thus to depend on interpreting the scriptural summons to *hikma* as an apparent meaning of sacred text and, to the extent of its being apparent, at least as a summons to Aristotelian logic. Because the distinction between material being, by which apparent meanings are sustained, and immaterial being, by which hidden meanings – when necessary – may be philosophically invoked, appears to have little or no no foundation in the Arabic language in which the scriptures were uttered and recorded and since, in any case, it may be plausible to argue that it is not the Arabic language which defines the scriptures but, instead, the scriptures which have come to define the Arabic language, especially in regard to religious usage, Averroes may well be suspected of considerable guile in his exercise of forensic rhetoric. Certainly, in his *Commentary on the Republic*, a demonstrative work, Averroes did compare the allegories in scripture

[8] Cf., especially, F. D. E. SCHLEIERMACHER, *Hermeneutics: The Handwritten Manuscripts*, ed. H. KIMMERLE and translated by J. DUKE and J. FORSTMAN, Missoula (Montana), 1977.

to the «Noble Lie» by which Plato's guardians may be helped to govern the *polis*.

It was Plato who, in *Republic* II (378D-E), prohibited any conservation of philosophically objectionable texts in Homer on the basis of hidden meaning (*hyponoia*, the «under-sense»), reasoning that the youth of the *polis*, not being able to tell the difference between what is or is not a hidden meaning, would be vulnerable to false opinions. With this Platonic rule, Averroes is consistent to the extent of saying that no hidden meanings of any passages of the scriptures should be taught to anyone who is lacking in demonstrative capabilities.

The scriptures, however, are not subject even to such hypothetical censorship as that which Plato could apply to Homer and, for that reason, Averroes must rely on the device of hidden meanings as a method by which to prove the loyalty of demonstrative believers to the letter of scriptural texts. When, however, in accordance with apodictic rationality, a hidden meaning is accepted, the apparent meaning of scripture is unequivocally rejected; but this, as is clear from *the Decisive Treatise*, refers to the principle, derived from the *Prior Analytics*, that «truth does not oppose truth but accords with it and bears witness to it»[9]. The coherence of truth, then, precedes the coherence of texts. Within this system of precedence, it is upon the coherence of all truth that Averroes posits the unity of philosophy and the scriptures; and, by the rigorous concealment which he demands for allegorical interpretation (*ta'wil*), the public cult is defended and with that, as it would seem, religious law ought to be satisfied.

In the *Decisive Treatise*, Averroes seems to be proposing the covert integration of the scriptures with philosophy; but, as is consistent with his thesis that the distinction of hidden from apparent meanings is not for public disclosure, he suggests no method of positive allegory by which this can be attained. Instead, his exposition of how philosophy pertains to scripture is entirely defensive. Apodictic rationality is demonstrable knowledge, attained by the pursuit of truth as end in itself. And, in regard to the *Decisive Treatise*, Richard C. Taylor has observed that

> [...] truth, when grasped through sound and proper demonstration, is prior in nature and commanding in relation to any possible text of religious law. While the philosopher cannot demonstrate the necessity and truth of un-

[9] AVERROES, *op. cit.*, p. 50.

> derstanding a text of the religious law in a certain way, he certainly can exclude any interpretation which contradicts the conclusion of a proper demonstration, i. e., demonstrated truth[10].

Such allegories, therefore, as may be generated through dialectic or through rhetoric and as are demonstrably false may certainly be contested. But, of positive allegory, a philosopher cannot be the public advocate.

The historical circumstances of Averroes and the reasons guiding his approach to the scriptures are not comparable to those of Porphyry who, by means of allegory and without regard to Platonic prudence, had attempted to refound the thirteenth book of the *Odyssey* on the myth of Er in *Republic* X. Nor are they comparable to those of Plutarch who had allegorized the myth of Isis so as to reinforce, with the apparatus of a well-developed Platonic theology, its post-Ptolemaic status as an ecumenical narrative. What Porphyry and Plutarch were able to do overtly, and with some view to public good, Averroes would restrict to what may be called, in the words of Hannah Arendt, the «private realm».

In the *Decisive Treatise*, public enlargement of philosophical discourse is not what Averroes seeks. For philosophy, instead, what he wishes to obtain is safety.

Since, in the Andalusian polity, religious law is architectonic and, in being so, takes the place of political science, the *Decisive Treatise* is an essay in religious government which assumes that, from some legal point of view, there is indeed a private domain within which apodictic conversation should occur, including conversation about scriptural topics. But, with the repression and banishment of the Andalusian philosophers, including Averroes, which was commanded by Ya'qub al-Mansur in 1195, the assumption appears to have been politically unproven. For Averroes to have claimed, as he did in the *Decisive Treatise*, that the scriptures furnish a summons to demonstrative reasoning was equivalent to saying that, like poetry, the *Qur'an* often dissembles its own meanings. The scriptures, however, being *kerygma* and not *mythos*, explicitly reject their being categorized as poetry[11];

[10] R. C. TAYLOR, «Truth does not Ccontradict Truth: Averroes and the Unity of Truth», in *Topoi*, 19/1 (2000), p. 8.

[11] *Qur'an* 36, 69-70.

and, because it is impossible that Averroes would not have known this, his argument was certainly disingenuous.

Averroes, then, against kerygmatic fundamentalism, does not actually propose that the scriptures may be integrated with philosophy as, for example, Philo had done with texts in the *Septuagint*. But the *Septuagint*, as an Alexandrian collection of scriptural texts rendered into Greek, had no need of Philonian exegesis in order to be philosophically suggestive.

The topics of philosophy and those of religion, as Averroes recognised, are not mutually exclusive. To the extent that either is concerned with questions about God, freedom, and immortality, the *magisterium* of each must encroach upon the other. And if, in a religious regime, some form of religious law must play the role of political science, then it seems impossible that, without some concession to apodictic discourse by which truth may be pursued as independent of human authority, it could not always be in conflict with philosophy, as a matter of basic principle. Even so, it is clear from the *Decisive Treatise* that Averroes was much concerned with the fragility of traditions upon which the community of believers depends. By his understanding that positive allegory fosters sectarianism and schism, his exemption of the scriptures from being allegorized in public applies not only to such interpreters as are demonstrative but also to those who are dialectical or rhetorical. The public realm, in other words, must not be divided against itself.

As a legal argument, the *Decisive Treatise* may be evaluated in reference to the distinction, which Plato mentions in *Republic* VI, between the necessary and the good, in explanation of why human government is unlikely to achieve justice. Against the necessities of religious law and, therefore, against the necessity of preserving the community of believers, Averroes does not argue.

GILLIAN R. EVANS

(University of Cambridge)

THE DISCUSSIONS OF THE SCIENTIFIC STATUS OF THEOLOGY IN THE SECOND HALF OF THE TWELFTH CENTURY

Our core question in this symposium is surely: what is the difference, from a twelfth-century vantage-point, between 'metaphysics' and 'theology'? Greek 'meta-physical' is Latin 'super-natural', yet for the Christian working within the Latin tradition in the late twelfth century, there is something *sui generis* about that aspect or dimension of the supernatural which is divine.

The urge to treat the Christian faith as a formal academic discipline, and the consequent need to consider how that study should fit with that of other academic subjects, sharpened as the schools of the twelfth century evolved into the universities of the thirteenth. It was partly that what we should now call 'theology' was too important to be left behind in this move to something resembling 'academe' as we know it now. It was partly that ideas on this theme were in the air, precisely in the area where Boethius had positioned *theologia*, meaning, confusingly, both metaphysics and the Christian divine supernatural. The middle decades of the twelfth century saw stimulating new work on Boethius on the part of a few scholars who are known to have lectured on the 'theological tractates'[1]. Their interest in the texts contributed to a short period of prominence of Boethius' *opuscula*

[1] M. GIBSON (ed.), *Boethius, his life, thought and influence*, Oxford, 1981 contains a series of essays touching on the twelfth century study of Boethius at large.

sacra which gave them a significant influence at a time when it was becoming important to define the 'scientific' status of theology .

If our first question is how the study of the *opuscula sacra* affected twelfth century understanding of the problem of the distinction between metaphysics and (Christian) theology, and the shaping of ideas about its scope and nature, we need to concentrate on two passages. Boethius' remarks in the *De hebdomadibus* about *communis animi conceptiones* generated even in the twelfth century some sophisticated thinking about 'first principles'. And in *De Trinitate* II, Boethius seeks to 'place' theology as 'meta-physical', in relation to mathematics and physics.

We should perhaps begin by briefly reviewing the key figures. One of these, Gilbert of Poitiers, made himself so unpopular that he became the object of a witch-hunt about his opinions. He was condemned at the Council of Reims in 1148. For Gilbert, as for Peter Abelard shortly before him, there was the discomfort of seeing himself accused of things he denied he had said. The list of Gilbert's alleged theological 'false quantities' includes the accusation that he had been saying that the divine being is not God; that the properties of the Persons are not the Persons themselves; that theological persons cannot be predicates in any proposition; that the divine nature was not incarnate[2]. Getting Gilbert condemned on these points took a good deal of intellectual effort on the part of his opponents, for he was famous for that combination of formidable intelligence and opacity which makes it hard to demonstrate to the world that a man has been out-argued. There was a preliminary conference in April 1147 in which it was acknowledged that Gilbert's opponents perhaps did not know enough about his thinking to argue him down. The abbot Godescalc was deputed to look into Gilbert's views[3]. Geoffrey of Auxerre wrote a letter to Cardinal Albinus in the last decade of the century recollecting the events of the Council of Reims and this exer-

---

[2] N. M. HÄRING, «Das sogenannte Glaubensbekenntnis des Reimser Konsistoriums von 1148», in *Archives d'histoire doctrinale et littéraire du Moyen Âge*, 40 (1965), p. 55-90, here p. 68-69.

[3] N. M. HÄRING, «Das Pariser Konsistorium Eugens III vom April 1147», in *Studia Gratiana*, 11 (*Collectaneum Stephan Kuttner* 1) (1967), p. 91-118.

cise conducted by Godescalc[4]. He notes that Gilbert's side brought in whole volumes of authorities while the critics had only their *schedula* of extracts. The allies of Gilbert mocked them for these scraps («decurtata testimonia») and pointed out that their own complete volumes enabled them to look at the texts in the context of what came before and after them: «ubi posset intelligi, quemadmodum verbis propositis praecedentia vel sequentia adhaererent». The methodological question interests Geoffrey. He remarks sharply that those who had heard Gilbert lecture had often heard *him* put forward authorities out of context[5]. What is important for our present purposes is the clear indication that it was taken for granted that the way to test a theologian's teaching for orthodoxy was to see whether it conformed with what reliable existing authors said. This would not necessarily include recent ones[6], whose reliability, if not their notoriety, was open to question.

Others who lectured on the *opuscula sacra*, particularly Thierry of Chartres, earned no such opprobrium. The problem did not therefore lie in the Boethian texts. Although Thierry seems to have had a sharp tongue and a degree of originality which could have made his thinking appear risky, he was less opaque than Gilbert, who was perhaps disliked partly because it was feared his obscurities concealed unorthodoxies[7]. Among Gilbert's opponents of the latter part of the twelfth century was Clarembald of Arras, once a pupil of Thierry of Chartres. He was Archdeacon of Arras from 1156 until the early 1170s, when there are indications that he moved to Laon for a time and perhaps acted as schoolmaster there. He seems still to have been alive in the late 1180s[8]. Clarembald's gloss on the *De Trinitate* has been dated to 1155-71 and the gloss on the *De Hebdomadibus* to the period after

---

[4] GEOFFROY OF AUXERRE, *De condemnatione errorum Gilberti Porretani*, PL 185, col. 588-589.

[5] *Ibid.*

[6] THIERRY OF CHARTRES, *Commentaries on Boethius by Thierry of Chartres and his School*, ed. N. M. HÄRING, Toronto, 1971, p. 44.

[7] N. M. HÄRING, «Thierry of Chartres and Dominicus Gundissalinus», in *Mediaeval Studies*, 26 (1964), p. 271-286, here p. 271. Thierry of Chartres' commentaries on Boethius' theological tractates were composed at the mid-century. Cf. THIERRY OF CHARTRES, *op. cit.*, p. 24.

[8] On Clarembald's life, see J. R. FORTIN, *Clarembald of Arras as a Boethian Commentator*, Kirksville (Missouri), 1995, p. 1-18; CLAREMBALD OF ARRAS, *Life and Works*, ed. N. M. HÄRING, Toronto, 1965, p. 1ff.

1173[9]. If those dates are right, it argues sustained interest on Clarembald's part in these hitherto minor Boethian works and the controversies which had briefly surrounded them.

Gilbert's own ideas seem, ironically, to have won some approbation later in the century. Though it is not easy to be sure how widely his works continued to be read, who had copies, and so on, there is plenty of evidence that they did continue to be read[10]. Among Gilbert's followers can be identified Adhemar of Saint-Ruf[11]. John of Salisbury includes Gilbert among the *theologici* along with Robert Pullen[12]. Alan of Lille was another later twelfth century scholar directly indebted to Gilbert's work on the Boethian tractates, as we shall see. Geoffrey of Clairvaux bewails the fact that 'even today' the unhappy pages survive from which he has taken his extracts for criticism. «Sic usque hodie infelices paginae continent, e quibus ista proferimus»[13].

Other indications of the continuing influence of this mid-century debate survive. John of Cornwall wrote a *Eulogium* to Pope Alexander III, just before the Lateran Council of 1179, in which he describes the current Christological controversy. He identifies Gilbert of Poitiers as holding certain positions and relates them to the text of Boethius' *Contra Eutychen* and other Boethian authorities[14]. A group of texts survives from the very end of the century, a letter of Everardus to Pope Urban III (1185-7), a *Dialogus* of the period of the pontificate of Celestine III (1191-8) and a letter to Everardus, discussing both[15]. 'Everardus' is a partner in the dialogue, and is identified as a Cistercian. His interlocutor is a fictional 'Greek', a philosopher of the

---

[9] J. R. FORTIN, *op. cit.*, p. 29f.

[10] *Ibid.*, p. 27.

[11] N. M. HÄRING, «A commentary on the Pseudo-Athanasian Creed by Gilbert of Poitiers», in *Mediaeval Studies*, 27 (1965), p. 23-53.

[12] JOHN OF SALISBURY, *Metalogicon*, ed. J. B. HALL (CCCM 98), Turnhout, 1991, IV, 27, p. 72.

[13] GEOFFROY OF CLAIRVAUX, *Contra capitula Gilberti Pictavensis episcopi*, PL 185, col. 605.

[14] N. M. HÄRING, «The *Eulogium ad Alexandrum Papam tertium* of John of Cornwall», in *Mediaeval Studies*, 13 (1951), p. 252-300, here p. 258-263.

[15] EVERARD OF YPRES, *Dialogus Ratii et Everardi*, ed. in N. M. HÄRING, «A Latin dialogue on the doctrine of Gilbert of Poitiers», in *Mediaeval Studies*, 15 (1953), p. 243-289.

ancient world who is not unsettled by prosperity or adversity and which is therefore able to remain calm and dispassionate when discussing disturbing questions. Everard of Ypres shows a consciousness of a latter-day reawakening of the semi-Nestorian position in some who teach in the Faculty of Theology in Paris («nostri Parisienses»), while, he warns, some at Paris («quidam Parisienses») teach semi-Eutychianism[16]. This, he says, is important because while one might ignore heresy in the laity it is impossible to be silent on the errors of those teaching and learning theology in the University of Paris. He links the present problems firmly to the study of Boethius[17].

Aquinas wrote on Boethius' *De Trinitate* and the *De Hebdomadibus*, puzzlingly late in this story. It is not easy to see from known syllabus requirements why he should have done so[18]. It is not clear whether Aquinas intended to comment on the whole of the *opuscula sacra*, but in any case, the genres he chooses for his remarks on these two texts are not the same. On the *De Hebdomadibus* he writes a commentary, with lemmata from the Boethian text. The text on the *De Trinitate* is not complete, but there is enough to show that the approach here is quite different. Here, Aquinas composes a series of *quaestiones* with subsidiary *articuli*, along the lines of the structure of the *Summa Theologiae*.

Although Aquinas takes us beyond our period there are important things to be learned from what he has to say. One reason why the *opuscula sacra* went out of fashion may have been the advent on the academic scene of discussions in the newly-arrived texts of a more highly-regarded Philosopher. Yet Aquinas thought it worthwhile to discuss them. He makes cross-references to works of Aristotle not used by Boethius' twelfth century commentators. For example, Aquinas cites *Metaphysics* II and III and *De Anima* III and the *Physics*[19]. This enables us to compare the distance travelled in the later twelfth

---

[16] N. M. HÄRING, «The Cistercian Everard of Ypres and his appraisal of the conflict between St. Bernard and Gilbert of Poitiers», in *Mediaeval Studies*, 17 (1955), p. 143-172, with an edition of EVERARD OF YPRES, *Epistola Everardi de quibusdam articulus fidei: de homine assumpto, de Duabus naturis et una persona Christi, et de proprietatibus characteris ad Urbanum Papam III* on p. 162-168.

[17] *Ibid.*, p. 162-163.

[18] THOMAS AQUINAS, *Opera omnia*, vol. L, Rome/Paris, 1992, p. 6.

[19] *Ibid.*, p. 136.

century with the thirteenth century's refinements. This is striking evidence that Boethius did not become redundant when the Aristotelian texts came into general use.

Robert Kilwardby is also helpful as showing that it made it more difficult when the Boethian material was not in play. Kilwardby was Prior Provincial of the English Dominicans at the beginning of the 1260s and Archbishop of Canterbury from 1272. In the *De ortu scientiarum* reference is exclusively to Aristotle, *Metaphysics* VI, 1 (1026a 18-19), with no mention of the Boethian *opuscula*. Kilwardby begins from *naturalis* and moves on to *mathematica*. Without the Boethian background, he seems uncertain about the place of *divina* among *speculativa*. He identifies *divina* as a *scientia,* and seeks to distinguish *theologia* from a *philosophia* involving divine illumination[20].

Vocabulary

If we are to suggest that the study of the *opuscula sacra* was important in establishing that 'theology' is a 'science' rather different from metaphysics, we need to examine next both the cluster of words to which *scientia* belongs and the evolving vocabulary of 'theology'.

Theologia

Boethius uses the term *theologia*, but in the late twelfth century it was not the natural term to use for the study of what we now call 'theology'. In view of the primacy of the study of the Bible, *studium sacrae scripturae* was more common. *Sacra doctrina* is also found. Peter Abelard, in the middle of the century, identifies persons «learned in sacred letters», «sacris litteris eruditos», and in the same breath he refers to *sacra doctrina*[21].

Boethius' *theologia* comprises the questions of the existence and nature of God, Trinity, creation and incarnation which can be dealt

[20] ROBERT KILWARDBY, *De ortu scientiarum*, ed. A. G. JUDY, Oxford, 1976, p. 14.

[21] PETER ABELARD, *Theologia Christiana*, ed. E. M. BUYTAERT (CCCM 12), Turnhout, 1969, 8-a, CT 1, p. 197 and id., *Theologia Scholarium*, ed. E. M. BUYTAERT and C. MEWS (CCCM 13), Turnhout, 1987, vol. II, p. 422.

with by processes of reasoning, and thus it deals with some things which are also metaphysics and other things which are properly *divina,* and thus possess the dimension which lies beyond access by the ordinary metaphysician. Scripture contains accounts of things which can be known only by revelation, history, poetry, and a spirituality which cannot be subjected in the same way to a logical analysis. Hugh of St. Victor perceived this in his *De sacramentis*, when he divided his subject-matter into the *opus creationis* and the *opus restaurationis*. Similar but not identical divisions of kinds of theology or modes of doing theology are to be found in other authors. These broadly separate 'reason' and 'experience'; or philosophical theology and 'the study of Scripture'. Peter Abelard uses *sacra doctrina* in the two closely similar passages already referred to, where he compares progress in 'sacred doctrine' by those who travel the spiritual way and those who learn the subject as a science («scientia»)[22]. Clarembald describes theology as «reasoning or speech about the divine» («verum theologia de divinitate ratiocinatio sive sermo interpretatur»), but he also says that there are two modes of consideration proper to it: «theologia duos habet propriae considerationis modos». In his view, these involve bringing to bear analogies from things which lies outside theology's subject-matter of the divine; or attempting direct knowledge:

> Aliquando enim de divinis ratiocinans exemplis utitur quaesitis extrinsecus. Aliquando vero divinam usiam sine subiecta materia curiose intuetur[23].

One kind of student applies his powers of reasoning to find analogues; the other seeks a spiritual way.

There is also the question of the terminology which was most natural in the late twelfth century to describe the 'practitioners' or 'students' of theology as a science. *Magistri sacrae paginae* is one possibility. But *theologici* is found as early as John of Salisbury, and he uses it for both classes, for the likes of Gilbert of Poitiers, surely a *theologus* in the Boethian sense although he also commented on the

---

[22] ABELARD, *Theologia Christiana*, *op. cit.*, p. 197: «Nullos autem sacris litteris eruditos ignorare arbitror, plus in sacra doctrina spirituales viros ex ipso scientiae studio quam ex religionis merito profecisse». Also in ABELARD, *Theologia scholarium*, *op. cit.*, vol. II, p. 422.

[23] CLAREMBALD OF ARRAS, *op. cit.*, p. 70 (14).

Palms and the Pauline Epistles, and also for the brothers Ralph and Anselm of Laon, undoubtedly principally Masters of the Sacred Page, although he calls them *fratres theologos*.

In the thirteenth century, Bonaventure, in *Breviloquium,* I, i.1, seems less anxious to make such distinctions, at least in terms of the label to be attached to theology as a subject of study. He simple equates theology with *sacra doctrina*: «sacra doctrina videlicet theologia». But he is untypical of his day in his confidence that the two approaches can be run together. The only inference which can be drawn with any confidence here is that the terminology had not yet settled down, and apparently had not done so even as late as Kilwardby's day.

Scientia

Boethius uses both *disciplina* and *ars*. Thierry of Chartres, in the introduction to the *lectiones* on the *De Trinitate* which survive in a Paris manuscript of 1160-1170 from St. Victor, explores Boethius' remarks on the nature of an 'art', in directions which bear out this view that for twelfth century scholars the natural contrast is less of theology with metaphysics, and more of *theologia* with the *studium sacrae scripturae*. First, Thierry is anxious to distinguish theoretical from practical studies. *Ars*, he thinks, gives rise to science in the sense of 'knowledge' but it does not make a person able to practise any skill. He gives the example of the many people who know the theory or rules of singing but cannot actually sing (who know *musica*, not *cantus*). For some philosophy is speculative and leads to knowledge, while other philosophy is practical: «nam philosophia alia est speculativa que ducit ad scientiam, alia practica»[24].

Is this '*scientia*', as a *body* of knowledge, rather than an act of knowing? Thierry of Chartres certainly seems to think so. The *accessus* in his Prologue to his teaching on the *De Trinitate* identifies the contents of that book of Boethius as a body of knowledge useful for defending the faith: «utilitas huius operis est scientia defendendi fidem catholicam»[25]. *Sacra doctrina*, on this definition, is a body of speculative knowledge. Clarembald asks whether there is a difference

---

[24] THIERRY OF CHARTRES, *op. cit.*, p. 160.
[25] *Ibid.*, p. 125.

between *doctrinalis* and *disciplinalis* or whether both are aspects of *speculatio* (9)[26]. The only safe conclusion from these examples is that there is no consistency of usage here. As Charles Burnett has said, pointing us to many of them, there are so many parallel passages.

More promising for our present purposes is the exploration of the notion that a discipline may be identified by its constituent 'principles'. The twelfth century was ahead of its time in discussion of the notion that a discipline is defined by the possession of a set of first principles distinctive to that study. The question was mooted by Gilbert of Poitiers. Lecturing on the *De Hebdomadibus*, he explains that Boethius first lays down the principle that there exists a class of self-evident truths, truths which everyone accepts as soon as he hears them. These are the *communes animi conceptiones*. He goes on to set aside the rules of grammar, which are *positiva*, that is imposed at will by human beings, and to list the first principles of various subjects of study:

> Certum est quod et qui vocantur 'communes loci' rethorum et 'maxime propositiones' geometrarum et 'anxiomata' musicorum et 'generales sententie' ethicorum seu philosophorum continentu universitate huius regule qua dicitur: 'communis animi conceptio est enuntiatio quam quisque probat auditam'[27].

This passage in Gilbert was clearly in the mind, perhaps before the eyes, of Alan of Lille when he wrote the preface to his *Regulae theologiae* later in the century: «Omnis scientia suius nititur regulis», he begins. Every science rests on its own rules or first principles. He quotes Gilbert: «et ut de grammatica taceamus» and explains, like Gilbert, that the rules of grammar are at the disposal of human will («tota est in hominis beneplacito»). Alan adds the principle that each *scientia* not only has its own proper rules on which it depends but is defined and delimited by them: «et quasi quibusdam terminis certis clauduntur». He adds theology to Gilbert's list. 'Theology is no exception,' he says. 'It has its more dignified rules, which stand out from others in their obscurity and subtlety: «habet enim regulas digniores, sui obscuritate et subtilitate caeteris praeeminentes». They

[26] CLAREMBALD OF ARRAS, *op. cit.*, p. 68.

[27] GILBERT OF POITIERS, *Commentaries on Boethius by Gilbert of Poitiers*, ed. N. M. HÄRING, Toronto, 1966, p. 189-190.

are also possessed of a higher form of self-evidency. The «necessitas theologicarum maximarum absoluta est, et irrefragibilis»[28].

There is another respect in which theological maxims are distinct from all others. They are, in a sense, free of 'subject-matter'. Thierry had made the observation that if the nature of something is considered separately from the subject-matter, as is uniquely the case with theological knowledge, what we are looking at are 'ideas'. Then it is more exact to speak not of 'nature' but of 'notion': «si extra materiam consideretur non natura sed notio nuncupatur»[29]. Perhaps the key test is the self-evidency of the very existence of God himself. There are proofs for the existence of God which will persuade even the unbeliever, as William of Conches says in his *De Philosophia Mundi*. Such «rationes quibus etiam incredulis hoc possit probari, aperiamus», he promises[30]. Aquinas, of course, was not so sure, but his reservations were not, on the whole, those of the twelfth century.

The lessons of this kind of analysis for our present purposes are that the scholar who wanted to identify theology as an intellectually respectable activity, and indeed to place it at the pinnacle of all such activities, was encouraged by study of Boethius' *opuscula sacra* to approach the task in this way by looking to its foundation principles and showing that they are not only distinctive but also special, unique, higher, more absolute, than those of others. As far as I can see, that will not work in quite the same way for metaphysics as for the Christian 'divine'. Certainly Anselm of Canterbury would not have thought it did.

The question of first principles could begin to be considered on further authority, when Aristotle's *Posterior Analytics* came onto the mediaeval scene. The process by which this occurred was gradual, though a translation was made by James of Venice about 1125/50 and William of Moerbeke's version was also available. But during the later twelfth century there was some reluctance to tackle the very considerable difficulty of the work, as John of Salisbury disapprovingly notes[31], and it is a series of thirteenth century figures, Robert

---

[28] ALAN OF LILLE, *Regulae theologiae*, PL 210, col. 621-622.
[29] THIERRY OF CHARTRES, *op. cit.*, p. 71.
[30] WILLIAM OF CONCHES, *De philosophia mundi*, PL 172, col. 44.
[31] JOHN OF SALISBURY, *op. cit.*, I, 5, p. 21, II, 2, p. 72 and IV, 6.

Grosseteste, Robert Kilwardy (c.1240), Albert the Great, Jacques de Douai, Ps.-Boethius of Dacia, Peter of St.-Amour, Giles of Rome, and Aquinas himself, who made the substantive mediaeval contributions to the analysis of the work[32]. Robert Grosseteste, early in the thirteenth century discusses the way 'science' can be «acquired by learning and discipline» («omnis scientia acquisita per doctrinam et disciplinam»). The knowledge of first principles (*scientia principiorum*) is not acquired by 'learning'. We 'learn' only what seems to us at first to be doubtful or false but on further enquiry turns out to be true. Grosseteste moves a little uncertainly next onto the territory of the inward illumination of the mind by God, and especially by the Word of God. I do not restrict learning to what we hear from a teacher; I include the written word as 'teacher'. But the *verus doctor* is he who enlightens the mind from within and 'shows' it the truth: «verus doctor est qui interius mentem illuminat et veritatem ostendit»[33].

Another Aristotelian text which made a significant contribution in the thirteenth century was the opening of the *Physics*. Aristotle says (I, 1 [184a]) that in all sciences one must look for the first principles. The path of enquiry, he explains, goes through what is more immediately cognizable to us, to what is more intimately knowable in its own nature, with the comment that we know the concrete and particular more immediately than we do the abstract and general. Aquinas certainly thought this an important authority: «Item in libro Phisicorum dicitur quod innata est in nobis ex notis notioribus; non ergo demonstratio fit ex hiis que sunt priora simpliciter»[34].

Is the leading idea that the first principles of a discipline are original to it, in the sense that nothing stands behind them? If so, how do we get to know them? Aquinas contrasts Plato's view (that knowledge is not caused in us by arguments leading to conclusions but by the

---

[32] On the story cf. THOMAS AQUINAS, *Expositio Libri Posteriorum*, in *Opera Omnia*, Vol I (Editio altera retractata), Rome/Paris, 1989, p. 43, p. 66.

[33] ROBERT GROSSETESTE, *Commentarius in Posteriorem Analyticorum Libros*, ed. P. ROSSI, Florence, 1981, I, 1, p. 94.

[34] THOMAS AQUINAS, *op. cit.*, 1, 4, p. 21. For a comparison of the different Latin versions in use cf. ARISTOTLE, *Physica*, ed. F. BOSSIER and J. BRAMS (Aristoteles Latinus VII/I), Leiden, 1990.

impression of ideal forms on our souls)[35], with that of Aristotle, who says that knowledge comes to us 'through' what we knew before: «fit in nobis actu per aliquam scienciam in nobis preexistentem»[36]. There follows a careful review of what Aristotle has shown, with the conclusion that we may take it that each discipline comes from preexisting knowledge: «omnis disciplina ex preexistenti fit cognitione»[37]. Every body of knowledge comes from preexisting principles: «scientia procedit ex principiis per se notis». Aquinas accepts Aristotle's view that the nature of a thing is defined by its purpose: «necessitas autem cuiuslibet rei ordinate ad finem ex suo fine sumitur»[38]. That leads him on to consider the way in which this 'ordaining to an end' may be connected with the acquisition of knowledge. For the purpose of a demonstrative syllogism is to lead to knowledge: «finis autem demonstrativi sillogismi est acquisitio scientie»[39]. But theological (sacred) knowledge is different. It proceeds from a different kind of preexisting 'knowledge', the 'articles of faith' which not all accept. «Sed sacra doctrina procedit ex articulis fidei, qui non sunt per se noti, cum non ab omnibus concedantur»[40].

Somewhere in all this is embedded the assumption that the first principles form a 'body'. Does this mean that it is the *coherence* of a discipline as a body of knowledge which is important? Once we start to consider the body of knowledge as an entity we enter the vexed area of the nature of 'subject-matter' and the way it 'coheres' in 'bodies of knowledge' or 'disciplines'. The best-known treatment by Aquinas of the nature of theology as a discipline occurs in the *Summa Theologiae.* He explains that there are two kinds of science. The first proceeds from first principles and is known by the light of natural understanding. The second is known by the light shed by a superior knowledge («notis lumine superioris scientiae»), in other words, in the case of theology, by revelation[41]. Individual facts in *sacra doctrina* provide examples to be followed or avoided («introducuntur tum

[35] THOMAS AQUINAS, *op. cit.*, 1, 1, p. 7.
[36] *Ibid.*, p. 8.
[37] *Ibid.*, p. 10.
[38] *Ibid.*, p. 7.
[39] *Ibid.*
[40] THOMAS AQUINAS, *Summa Theologiae*, Q. 1, a. 2.
[41] *Ibid.*

in exemplum vitae, sicut in scientiis moralibus»)[42]. Other sciences do not require argument to establish their principles, because those principles are self-evident. So does the science of theology (*sacra doctrina*), with its special kind of first principles have a place for argumentation? Aquinas says yes[43].

In the discussion of the *Posterior Analytics* Aquinas points out that the same knowledge can be treated in one way (rationally) by philosophical disciplines, and in another way by another discipline[44]. «Theologia, quae ad sacram doctrinam pertinet, differt secundum genus ab illa theologia quae pars philosophiae ponitur»[45].

Our present question is whether these Aristotelian notions which come naturally to Aquinas' mind because of his more comprehensive knowledge of Aristotle, depend upon that fuller knowledge for their mediaeval recognition. At a fundamental level the answer must be no. Late twelfth century authors already knew the ground-rules, and they must, of their nature, be ground-rules which will work in a different way for theology and for metaphysics.

Theologia as speculative: Physics, Mathematics, Theology

In Gerhoch of Reichersberg's Letter to Pope Hadrian about the novelties of the day[46] (about 1155/56), there is a recognition that 'theology' and 'physics' stand side by side as subjects («Tam in theologia quam in phisica; ita etiam in theologia»). This is the way Gerhoch sees things, because in *De Trinitate*, II[47], Boethius proposes a division of speculative science (*speculativa*) into *naturalis, mathematica, theologica.* Natural science examines bodily forms in motion, together with the matter which cannot be separated from them. Mathematics examines the forms of bodies apart from matter and

---

[42] *Ibid.*, Q. 1, a. 2, resp. ad. 1.

[43] *Ibid.*, Q. 1, a. 8, resp.

[44] *Ibid.*, Q. 1, a. 1, ad. 2.

[45] *Ibid.*, Q. 1, a. 1, ad. 2.

[46] GERHOCH OF REICHERSBERG, *Letter to Pope Hadrian about the Novelties of the Day*, ed. N. M. HÄRING, Toronto, 1974, p. 55-56.

[47] BOETHIUS, *Theological Tractates and De Consolatione Philosophiae*, ed. H. F. STEWART, E. K. RAND, S. J. TESTER, London, 1953, p. 8.

motus. But because they are the forms of bodies they cannot be truly abstract. Theology considers the truly abstract, for the substance of God is *sine motu* and in no way connected with matter. Boethius thus chose an integrated set of disciplines, which it is possible to place in a hierarchy, so that each can be defined by comparison with the others. Theology stands at the top of this hierarchy. Aquinas was to devise a series of articles in his *quaestio* on the Boethian explanation of the relationship of physics, mathematics and theology. Article 1 asks whether this is an appropriate, *conveniens divisio*. Yes, says Aquinas:

> Dicendum, quod theoricus sive speculativus intellectus in hoc proprie ab operativo sive practico distinguitur, quod speculativus habet pro fine veritatem quam considerat, practicus vero veritatem consideratam ordinat in operationem tamquam in finem[48].

Clarembald is already, without knowledge of the 'new' Aristotle, able to discusses what may be the appropriate mode of addressing the unique subject-matter of the highest speculative science. Theology is reasoning about divinity («de divinitate ratiocinatio»). That takes him straight away into the difficulty that this subject-matter is of its nature beyond all others in ways which make it peculiarly difficult to grasp. Sometimes the theologian uses comparisons, examples brought in from outside («exemplis utitur quaesitis extrinsecus»); sometimes he attempts to contemplate the divine being directly: «sine subiecta materia curiose intuetur»[49].

Theological method and the special character of theological knowledge

The direct method

Again, we seem to have something which will work for theology in a way it cannot for metaphysics. Clarembald identifies in «naturalia and theologica, diversa speculationum modis», distinct modes of *speculatio*[50]. For this he claims not only Boethius' but also Cicero's

---

[48] THOMAS AQUINAS, *Opera omnia*, vol. L, *op. cit.*, p. 137.

[49] CLAREMBALD OF ARRAS, *Tractatus super librum Boetii De Trinitate*, in id., *Life and Works*, *op. cit.*, p. 63-186, here Introductio (14), p. 70.

[50] *Ibid.*, II (2), p. 106.

and Plato's authority[51]. He asks what this diversity consists in and where it comes from. The speculations take place *in anima*. But the soul «always conforms itself to its instruments», «suis semper se conformat instrumentis»[52]. That is to say, it operates through (and according to the requirements of) whatever tool is appropriate. If it is thinking about touching it uses 'touch-concepts' such as *grossitudo*, and similarly for other senses. If it is working *per imaginatio* it uses images. If it is working *per vim rationis*, it uses reasoning[53]. These ideas are also to be found in embryo in Clarembald's master Thierry of Chartres[54].

The nearest rival to theology for the place of chief among the sciences was philosophy. In the twelfth century schemata of study, a standard question is *cui parte philosophiae*, to which part of 'philosophy' the subject-matter belongs. It is not always clear how 'the speculative' relates to philosophy in these later twelfth century discussions of Boethius, yet there is a high consciousness in the later twelfth century discussions of the nature of theological study, that comparisons and contrasts have to be made with philosophy. Clarembald asks what a philosopher is for, «de quo agat phylosophus et quid intendat»[55]. In theology his role is to confirm rather than to challenge. In Clarembald's dedicatory letter to the *libellus* he makes the point that just as, proverbially, the praise of an enemy is praise indeed, so the Divine Page may be corroborated even by the opinions of the philosophers when they are properly adjusted for the purpose: «spero praecipuum quod plerasque philosophorum sentencias Christianae veritati accommodavi quo etiam ab adversariis divina pagina robur acciperet et munimentum»[56].

Both Thierry and Clarembald consider what 'tools' or instruments of the soul are 'used' in doing theology. Thierry argues that the soul 'uses itself as an instrument' («se ipso pro instrumento utitur») when

---

[51] Possibly recollecting Boethius' *De Consolatione Philosophiae*, III, pr. 12, cf. BOETHIUS, *op. cit.*, p. 296 although the fit is not close.

[52] CLAREMBALD OF ARRAS, *op. cit.*, II (4), p. 107.

[53] *Ibid.*, p. 107-108.

[54] THIERRY OF CHARTRES, *op. cit.*, p. 71

[55] CLAREMBALD OF ARRAS, *op. cit.*, Introductio (17), p. 72.

[56] CLAREMBALD OF ARRAS, *Epistola ad Dominam*, in id., *Life and Works*, *op. cit.*, p. 226-227, here p. 226.

it seeks to understand, by understanding alone («sola intelligentia»), the true form of divinity[57]. Clarembald puts the same point slightly differently: «sola intellectibilitate consurgit»[58]. The important point for both is that this direct mode of doing theology avoids resort to images or examples and therefore to analogy. This appears to be the 'pure' mode of 'doing theology' but without the slight taint of an association with 'curiosity'.

> In theologia igitur se ipsa pro instrumento utitur anima ut veram divinitatis coram sola contempletur intelligentia. In mathematica quoque intelligentia utitur et se ipsa pro instrumento sed solas corporum formas abstractas quidem a material intuetur[59].

It is to be expected that it will 'work' better in the tranquil mind. The 'philosopher' in the dialogue with Everardus expresses amazement that Everard should think a man who is disturbed by such a question as they are addressing should be able to clear his mind to find the solution to it: «Mirabilis es putans hominem perturbatae mentis vacare solutioni posse tantae quaestionis». Everard seems to agree. A true philosopher is neither elated nor downcast by events, «Philosophus es. Scio te non frangi diversis nec extolli prosperis»[60].

The liberal arts: 'assistant' or 'rival' sciences?

On this notion of using the very 'self' to obtain direct access to the subject-matter of theology, logic is merely an instrument:

> res autem de quibus est logica non queruntur ad cognoscendum propter se ipsas, sed ut amminiculum quoddam ad alias scientias[61].

But that does not mean it does not 'colour' and 'direct' the approach. Twelfth century thinkers were extremely conscious of the 'logic' and 'language' aspects of the theologian's task. Theological language poses special problems, but it is still language:

---

[57] THIERRY OF CHARTRES, *op. cit.*, p. 71

[58] CLAREMBALD OF ARRAS, *Tractatus super librum Boetii De Trinitate*, *op. cit.*, II (8), p. 109.

[59] THIERRY OF CHARTRES, *op. cit.*, p. 71.

[60] EVERARD OF YPRES, *Dialogus Ratii et Everardi*, *op. cit.*, p. 251.

[61] *Ibid.*

> Quia verba philosophica ad loquendum de divinitate transtuli que in divina pagina nova sunt, i.e. inusitata vel quia novis quibusdam verbis i.e. inusitatis utitur ut est omousion i.e. unius substantiae[62].

The Philosopher in Everard's *Dialogue* says that he believes grammar and logic must be used in the solution to the problem they are addressing. It is to be recognized that the solution of this question rests beyond the realms of grammar and logic («prae foribus grammaticae et logicae»)[63]. Everardus affects surprise precisely because it is obvious that it is important. Everardus's response is sharp. 'What are you saying? A theological question is solved by knowledge of grammar and logic?[64]' Again, metaphysics does not necessarily run its students into this sort of difficulty. Gregory the Great's famous protest that the Holy Spirit is not constrained by the rules of Donatus arose in the context of a Christian theology and not of mere metaphysics.

Doing theology is an act of faith

With the mind and soul making their 'direct' approaches to and with logic and language in their proper places, theology becomes an act of faith of a particular kind, conscious, intellectual. The first way of approaching the study of theology (identified by Clarembald of Arras in his remarks on the use of example or illustration) involves the use of analogy. The human craftsman, says Thierry, has an idea in his mind in the form of a design before he builds a house. So the *mens divina* conceives within itself the natures of things (*naturae rerum*) which are called 'ideas'. And in both cases those ideas owe nothing to the matter of which they are to be made[65].

---

[62] THIERRY OF CHARTRES, *op. cit.*, p. 60.

[63] EVERARD OF YPRES, *op. cit.*, p. 252.

[64] *Ibid.* Cf. N. M. HÄRING, «Sprachlogische und philosophische Voraussetzungen zum Verständnis der Christologie Gilberts von Poitiers», in *Scholastik*, 32 (1957), p. 373-398.

[65] THIERRY OF CHARTRES, *op. cit.*, p. 169.

A second sails close to the *curiositas* Augustine found so dangerous, precisely because of its 'presumption'[66]. But this launching of the mind and soul towards God in an attempt to grasp him directly, is also an act of faith, and that anchors it and makes its outcome secure. Does it make a difference whether the theologian begins his inquiry as a believer? Thierry thinks it does. He is clear that Boethius begins in that way, so that his is not an open-ended inquiry. «Antequam accedat ad propositum, fidem catholicam commendat»[67].

The method of getting at the truth by posing questions was already becoming, by the later twelfth century, a developed system of *disputatio* we may almost call 'scholastic'. But the Boethian commentators were able to go back to first principles here, as in so much else, because Boethius put the matter in a particular way. Boethius says that a question is a «propositio adducta in dubitationem et ambiguitatem»[68]. That stirs Clarembald to distinguish crisply between *dubium* and *ambiguum*. Not all that is in doubt is ambiguous. Something *dubium* may be clearly stated, but it may incline the mind to neither side on the point in question. Questions may arise out of *dubia*, some without ambiguity, some *cum ambiguitate*. It is important to understand that questions can be formulated which are not ambiguous, but simply about genuinely doubtful matters[69].

Discussions of ways in which God's existence can be proved reflect a 'scientific' approach of a particular kind, where metaphysics does indeed come into the picture in contradistinction from physics. Clarembald of Arras, writing in his *Tractaculus*[70] about the creation of the world, adopts the view that the world itself is proof enough. He begins where Scripture begins. 'In the beginning God created heaven and earth' (Genesis 1,1). The creation of things (*creatio rerum*) is

---

[66] CLAREMBALD OF ARRAS, *op. cit.*, Introductio (14), p. 70. Clarembald has Augustine in mind. He cites Augustine's *De Trinitate* on the 'image and likeness' passage in Genesis 1, 16. Cf. Augustine, *De Trinitate*, VII, 5.

[67] THIERRY OF CHARTRES, *op. cit.*, p. 62.

[68] BOETHIUS, *De differentiis topicis*, PL 64, col. 1147B.

[69] CLAREMBALD OF ARRAS, *op. cit.*, Prologus (9), p. 78.

[70] CLAREMBALD OF ARRAS, *Tractatulus*, 9-10, ed. in N. M. HÄRING, «The creation and creator of the world according to Thierry of Chartres and Clarembald of Arras», in *Archives d'histoire doctrinale et littéraire du Moyen Âge*, 30 (1955), p. 137-216 (German translation of the article in W. BEIERWALTES, *Platonismus in der Philosophie des Mittelalters*, Darmstadt, 1969, p. 161-267).

both the beginning of the Bible and an *introitus* to knowing the Creator. 'From the creation of the world certain arguments can be drawn (*sumi*) so that it can be proved to both pagans and unbelievers that the world had a Creator'. The world is made up of contrary elements, hot, cold, moist, dry. That must come about in one of three ways: by nature, by chance or because there was a creator. But nature applies like to like («natura similia similibus applicat») and avoids contraries. So nature did not make the world. Nor did chance. Chance is an unforeseen outcome of the coming together of different causes. If chance had made the world those causes must have existed before, and that is *inconveniens*. There can have been no preexisting cause before the creation of such causes. So we are left by a process of elimination with the *artifex*.

This Creator must have been man, angel or God[71]. It cannot have been man, because man was part of the creation. 'Angel' is the name of a task or duty (*officium*) not a nature. An angel is a messenger. A messenger goes where he is sent and reports to another. So he cannot be the omnipotent being who is required by this scenario as creator of the world. So there must be a Creator of the world who is *deus*, and therefore a God. Clarembald disposes as an afterthought of the possibility that the world made itself. That is the idea of a madman[72].

The method here is to take a starting-point with whose assumptions all can agree and to see what must follow from it by listing all the possibilities and then eliminating those which will not do. Clarembald begs a great many questions but his methodology is not necessarily invalidated by flaws in the way he conducts his argument. His method is essentially that of Anselm in the *Cur Deus Homo*. Anselm clears the decks of any presumption about the outcome («remoto Christo»)[73]. He takes as his starting-point the range of options which then lie before the unprejudiced mind, and eliminates all but the hypothesis which brings us back to Christ. Again we must ask

---

[71] Here Clarembald may be borrowing from Anselm of Canterbury's approach in the *Cur Deus Homo* to the question who could have been man's rescuer by paying the debt which was owed to God.

[72] Borrowing from WILLIAM OF CONCHES, *op. cit.*, 1, 5, col. 44.

[73] ANSELM OF CANTERBURY, *Sancti Anselmi Cantuarensis archiepiscopi Opera omnia*, 6 vols., ed. F. S. SCHMIDT, Seckau/Rom/Edinburgh, 1938-1961, vol. II, p. 42.

whether this would be as appropriate a methodology for metaphysics as it is for Christian theology, and probably the answer will be no.

Boundaries and the *disciplina arcani*

The limitations of the human mind mean that in theological science a student never achieves the same level of mastery as is possible in other sciences. Here again, it differs from mere metaphysics in the level of the challenge it poses to the mind of a creature. Boethius also argues in the opening passages of the *De Trinitate* that there is a proper limit to each *ars*, beyond which its explorations cannot go: «nam ceteris quoque artibus idem quasi quidam finis est constitutus, quousque potest via rationis ascendere»[74]. The Boethian principle, then, seems to be that a discipline has its boundaries, not only in the sense of having edges to the area it covers, but also in the sense that there is only so far it can go with its inquiries. Thierry is clear that Boethius has theology especially in mind here and that the proposed limit (as indeed for every *ars*) is the reach of human reason[75] Thierry notes that in other *artes* there is a *finis constitutus* beyond which reason's inquiry (*rationis inquisitio*) cannot penetrate[76].

Boethius makes the claim that he has deliberately been brief and used unfamiliar words in a form of *disciplina arcani*: «ex intimis sumpta philosophiae disciplinis novorum verborum significationibus velo». He intends to protect his reflections from those intellectually unworthy to appreciate them[77]. So to the idea of 'an area of intellectual endeavour' must be added an expectation that it should be of some intellectual difficulty. The *disciplina arcani* theme is picked up by Thierry of Chartres in his Commentary on the *De Trinitate*. He paraphrases:

> quid intendam satis declarat adiuncta difficultati materie loquendi obscuritas, hoc scilicet: rem propositam minus doctis non propalare sed solis sapientibus

---

[74] BOETHIUS, *op. cit.*, p. 4.
[75] THIERRY OF CHARTRES, *op. cit.*, p. 131.
[76] *Ibid.*, p. 61.
[77] BOETHIUS, *op. cit.*, p. 4.

> insinuare. Si enim rem propositam manifestare omnibus voluisset, de re presertim difficillima obsecure locutus non esset[78].

The *causa difficultatis* is partly the *loquendi obscuritas* and partly the sheer difficulty of the *res*, the subject-matter under discussion[79], in the case of theology.

The reason for the deliberate obscurity of Boethius, thinks Thierry of Chartres, is to 'keep out' the foolish from these sacred ideas: «Solis inquit sapientibus loquimur sed obscuritate loquendi [...] insipientes exclusimus»[80]. Alan of Lille too takes it as an important characteristic of theological maxims that they are not to be understood by any but the wise: «Hae propositiones in pleniori sinu theologiae absconduntur, et solis sapientibus colloquuntur»[81].

This theme of a hushed respect for 'difficulty' and for an author who will make a feature of the difficulty of what he is writing about, is detectable in twelfth century authors. John of Salisbury uses it, with an overtone of criticism of those less able than he to see into the difficulties. He sneers at those who think Boethius is sufficient authority («Boetio fere solo contenti») on hypothetical syllogisms. A handbook would be valuable, he says. Few really grasp this difficult subject[82]. Commentators as late as Aquinas remark on Boethius' claims about the difficulty of the subject-matter, and his deliberate attempt by writing obscurely to ensure that only those who are capable of understanding will have access to what he has to say.

Aquinas also takes it as a starting-point that Boethius intends to be obscure. «Primo ostendit quod intendit obscure dicere»[83]. Aquinas's emphasis in his exposition of Boethius's Proemium to the *De Trinitate* is again on the difficulty of the work. It is brief and obscure. The reasoning is subtle (*subtilis ratio*). Boethius uses the methods of logic or metaphysics: «que sunt discipline a sensibilibus abstrahentes, qua-

---

[78] THIERRY OF CHARTRES, *op. cit.*, p. 58.

[79] *Ibid.*

[80] *Ibid.*, p. 61.

[81] ALAN OF LILLE, *op. cit.*, col. 622.

[82] JOHN OF SALISBURY, *op. cit.*, IV, 27-28, p. 164.

[83] THOMAS AQUINAS, *Commentary on De Hebdomadibus*, in *Opera omnia*, vol. L, *op. cit.*, p. 268.

rum principiis et conclusionibus utitur, ut metaphisice et logice»[84]. So it is reasonable to give Boethius in the *opsucula sacra* the credit (or blame) for the fashionableness of an idea which carried to a logical conclusion would appear to cut the mass of the faithful off from any prospect of fully understanding their faith. It is fair to say that this is a consequence or implication of this late twelfth century blend of a new self-consciousness about method; the bringing together of the *artes*, and, paradoxically, a growing confidence that theology is special and its students can do it with a directness peculiar to its subject-matter.

Aquinas remarks in his exploration of the *De Trinitate,* that it is quite right to call the *intellectus auctoris* a 'little fire' (*igniculus*)[85]. Aquinas poses a series of methodological questions about Boethius' 'preliminaries' in the *De Trinitate.* In which self-consciousness about modes of knowing is the key. The first *quaestio* contains four articles. First, there is the question whether the human mind (*mens humana*) needs to be freshly illuminated by the divine light *in cognitione veritatis*. Second comes the question whether it is possible to arrive at a knowledge of God («ad Dei notitiam pervenire»). Third is the question whether God is the first thing known by the mind («primum quod a mente cognoscitur»). The fourth is whether to know God is to know the Trinity[86]. Under the head of the second *quaestio* come four more articles. First, whether it is permitted to treat of the divine by investigation («utrum divina liceat investigando tractare»); second, whether there can be any knowledge (*scientia*) of the divine; third, whether in the «scientia fidei, que est de deo», it is allowable to use philosophical reasoning and authorities; whether divine things ought to be veiled in obscure and novel words (yes, says Aquinas)[87]. There is a movement in these passages between *notitia*, *cognitio*, *scientia*.

---

[84] *Ibid.*, p.7 and p. 8-9.
[85] *Ibid.*, p. 77.
[86] *Ibid.*, p. 80ff.
[87] *Ibid.*

Conclusion

Boethius puts *scientia divina* last, suggests Aquinas, because it is «ultima quoad nos», the last we come to in our own learning process, not because it is not first in importance[88].

> Quamvis scientia divina sit prima omnium scientiam naturaliter, tamen quoad nos alie scientie sunt priores [...] Ordo huius scientie est ut addiscatur post scientias naturales, in quibus sunt multa determinate quibus ista scientia utitur, ut generatio, corruptio, motus, et alia huiusmodi[89].

I am proposing that metaphysics in the twelfth century, though it takes us beyond nature, does not take us as far as theology, or pose quite the same difficulties.

---

[88] THOMAS AQUINAS, *Expositio super librum Boethii De trinitate,* in *Opera omnia*, vol. L, *op. cit.*, Q. 5, a. 1 (9), resp., p. 141.

[89] *Ibid.*

ANDREAS NIEDERBERGER

(Johann Wolfgang Goethe-Universität, Frankfurt)

NATURPHILOSOPHISCHE PRINZIPIENLEHRE UND THEOLOGIE IN DER *SUMMA ,QUONIAM HOMINES'* DES ALAIN VON LILLE

1. Alain von Lille und die Frage nach der Wissenschaftlichkeit der Theologie

Zweifellos ist das Werk des Alain von Lille aufgrund der methodischen Vielfalt und der komplexen Bestimmungen, die in ihm hinsichtlich der Möglichkeiten und Grenzen der Theologie entwickelt werden, eine der herausragenden Leistungen des 12. Jahrhunderts[1]. Kaum überraschend bewegt sich die Reflexionsleistung dieses Werkes aber nicht (oder nicht mehr) ausschließlich im Rahmen einer internen, d.h. sich wesentlich aus den Beständen der tradierten spätantiken Theologie und der Lehre der Kirchenväter speisenden Revision, wie etwa noch bei Anselm von Canterbury und Anselm von Laon, sondern sie wäre als solche undenkbar ohne die zeitgenössischen Entwicklungen im wissens- und wissenschaftstheoretischen Denken sowie in der Naturphilosophie. Denn die Neuerungen, die erneuten Rezeptionen von

---

[1] Cf. dazu M.-TH. D'ALVERNY (ed.), *Alain de Lille. Textes inédits*, Paris, 1965; M. BAUMGARTNER, *Die Philosophie des Alanus de Insulis im Zusammenhange mit den Anschauungen des 12. Jahrhunderts* (BGPhMA II, 4), Münster, 1896; M. DREYER, «Regularmethode und Axiomatik. Wissenschaftliche Methodik im Horizont der *artes*-Tradition des 12. Jahrhunderts», in I. CRAEMER-RUEGENBERG / A. SPEER (eds.), *Scientia und ars im Hoch- und Spätmittelalter* (Miscellanea Mediaevalia Band 22/1), Berlin/New York, 1994, p. 150-156; G. R. EVANS, *Alan of Lille – The Frontiers of Theology in the Later Twelfth Century*, Cambridge, 1983; J. JOLIVET, «Remarques sur les ,Regulae Theologicae' d'Alain de Lille», in H. ROUSSEL / F. SUARD (eds.), *Alain de Lille, Gautier de Châtillon, Jakemart Giélée et leur temps*, Lille, 1980, p. 83-99.

Bekanntem sowie die Präzisierungen von bestehenden Auffassungen, die sich in den überlieferten Texten des *doctor universalis* finden, verdanken sich einer Auseinandersetzung mit den verfügbaren Methoden der Wissenschaften, deren Grundlagen und Erkenntnisansprüchen sowie dem darin implizierten – vermeintlichen oder tatsächlichen, legitimen oder illegitimen – Aus- und Übergriff auf den Erkenntnisbereich, den bis dato die Theologie ihr Eigen nannte. Alains Werke bringen so eine sehr genaue Wahrnehmung der Herausforderungen zum Ausdruck, vor denen das theologische Denken aber auch die Erkenntnisbemühungen überhaupt in der zweiten Hälfte des 12. Jahrhunderts stehen.

Diese Herausforderungen machen in der Perspektive Alains auf zwei wesentliche Aspekte aufmerksam, in denen sich die Theologie mit dem neuen Verständnis der ‚Wissenschaften' auseinandersetzen muss, wenn sie ihre eigene Berechtigung erweisen und fortschreiben will[2]: Erstens muss wissenschaftstheoretisch geklärt werden, inwiefern die Theologie überhaupt eine Wissenschaft im Sinne der anderen Wissenschaften sein kann. Diese Reflexion nimmt bei Alain die verschiedensten Formen an: So befasst er sich durch sein Werk hindurch mit den Konsequenzen, die aus dem propositionalen Charakter wissenschaftlicher Erkenntnisse resultieren, d.h. mit der Frage, inwiefern theologische ‚Aussagen' im gleichen Sinne ‚Aussagen' sein können wie diejenigen der übrigen Wissenschaften[3]. In späteren Texten, wie etwa den *Regulae theologiae*, konstatiert er eine spezifische Form von Sätzen oder Axiomen am Grund der Wissenschaften und intendiert zu bestimmen, welche Gestalt diese wissenschaftsermöglichenden Sätze im Fall der Theologie haben müssen[4]. Aber der Anspruch, aus der

---

[2] Die Orientierung an den anderen Wissenschaften in Alains Auseinandersetzung mit der Theologie hinterlässt auch terminologische Spuren. So spricht er bereits in der frühen *Summa ‚Quoniam homines'* von der *scientia theologicorum*, der Wissenschaft oder dem Wissen der Theologen also, sowie von der *theologia*, die er insbesondere der *naturalis philosophia* entgegensetzt, cf. z.B. ALANUS AB INSULIS, *Summa ‚Quoniam homines'*, ed. P. GLORIEUX, in *Archives d'Histoire doctrinale et littéraire du Moyen Âge*, 20 (1953/54), p. 113-364, hier: p. 119 bzw. p. 121.

[3] Cf. dazu A. NIEDERBERGER, «Von der Unmöglichkeit der *translatio* – Zur Bestimmung von Philosophie und Theologie als *scientia* bei Alanus ab Insulis», in R. BERNDT / M. LUTZ-BACHMANN ET AL. (eds.), *‚Scientia' und ‚Disciplina' im 12. und 13. Jahrhundert* (Erudiri Sapientia 3), Berlin, 2002, p. 187-208.

[4] ALANUS AB INSULIS, *Regulae caelestis iuris*, ed. N. M. HÄRING, in *Archives d'Histoire doctrinale et littéraire du Moyen Âge*, 48 (1981), p. 121-226, hier: p. 122: «Supercelestis uero scientia i.e. theologia suis non fraudatur maximis».

Theologie eine Wissenschaft zu machen, hat auch unmittelbarere Folgen für die Argumentation, was sich etwa in der charakteristischen argumentativen Verdopplung zeigt, die in der *Summa ,Quoniam homines'* nicht nur praktiziert wird, indem jeweils Vernunft- und Autoritätsargumente nebeneinandergestellt werden – und zwar sowohl für die Pro- als auch für die Contra-Argumente –, sondern diese Verdopplung zu Beginn des Textes sogar explizit als Vorgehensweise eingeführt wird[5]. Offensichtlich reicht es nicht aus, theologische Wahrheiten zu postulieren, autoritativ zu belegen oder einen anderen Darstellungsmodus für sie zu reklamieren, sondern auch die theologischen Erkenntnisse und die theologische Erkenntnisweise müssen *begründet* werden, insbesondere da es widersprüchliche Auffassungen der Autoritäten und vernünftiger Argumentationen gibt. Obwohl diese Beschreibung für einen Großteil der Autoren des 12. Jahrhunderts gilt, so nimmt sie doch im Falle Alains eine besondere Bedeutung an, da bei ihm die Frage nach dem theologischen Grund und der theologischen Aussage selbst im Zentrum steht und weil genau die Bearbeitung dieser Frage ein wesentlicher Faktor dafür ist, dass sich Alain immer weiter von einer an der Offenbarung und ihrer Auslegung orientierten Theologie entfernt und eine neoplatonische Form einer philosophischen Theologik im wahrsten Sinne des Wortes entwickelt, d.h. eine Lehre der Bedingungen der Möglichkeit der *Rede* von Gott.

Neben der methodisch-wissenschaftstheoretischen Reflexion auf den Geltungsgrund und die notwendige Form theologischer Aussagen muss sich die ,verwissenschaftlichte' Theologie zweitens aber auch zu den materialen Resultaten der anderen Wissenschaften verhalten. Hier ergeben sich ebenfalls wieder verschiedene Optionen für die Theologie: Einerseits kann sie die wissenschaftstheoretische Reflexion fortführen und, indem sie das Verhältnis zwischen Erkenntnisweise, Erkenntnisobjekt und Geltungsanspruch bestimmt, die wechselseitigen Grenzen der Wissenschaften nachzeichnen und somit die Wissenschaften, die auf Erkenntnisobjekte der Theologie zielen, systematisch in ihre Schranken weisen. Andererseits kann die Theologie den höheren Plausibilitätsgrad oder tieferen Geltungsgrund ihrer Einzeler-

[5] ALANUS AB INSULIS, *Summa*, *op. cit.*, p. 122: «De qua hoc ordine agendum est: primo, probando unitatem essentie rationibus variis; secundo auctoritatibus variis gentilium philosophorum; tertio utendo auctoritatibus sanctorum patrum, tam veteris quam novi testamenti, hoc modo».

kenntnisse beanspruchen und somit material in Konkurrenz zu den anderen Wissenschaften treten.

2. «Deus [...] non est causa formalis»

Diese ‚Formalisierung' der verschiedenen Strategien, die sich (natürlich nicht in dieser Reinheit) in den Texten Alains finden, erlaubt es nicht nur, die starke Systematizität der Überlegungen des wahrscheinlich in Lille geborenen Denkers aufzuzeigen, sondern auch Verschiebungen in seiner Argumentation auszumachen, was es wiederum ermöglicht, zu untersuchen, welche neuen Erkenntnisse sein Denken beeinflussen oder verändern. Genauer gesagt ist nur so zu klären, wie sich im 12. Jahrhundert die Rezeption der neu übersetzten und erschlossenen Texte vollzieht und welche Rolle dabei der Ausgangskonstellation eines Denkens zukommt. Die folgenden Ausführungen gehen daher auch von einer zumindest in erster Hinsicht irritierenden späten Auffassung Alains aus und zeichnen nach, von welchen z.T. entgegengesetzten Ausgangspunkten er zu dieser Auffassung gelangt ist. Auf dieser Basis lässt sich die These plausibilisieren, dass die Rezeption der neuen Texte (zunächst) keine grundlegend neuen Gedanken einführt, sondern im Rahmen einer Präzisierung bestehender Überlegungen vollzogen wird, die dann jedoch zugleich einen transformierenden Charakter hat.

In der ersten Regel der sogenannten *Regulae theologiae*[6], die den monadischen Charakter Gottes, die Art seiner Einheit also, erörtert, finden sich nach der dreifachen Bestimmung möglicher Vielheit die folgenden negativen Auskünfte zum Wesen der Einheit Gottes:

> Gott ist nämlich weder aufgrund der Teile verschieden, weil er unkörperlich ist, noch ist er aufgrund der Eigenschaften verschieden, weil in ihm, wie Augustinus sagt, keine Zahl und keine Verschiedenheit ist. Er ist [auch] nicht verschieden durch mannigfaltige Wirkungen, da er keine Formalursache ist. Daher ist er wahrhaft einer, ja sogar Einheit[7].

---

[6] Cf. zu den *Regulae* insgesamt auch den folgenden Aufsatz von Françoise Hudry sowie die Kommentare und Hinweise in ihrer französischen Übersetzung derselben: ALAIN DE LILLE, *Règles de théologie* suivi de *Sermon sur la Sphère intelligible*, ed. und üs. von F. HUDRY, Paris, 1995.

[7] ALANUS AB INSULIS, *Regulae*, *op. cit.*, p. 124: «Non enim deus diuersus est ratione partium quia incorporeus, non diuersus ratione proprietatum, ut dicit Augustinus,

Während die ersten beiden Bestimmungen wenig überraschend sind, da sie mit der Körperlichkeit und dem Numerischen Gott zwei Prädikate absprechen, die allein den Dingen nach ihm zukommen, wirft die dritte Aussage sofort eine Nachfrage auf: Wenn doch Gott die Ursache von allem ist, woran offensichtlich kein Zweifel bestehen kann, und alles Seiende notwendig eine Form hat, warum sollte Gott dann keine Formalursache sein? Den Grund für diese Behauptung liefert Alain in seinem wenig später verfassten und gegen verschiedene Arten von Häresien gerichteten Text *Contra Haereticos* nach. Hier findet sich mit Blick auf die Frage, warum wenn Gott unwandelbar ist, die Dinge nicht auch unwandelbar sind, die folgende Erklärung:

> Überdies folgt nicht, dass wenn die Ursache unwandelbar ist, die Wirkung unwandelbar ist. Die Wirkursache ist nämlich etwas anderes als die Formalursache. Die Wirkursache ist das, was bewegt und darauf hinwirkt, dass das Ding *ist*; so dass der Schöpfer die Wirkursache seines Werkes ist und jenes bewegt sowie darauf hinwirkt, dass es *ist*; und es folgt dennoch nicht, dass wenn etwas vom Schöpfer ausgesagt wird, dies auch von seinem Werk [ausgesagt wird] oder umgekehrt. [...] Von der Formalursache ist es aber wahr, dass wenn sie selbst unwandelbar ist, auch die Wirkung unwandelbar ist und umgekehrt, so dass wenn die Weißheit wandelbar ist, auch das weiße [Ding] wandelbar ist. Weil die Menschheit dasjenige ist, was die substantielle Natur des Menschen und die Formalursache ist, und sie [d.h. die Menschheit] wandelbar ist, ist auch ihre Wirkung wandelbar, d.h. das den Menschen [Aus]machen. Da also Gott nicht die Formalursache ist, sondern die Wirkursache, sind die Dinge dennoch nicht unwandelbar, obgleich er selbst unwandelbar ist[8].

---

quia in eo nullus numerus, nulla diuersitas est. Non est diuersus effectibus uariis quia non est causa formalis. Quare uere est unus, immo unitas».

[8] Alanus ab Insulis, *Contra haereticos*, PL 210, Liber 1, col. 311: «Praeterea non sequitur, quod si causa sit immutabilis, effectus sit immutabilis. Alia est causa efficiens, alia formalis. Efficiens causa est, quae movet et operatur ad hoc ut res sit; ut artifex est causa efficiens operis sui, illudque movet, et operatur ad hoc ut sit; nec tamen sequitur, quod si aliquid praedicatur de artifice, quod etiam de ejus opere vel contra. [...] De formali autem causa, verum est, ut si ipsa sit immutabilis, effectus sit etiam immutabilis, et contra, ut si albedo sit mutabile, album etiam sit mutabile. Sic quia humanitas quae est natura substantialis hominis, et causa formalis, mutabilis est, mutabilis est et effectus ejus, id est facere hominem. Cum ergo Deus non sit causa formalis, sed efficiens, quamvis ipse sit immutabilis, non ideo res immutabiles».

Unter Rekurs auf den Unterschied zwischen *causa efficiens* und *causa formalis* argumentiert Alain also, dass die Wirkursache der Existenzgrund einer Sache überhaupt ist und daher einen anderen ontologischen Status als diese beanspruchen kann, während die Formalursache die Wesensbestimmung (*natura substantialis*) der Sache ist. Erst und nur für die letztere gilt der erkenntnistheoretische Grundsatz, der hier auch hinsichtlich der Prädikation reformuliert wird, dass aufgrund ihrer Homologie von den Wirkungen auf die Ursachen geschlossen werden kann. Es tritt also das im lateinischen Denken zunächst bei Boethius begegnende Paar des *quid est* und *quod est* der Sachen insofern auseinander, als nun nur das erstere unmittelbar auf Gott zurückgeführt wird[9]. Mit dieser Erklärung wird deutlich, dass Alain auf der Grundlage unterschiedlicher Kausalitätsrelationen (mindestens) zwei Prinzipien der Dinge annimmt: Gott und die Formen oder Wesensnaturen. Hiermit eröffnet sich neben der Theologie ein weiterer Bereich, in dem nach ersten Ursachen geforscht werden kann – ein Bereich, auf den auch die Wissenschaft des Seienden als Seienden oder der ersten Ursachen, wie sie etwa in den aristotelischen Formulierungen des vierten Buches der *Metaphysik* entworfen wird, abzielt. Interessant ist, dass sich bei Alain die Unterscheidung zwischen dem Wirken der *causa efficiens* und demjenigen der *causa formalis* im Kontext der Erörterung der Einheit Gottes findet, d.h. im Rahmen der Diskussion eines Themas, das immer schon ein wesentlicher Bestandteil der Ausführungen war, die sich mit dem Problem der Einheit Gottes trotz oder gerade in seiner trinitarischen Gestalt befassten. Ein Blick in die Geschichte der Theologie zeigt allerdings, dass diese Unterscheidung zwischen zwei Kausalitäten zumindest in der Explizitheit, in der sie sich bei Alain findet, keinen Vorgänger hat[10]. Bevor daher die Frage nach der Existenz einer Art Metaphysik

---

[9] Zu Boethius cf. insbesondere seinen Traktat *De hebdomadibus* in A. M. S. BOETHIUS, *Die Theologischen Traktate*, üs. und kommentiert von M. ELSÄSSER, Hamburg, 1988, p. 34-45; cf. dazu auch den Beitrag von Matthias Lutz-Bachmann in diesem Band.

[10] Hier soll natürlich nicht bestritten werden, dass vorher schon mit der Vier-Ursachen-Lehre operiert wurde. Es ist allerdings festzuhalten, dass sich bei den wichtigsten Vorgängern und Zeitgenossen durchweg wie selbstverständlich die Formulierung findet, Gott sei die *causa formalis*. Cf. etwa THIERRY VON CHARTRES, «De sex dierum operibus», ed. N. M. HÄRING, in *Commentaries on Boethius by Thierry of Chartres and his School*, Toronto, 1971, p. 553-575, hier p. 556-557: «Ubicumque uero dicit DIXIT DEUS et cetera ibidem notat formalem causam que est dei sapientia quia ipsius auctoris dicere nichil est aliud quam in coeterna sibi sapientia future rei formam disponere»; oder WILHELM VON CONCHES, «Glosae super Boetium», ed. L.

neben der Theologie bei Alain weiterverfolgt wird, ist zunächst zu analysieren, welches die Gründe für diese Differenzierung von zwei Bereichen höchster Prinzipien sind, d.h. ob sie in den beständig weitergeführten und nicht in Frage gestellten theologischen Prämissen liegen, ob sie in der Auseinandersetzung der ,frühen' *Summa ,Quoniam homines'* mit der zeitgenössischen Naturphilosophie zu finden sind oder ob das Auftauchen der Aussage, dass Gott keine Formalursache sei, einen Bruch im Denken Alains darstellt, der durch einen anderen externen oder internen Anlass motiviert ist.

3. Die Diskussionen der Naturphilosophie in der *Summa ,Quoniam homines'*

In den bisherigen Ausführungen wurde mit einer zeitlichen Schematisierung der Werke Alains gearbeitet, die angesichts der Umstrittenheit dieses Punktes, einer kurzen Erläuterung bedarf[11]. Über die *vita* Alains und sein Wirken in den Schulen und klerikalen Kontexten des 12. Jahrhunderts ist nur äußerst wenig bekannt, im Prinzip nur sein Todesdatum und -ort sowie die Hinweise und Widmungen, die sich in seinen Texten selbst finden[12]. Die wenigen Hinweise sowie die

---

NAUTA, in GUILLELMUS DE CONCHIS, *Glosae super Boetium* (CCCM CLVIII), Turnholt, 1999, p. 145: «Notantur autem quatuor in principio principales causae: efficiens, id est creator; formalis, ipsius sapientia; finalis, eiusdem bonitas; materialis, quatuor elementa». Eine Ausnahme scheint allein der Zisterzienserabt Isaak von Stella mit seiner *Predigt 22* darzustellen; cf. dazu A. FIDORA / A. NIEDERBERGER (eds.), *Vom Einen zum Vielen. Der neue Aufbruch der Metaphysik im 12. Jahrhundert – Eine Auswahl zeitgenössischer Texte*, Frankfurt, 2002, p. 20-33.

[11] Für die hier besonders interessierenden Texte gibt Gillian R. Evans in ihrer Studie zu Alain folgende Daten an: *Summa ,Quoniam homines'* um 1160, *Regulae theologiae* um 1160, *Contra Haereticos* 1185-1200 (cf. G. R. EVANS, *Alan of Lille, op. cit.*, p. 14-19). Françoise Hudry dagegen favorisiert folgende Jahreszahlen: *Summa* 1155-1167, *Regulae* 1192-1194, *Contra Haereticos* 1190-1200 (cf. F. HUDRY, *Règles de théologie, op. cit.*, p. 85-89).

[12] Einen Überblick über den Stand der Forschung zur Biographie Alains gibt d'Alverny in der Einleitung zu ihrer Ausgabe von bisher nicht edierten Texten des mittelalterlichen Denkers, cf. M.-TH. D'ALVERNY (ed.), *Alain de Lille, op. cit.*, p. 11-29. Cf. darüber hinaus auch P. G. WALSH, «Alan of Lille as a Renaissance Figure», in D. BAKER (ed.), *Renaissance and Renewal in Christian History*, Oxford, 1977, p. 117-135; für die archäologischen Befunde zu seinem Todesdatum cf. M. LEBEAU,

Tatsache, dass Alain sich immer wieder auf zeitgenössische Diskussionen in der Philosophie und der Theologie bezieht, ermöglichen es aber dennoch, zumindest annäherungsweise die wichtigsten philosophisch-theologischen Texte historisch zu situieren. Mit Blick auf die bereits angesprochenen Texte heißt dies, dass die *Summa ,Quoniam homines'* wahrscheinlich zwischen der Mitte der fünfziger und der Mitte der sechziger Jahre des 12. Jahrhunderts und zwar im erweiterten Umfeld der Pariser Schulen entstanden ist. Die beiden weiteren bisher zitierten Texte sind vermutlich mindestens 20 bis 25 Jahre jünger als die *Summa*, d.h. die *Regulae theologiae* entstammen der Zeit um 1190, während *Contra Haereticos* zumindest in wesentlichen Teilen um 1195 entstanden sein dürfte. Während diese Einordnung aber für *Contra Haereticos* wenig umstritten ist, ist sie dies für die *Regulae*. Die Tatsache, dass hier dennoch an der Datierung um 1190 festgehalten werden soll, hat zwei Gründe, die die Form und den vorliegenden inhaltlichen Punkt betreffen: Die Form der *Regulae* ist kaum ohne die Kenntnis des *Liber de causis* vorstellbar, und dessen Übersetzung wiederum ist nicht vor der Mitte der sechziger Jahre des 12. Jahrhunderts anzusetzen, wozu notwendig eine weitere Zeitspanne für die Übermittlung des Textes hinzukommt, die eine späte Abfassung wahrscheinlich macht[13]. Zu dem Zeitpunkt als Alain seine *Summa* verfasst, sind ihm offensichtlich die neoplatonischen Traktate, wie etwa der *Liber de causis* oder auch das weniger verbreitete *Buch der vierundzwanzig Philosophen*, die direkt oder indirekt seine späteren Schriften ganz deutlich nicht nur formal, sondern auch methodisch und inhaltlich prägen, noch nicht bekannt. Auch in der *Summa* bezieht er sich in seinen theologischen Erwägungen zwar bereits auf neoplatonische Figuren, kennt aber vor allem die Texte des Pseudo-Dionysios bzw. diejenigen von dessen lateinischem Vermittler und Übersetzer Johannes Scotus Eriugena[14]. Wie sich nun zeigen wird, ist diese

---

«Découverte du tombeau du bienheureux Alain de Lille», in *Collectanea Ordo Cisterciensis Reformatorum*, 23 (1961), p. 254-260.

[13] Zum *Liber de causis* und seiner Rezeption insgesamt cf. A. FIDORA / A. NIEDERBERGER, *Von Bagdad nach Toledo – Das ,Buch der Ursachen' und seine Rezeption im Mittelalter*, Mainz, 2001; zu Alains *Regulae* cf. A. NIEDERBERGER, «Zwischen *De Hebdomadibus* und *Liber de causis* – Einige Bemerkungen zu Form und Argumentation der *Regulae Theologiae* des Alanus ab Insulis», in *Convenit Selecta*, 5 (2000), p. 47-52.

[14] Cf. zum Verhältnis Alains zu Eriugena E. JEAUNEAU, «Le renouveau érigénien du XIIe siècle», in W. BEIERWALTES (ed.), *Eriugena Redivivus – Zur Wirkungsgeschichte seines Denkens im Mittelalter und im Übergang zur Neuzeit*, Heidelberg, 1987, p. 26-46.

Unkenntnis von hoher Bedeutsamkeit für die Erklärung eines grundlegenden Wandels im Denken Alains.

Für die ersten Abschnitte der *prima pars* im ersten Buch der nach ihren Anfangsworten benannten *Summa ,Quoniam homines'* kündigt Alain, wie in den *Regulae*, das in einer theologischen Schrift wenig überraschende Ziel an, die Einheit der göttlichen *essentia* zu beweisen und das Verhältnis derselben zur Trinität zu untersuchen. Anders als in den *Regulae* beginnt Alain dazu aber weder mit einer direkten Betrachtung der Gottheit noch mit einer Reflexion auf den Charakter der Einheit, sondern wählt im Gegenteil den Anfang seines Beweisganges in der Welt der Geschöpfe, indem er festhält, dass alles, was sei, entweder geschaffen, *creatum*, oder mit-geschaffen, *concreatum*, sei. Geschaffen sind die Substanzen und zwar sowohl die sichtbaren als auch die unsichtbaren, während die Eigenschaften mit-geschaffen sind. Da Alain die erste Prämisse der vollständigen Disjunktion des Seienden in Geschaffenes und Mit-Geschaffenes für evident hält, beginnt seine eigentliche Argumentation mit dem zweiten Schritt, in dem er nun zeigt, dass alles Seiende auch zusammengesetzt ist[15]. Unter Aufnahme von Überlegungen, wie sie im Chartreser Umfeld und insbesondere bei Gilbert von Poitiers begegnen, unterscheidet er analog zu den drei angeführten Arten des Geschaffenen und des Mit-Geschaffenen drei Arten der Zusammensetzung: erstens das Gefüge von Teilen, zweitens die Konkretion von Naturen (*concretio naturarum*) und drittens die Zusammensetzung der Eigenschaften in den einzelnen Naturen[16]. Diese Unterscheidung ermöglicht es ihm, die Behandlung des Seienden im ganzen fortzusetzen, da mit den angeführten Arten auch dasjenige, was im Vergleich mit den zusammengesetzten Körpern vermeintlich unteilbar ist, wie etwa Wesensbestimmungen oder die Formen von Einzeldingen, als Zusammengesetztes zu beschreiben ist. Hierbei stehen sicherlich mindestens drei Überlegungen im Hintergrund: Erstens kann auf diese Weise im Anschluss an die ihm be-

---

[15] ALANUS AB INSULIS, *Summa*, *op. cit.*, p. 122: «Quicquid est aut est concreatum aut est creatum. Sed quicquid est creatum vel concreatum compositum est».

[16] *Ibid.*: «Tria sunt genera compositionis: unum quod sit ex compage partium, secundum quod corpora composita dicuntur esse quia compaginantur ex partibus; aliud genus compositionis est quod sit ex concretione naturarum, secundum quam compositionem anima dicitur esse composita, non quia compacta sit ex partibus sed quia concrete sunt et naturales proprietates, ut ratio, memoria, intellectus».

kannten neoplatonischen Überlegungen besonders deutlich gemacht werden, dass der Einheitsbegriff auf den Stufen nach der höchsten Einheit nur annäherungsweise und daher in gewissem Sinne metaphorisch gebraucht wird. Zweitens können in erkenntnistheoretischer Hinsicht die Vermögen jeweils so dargestellt werden, dass sie sich in einer spezifischen Relation zur Art der Zusammensetzung befinden, d.h. der Intellekt erkennt das Unkörperliche bzw. die Formen, die qua Konkretion in den Dingen sind, während sich die Sinne auf die integrale Erscheinung der Teile als Gesamtkörper richten. Drittens bereitet diese Beschreibung aber vor allem die grundsätzliche Gegenüberstellung von Gott und dem Reich des Seienden vor, die zum einen notwendig ist, um die aufgekommenen Versuche, zumindest Teile der Konstitution des Seienden ohne den Rekurs auf Gott zu erklären, abzuweisen, die es zum anderen aber positiv nahe legen wird, allein in der Theologie eine Wissenschaft zu erblicken, die das Seiende als Seiendes betrachtet, d.h. in dem, was ihm allgemein zukommt.

Im dritten Argumentationsschritt hält Alain folglich fest, dass was immer zusammengesetzt ist, eines Anfangs (*initium*) seiner Existenz bedarf, wobei für diesen Anfang sofort drei Varianten auszuschließen sind, da die Zusammensetzung weder zufällig ist, noch sich das Zusammengesetzte selbst zusammensetzen kann und aufgrund ihres gegensätzlichen Charakters nicht davon auszugehen ist, dass einzelne Geschöpfe einander wechselseitig zusammensetzen[17]. Mit den Beispielen, die Alain für die Unplausibilität dieser Varianten gibt, wird vollends die Strategie ersichtlich, gegen die seine Ausführungen zielen: Im ersten Beispiel greift er auf die Elemente zurück und konstatiert, dass es wohl kaum so sein könne, dass das Feuer die Luft oder die Luft das Feuer zusammensetze, während er im zweiten Beispiel dasselbe für Körper und Geist behauptet. Wenn es nämlich der zeitgenössischen Naturphilosophie, wie sie etwa in den Texten des Wilhelm von Conches oder noch radikaler bei Daniel von Morley überliefert ist[18], gelänge zu zeigen, dass ein Element die anderen zusammenset-

---

[17] *Ibid.*: «Sed quicquid compositum est, habet sue existentie initium, ut dictum est. Et ita quodlibet ab aliquo est vel ab aliquibus. Nichil enim casualiter est, nec aliqua res compegit se ipsa; componens enim naturaliter precedit compositum. Oportuit ergo aliquam vel aliquas precedere eas que predicta componerent. Non enim esset ratio quare una creatura aliam componeret, ut ignis aera, vel aer ignem, corpus spiritum vel spiritus corpus».

[18] Zu Wilhelm von Conches cf. A. FIDORA / A. NIEDERBERGER, «Philosophie und Physik zwischen notwendigem und hypothetischem Wissen – Zur wissenstheoreti-

zen könnte, dann gäbe es damit nicht nur eine Erklärung des Entstehens der Welt, die auf Gott verzichten kann, sondern auch ein ebensolches Modell, um das Entstehen oder zumindest die Verbindung von Körper und Seele zu begreifen. Die ausschließliche Einheit Gottes erscheint also nicht deshalb als notwendig, weil seinem Wesen somit Gerechtigkeit widerfährt, sondern weil sie die einzige Möglichkeit ist, den von Alain wahrgenommenen und rekonstruierten Widerspruch innerhalb der Versuche, das Entstehen und die Erhaltung der Welt naturphilosophisch zu erklären, zu beheben: Wenn die drei angeführten Weisen der durch die Substanzen selbst vollzogenen Zusammensetzung ausscheiden, dann muss es eine oder mehrere Ursachen (*causae*) jenseits derselben geben und diese wiederum müssen einfach sein, da sie ansonsten selbst unter die Probleme der Zusammensetzung fallen würden. Es können aber nicht mehrere anfängliche Ursachen bestehen, da diese dann hinsichtlich ihrer Eigenschaften (seien es solche der Art der Wirkung oder ihres Bereichs) verschieden wären, weshalb sie nur sekundäre Ursachen sein könnten, da sie selbst zumindest aus etwas Gemeinsamem (wie etwa der Ursächlichkeit) und den jeweils spezifischen Eigenschaften zusammengesetzt wären[19].

Mit dieser Argumentation im Rücken konfrontiert Alain die antiken und spätantiken naturphilosophischen Prinzipienlehren und weist die vermeintlichen Auffassungen Epikurs, des Aristoteles und Platons zurück. Epikur schreibt er die ‚irrige Meinung' zu, die Welt entstehe aus zufälligen Verläufen, wogegen Platon und Aristoteles in seinen Augen jeweils eine Darstellung geben, nach der die Materie und die Formen ewig existierten und dann im Falle Platons Gott als Wirkursache die beiden zusammen brächte, während ihm bei Aristoteles offensichtlich nicht klar ist, was dort das dritte Prinzip sein soll. Interessant ist, dass er dann als eine Position «inter modernos» auch den naturphilosophischen Pantheismus zurückweist, d.h. die Auffassung, dass

---

schen Bestimmung der Physik in der *Philosophia* des Wilhelm von Conches», in *Early Science and Medicine*, 6 (2001), p. 22-34; zu Daniel von Morley cf. den Beitrag von Thomas Ricklin in diesem Band.

[19] ALANUS AB INSULIS, *op. cit.*, p. 123: «Causam autem ex qua alia procederent oportuit esse simplicem, relegato omni genere compositionis. Si enim aliquo modo composita esset, initium existentie haberet, et ita eam alia causa preveniret; similiter illam alia, et sic incurreretur infinitas. Eadem ratione oportuit illam esse solam».

die Materie zwar ewig existiere, Gott nun aber die Formung dieser Materie selbst sei[20].

Wird nun zurückgeblickt auf die Differenzierung zwischen Wirkursache und Formalursache, wie sie in den *Regulae* und *Contra Haereticos* begegnet, dann sieht es in der *Summa* so aus, dass Alain hier zwar über eine breite Kenntnis der verschiedensten naturphilosophischen Argumentationsweisen verfügt, er sie aber rundheraus ablehnt. Er zieht nicht einmal die bei Thierry von Chartres und Wilhelm von Conches vorfindbare Position in Betracht, in Gott zumindest nicht die Materialursache des Seienden zu sehen, sondern diese Aufgabe den Elementen vorzubehalten. Scheinbar vertraut Alain zu diesem Zeitpunkt noch darauf, dass es ihm gelingt zu zeigen, dass Gott hinsichtlich aller vier Aspekte Ursache des Seienden ist. Dies wird vor allem in dem für die vorliegenden Ausführungen besonders interessanten Fall der Formalursache deutlich, wenn er im Rahmen der «hypothetischen Theologie» zu Beginn des zweiten Buchs der *Summa* die Wesensbestimmungen der Menschen und der Engel untersucht. Hier hält er fest:

> Wenn wir auf vernünftige Weise eine Ursache der Schöpfung (*creatio*) der Dinge bestimmen wollten, würden wir zurecht bestimmen, dass die göttliche Gutheit die Ursache der Dinge ist. Die Gutheit nämlich, die Gott ist, war auch die Wirkursache, weil sie alles schuf, und sie war die Formalursache, weil sie alles in guter Verfassung machte, indem sie anordnete, dass es in jener Verfassung bleibe[21].

In der *Summa* ist die Einheit Gottes also unproblematisch damit vereinbar, dass er nicht nur Schöpfer des Seienden ist, sondern dass er auch das Ordnungs- und Formierungsprinzip desselben abgibt.

4. Die Einheit und der Neoplatonismus

Kommen wir nun zum Schluss zu der These zurück, dass die Rezeption neuer Texte und Überlegungen sich nicht so vollzieht, dass diese als absolut Neues dem Alten hinzugefügt werden, sondern eher

[20] *Ibid.*, p. 125-129.

[21] *Ibid.*, p. 270: «Si velimus rationabiliter causam creationis rerum assignare recte bonitatem divinam causam rerum esse assignabimus. Bonitas enim que Deus est, et efficiens rerum causa fuit quia omnia creavit et formalis quia in bono statu omnia fecit, quia ut in eodem statu permaneret ordinavit».

dem Alten auf eine solche Weise inkorporiert werden, dass dieselben Prämissen neue und vielleicht entgegengesetzte Einsichten erlauben, dann ist genau dieser zweite Fall mit Blick auf das Verhältnis zwischen der frühen *Summa* und den späteren Texten Alains zu konstatieren. Er hält durch sein Werk hindurch an der zugleich theologisch und philosophisch notwendigen Überzeugung fest, dass allein Gott die Einheit und Einfachheit unumschränkt zukommt. Allerdings folgen daraus in der *Summa* und in *Contra Haereticos* sowie in den *Regulae* unterschiedliche Konsequenzen. Während die *Summa* jegliches Subsistieren auf Schöpfung und Zusammensetzung zurückführt, die letztlich nur in der höchsten Einheit Gottes begründet sein können, schließt es eben diese höchste Einheit in den späteren Schriften gerade aus, dass Gott die Ursache der Formierung der Dinge sein kann. Wie bereits erwähnt, hat Alain zur Zeit der Abfassung der *Summa* eine Präferenz für einige der Schriften des Pseudo-Dionysios, der wiederum etwa in *Der himmlischen Hierarchie* kein Problem hat festzustellen, dass

> die Schönheit Gottes – so einfach, so gut, so sehr Quelle der Vollkommenheit – vollständig unberührt ist von Unähnlichkeit. Sie greift aus, um jedes Sein gemäß des Verdienstes, eine Teilhabe am Licht [also] zu verleihen, worauf sie dann durch ein göttliches Sakrament in Harmonie und Frieden jedem der vollkommenen Seienden seine eigene Form zukommen lässt[22].

Die *Summa* ist gegen die neue Naturphilosophie im 12. Jahrhundert gerichtet und bestreitet jede Koexistenz der Gottheit als erstem Prinzip mit weiteren höchsten Prinzipien, die nicht vollständig auf die Gottheit reduziert werden können. Diese Ausschließlichkeit erweist sich als unhaltbar, sobald Alain mit dem gundissalinischen Traktat *De unitate* sowie insbesondere vermittelt über den *Liber de causis* mit der Weiterentwicklung des Neoplatonismus im Denken des Proklos bekannt wird. Letzterer hatte nämlich gegen Plotin darauf hingewiesen, dass der Übergang zwischen der Einheit des Einen und der Vielheit des Seienden in der Welt alles andere als unkompliziert ist und diver-

---

[22] PSEUDO-DIONYSIUS, *The Complete Works*, üs. von C. LUIBHEID, New York, 1987, p. 153f. (164D).

ser Zwischenstufen bedarf[23]. In der Auseinandersetzung mit der Lehre von der *creatio mediante intelligentia*, der Schöpfung vermittels der Intelligenz, eignet sich Alain eine Konzeption an, die es einerseits ermöglicht, Gott als höchstes und erstes Prinzip alles Seins zu bestätigen, und es zugleich andererseits notwendig macht, über weitere Prinzipien nachzudenken, die zumindest in so eigenständiger Weise den Entstehungsprozess des Seienden bestimmen, dass sie Qualitäten des Seienden hervorbringen können, die nicht in Gott enthalten sind[24].

Ergibt sich aus dieser Rekonstruktion eine neue Antwort auf die historische Frage nach dem Zeitpunkt der Abfassung der *Regulae*? Blickt man auf die diversen Argumentationsfiguren, die den Weg zur Aussage, dass Gott keine Formalursache sei, bilden – wobei hier die Äußerungen Alains, dass etwa der Sohn innerhalb der Trinität eine «quasi Formalursache» sei, die sich zum ersten Mal in dem unter dem Titel *Liber in distinctionibus dictionum theologicalium* bekannten Wörterbuch der theologischen Terminologie findet, nicht kommentiert wurden[25] –, dann ist es wenig plausibel anzunehmen, die *Summa* und die *Regulae* seien zeitnah entstanden. Die parallelen Formulierungen in den *Regulae* sowie in *Contra Haereticos* im Gegensatz zu allen anderen Texten machen eher eine Nähe dieser Texte wahrscheinlich.

Abschließend ist nun noch auf die Frage des Erscheinens einer von der Theologie unterschiedenen Metaphysik bei Alain einzugehen: Wenn der Weg zu einer solchen Metaphysik über die Naturphilosophie führt, dann hat Alain ein gutes Gespür dafür und versucht zunächst, das Entstehen einer solchen Metaphysik zu verhindern, indem er sich zu zeigen bemüht, dass die richtigen Intuitionen der Naturphilosophie nur im Rahmen einer Gotteslehre ihre Vollendung finden

---

[23] Cf. hierzu die Propositionen 1-6 der proklischen *Elemente der Theologie* in PROCLUS, *The Elements of Theology*, ed. und üs. von E. R. DODDS, Oxford, 1963, p. 2-7.

[24] Zum Ursprung der Lehre von der *creatio mediante intelligentia* cf. C. D'ANCONA COSTA, «La doctrine de la création ‚mediante intelligentia' dans le *Liber de causis* et dans ses sources», in *Revue des sciences philosophiques et théologiques*, 76 (1992), p. 209-233; zur Rezeption dieser Lehre bei Alain und im 12. Jahrhundert überhaupt cf. A. FIDORA / A. NIEDERBERGER, *Von Bagdad nach Toledo*, *op. cit.*, p. 205-216.

[25] ALANUS AB INSULIS, *Liber in distinctionibus dictionum theologicalium*, PL 210, col. 938: «*Secundum* aliquando notat efficientem causam, unde dicitur: *Initium sancti Evangelii secundum Joannem*. Notat causam formalem, unde David: *Reddet unicuique secundum opera*. Notat quasi formalem causam, unde David: *Miserere mei, Deus, secundum magnam misericordiam tuam*».

können. Auch später zwingen ihn nicht neue Einsichten in die Geltung naturphilosophischer Ausführungen die Reichweite der Theologie zu beschränken, sondern es sind im Gegenteil die immer präzisere Fassung der theologischen Terminologie sowie die systematischen theologischen Gedanken neu übersetzter Texte, die es unumgänglich machen, der Naturphilosophie eine sehr viel größere Bedeutung beizumessen, als sie die Naturphilosophen der ersten Hälfte des 12. Jahrhunderts beanspruchten. Gegen sein erklärtes Ziel muss Alain daher einen Raum eröffnen, in dem mit der Rezeption weiterer Texte des Aristoteles und aus dem arabischen Denken die Metaphysik ihren Platz neben der Theologie finden kann.

FRANÇOISE HUDRY

(Centre National de la Recherche Scientifique, Paris)

MÉTAPHYSIQUE ET THÉOLOGIE DANS LES *REGULAE THEOLOGIAE* D'ALAIN DE LILLE (†1202)

Pour envisager les rapports entre métaphysique et théologie dans les *Regulae theologiae* d'Alain de Lille, il faut préciser successivement la place chronologique de l'ouvrage, la forme de la discussion théologique à son époque, la méthode de l'ouvrage en vue du transfert des notions philosophiques à la théologie, et enfin les limites de ce transfert.

I. Date des *Regulae theologiae*:

Les rapprochements qui ont été faits entre les deux ouvrages théologiques d'Alain de Lille, la *Summa Quoniam homines* et les *Regulae theologiae*, ont laissé supposer que les deux textes étaient contemporains. Mais il faut aussi en souligner les différences, qui peuvent suggérer un grand éloignement dans le temps. Alors que la *Summa*, inachevée et conservée seulement dans deux manuscrits, envisage un vaste plan inspiré des *Sentences* de Pierre Lombard, les *Regulae theologiae* ont une intention limitée et précise: celle de donner à la théologie les mêmes 'bornes assurées' qu'aux autres sciences. Elles ont d'autre part une pensée stricte et un style simple, en profond contraste avec la pensée assez diffuse et le vocabulaire parfois précieux de la *Summa*, et même de façon générale avec le style habituel d'Alain de Lille, ce qui suggère qu'un grand laps de temps s'est écoulé entre les deux ouvrages. Or la *Summa* est datée entre 1155 et 1165[1].

Un indice interne assez important vient renforcer la possibilité d'une datation tardive des *Règles*: dans la règle 34, Alain donne comme exemple d'une expression théologique générale, reçue de tous les gens sensés (*generalis, ut ab omnibus intelligentibus recipiatur*), 'le Christ en tant qu'homme est un existant' (*Christum esse aliquid secundum quod homo*), expression lancée par Pierre Lombard[2]. Elle avait troublé l'autorité pontificale en 1164, puis en 1170, au point que le pape Alexandre III l'avait qualifiée de 'question théologique indisciplinée'[3]. Gauthier de Saint-Victor avait dénoncé en 1177-1178 dans son *Contra quatuor labyrinthos Francie* les doctrines christologiques de Pierre Abélard, Pierre Lombard, Gilbert de la Porrée et Pierre de Poitiers, sans nommer Alain de Lille. Il est donc probable que les *Règles de théologie* se situent longtemps après ce débat, vers l'extrême fin du XIIe siècle.

D'autre part, d'après les recherches nées de la collection de lettres du ms. Paris, BnF, lat. 13575, dont le résultat a été succinctement publié[4], il est vraisemblable qu'Alain de Lille est la même personne que le bénédictin anglais Alain de Cantorbéry-Tewkesbury. On peut donc tenter une lecture des lettres d'Alain de Tewkesbury comme venant peut-être d'Alain de Lille. Or, la lettre 30 d'Alain de Tewkesbury[5], datée vers 1192-1193, s'exprime en ces termes:

> Quocirca tua duxit fraternitas, si ad id vacaverit, amici animum stilo addicere studioso, ut que a sanctis patribus digeruntur mistice, numerum proportiones, et ipse digererem, cum mihi sufficiat precedentium inherere vestigiis, ne, si ab eorum itinere deviaverim, ausu temerario convincar

---

[1] ALAIN DE LILLE, *Summa Quoniam homines*, ed. P. GLORIEUX, in *Archives d'histoire doctrinale et littéraire du moyen âge*, 20 (1953), p. 113-364 (116).

[2] *Magistri Alani Regulae caelestis iuris*, XXXIV, ed. N. M. HÄRING, in *Archives d'histoire doctrinale et littéraire du moyen âge*, 48 (1981), p. 148.

[3] Cf. J. LONGÈRE, art. «Pierre de Poitiers, chancelier», in *Dictionnaire de Spiritualité*, XII/2, Paris, 1986, col. 1639-1648 (1640).

[4] ALAIN DE LILLE, *Règles de théologie suivi de Sermon sur la sphère intelligible*, introduction, traduction et notes par F. HUDRY (coll. Sagesses chrétiennes), Paris, 1995, p. 7-47.

[5] Ed. M. A. HARRIS, «Alan of Tewkesbury and His Letters», in *Studia Monastica*, 18 (1976), 2 fasc., p. 77-108 et 299-351 (319).

abuti presumptione, maxime cum ordo monasticus et etatis decursus suggerat michi potius ad mores converti et in hiis quod superest temporis consummare.

Ta fraternité a donc pensé vouer, s'il en avait le temps, l'esprit d'un ami à une plume studieuse pour qu'à mon tour j'expose ce que les saints Pères exposent au sens mystique, les proportions des nombres, puisqu'il me suffit de m'attacher aux pas de mes prédécesseurs, pour ne pas être convaincu, au cas où je dévierais de leur chemin, de présomption par une téméraire audace, surtout que l'ordre monastique et le cours de l'âge me suggèrent plutôt de me tourner vers la morale et d'y consacrer le temps qui me reste.

Ce projet peut convenir aux *Regulae theologiae*: elles traitent en effet d'abord des nombres au sens mystique, c'est-à-dire de l'application à la Trinité de 1, 2, 3 en trois fois un, tandis qu'une grande place est accordée dans la seconde partie de l'ouvrage à la théologie morale. Cela suggère comme date de composition 1192-1194, puisque le manuscrit Troyes 789 indique que maître Alain a exposé ses *Règles* à Paris, et que l'on sait qu'il y enseigna en 1194[6]. Si l'on place les *Regulae theologiae* à cette date, elles se situent trente à quarante ans après la *Summa Quoniam homines* et également après l'*Ars fidei catholicae* de Nicolas d'Amiens, écrit entre 1187 et 1191.

II. Question de méthodologie

Deux éléments sont à considérer concernant la méthode de l'ouvrage: d'une part, le cadre général de la discussion théologique à la fin du XIIe siècle; d'autre part, la méthode propre aux *Regulae* d'Alain de Lille.

II. 1 Apparition de la *disputatio*

L'enseignement s'est emparé peu à peu de la technique de la *disputatio*, qui était probablement une pratique scolaire d'Alexandrie[7] et qui remporte à la fin du siècle un vif succès par sa ressemblance avec le

[6] D'après la chronique d'OTTON DE SAINT-BLAISE, *Monumenta Germaniae Historica*, *SS*, 20, 326; cf. ALAIN DE LILLE, *Règles de théologie*, *op. cit.*, p. 42-43, 64, 67-68.

[7] Cf. F. HUDRY, «L'hebdomade et les règles. Survivances du débat scolaire alexandrin», in *Documenti e studi sulla tradizione filosofica medievale*, 8 (1997), p. 319-337.

combat chevaleresque. Alexandre Nequam (1157-1217) en est un témoin; il s'exprime en ces termes:

> Le bouclier de la solution que ne peut percer le javelot de l'enthymème, c'est l'épée du syllogisme nécessaire qui souvent le met en pièces ou le brise[8].

Mais cette méthode paraît dangereuse, parce qu'à trop disputer on parle hâtivement, et surtout, si l'on s'attaque à des sujets théologiques, on risque d'ébranler la foi des esprits fragiles, en appliquant brutalement et sans discernement les principes d'autres sciences, logique ou métaphysique. Alain de Tewkesbury écrit à son correspondant dit 'Nequam', sans doute le même Alexandre Nequam:

> Aussi, à ce que l'on croit, il ne t'échappe pas à toi non plus que certains des tiens sont ébranlés dans leur conscience, et il importe vraiment à ta réputation qu'elle guérisse de ce genre de suspicion, de peur que par hasard ce que tu as développé dans la dispute aux plus forts pour leur doctrine ne précipite à leur ruine ceux qui sont encore tendres et les faibles[9].

Par les problèmes évoqués dans les *Règles de théologie*, on voit clairement le danger: il y a des problèmes comme le fait que l'ânesse de Balaam parle (Num. 22, 28-30), qui met en cause le possible naturel: l'ânesse a-t-elle vraiment parlé (r. 59)? Ou l'avertissement du Christ à Pierre (Matth. 26, 34), qui amorce le problème des futurs contingents: le reniement de Pierre était-il ainsi inéluctable (r. 66)? Ou bien encore la résurrection de Lazare (Joh. 11, 33-44): que devenait-il jusqu'à sa seconde mort (r. 67)? D'autres problèmes troublent plus gravement la foi: ainsi, dans les règles 100-102, comment le Christ a-

---

[8] ALEXANDRE NEQUAM, *Speculum speculationum*, prol. 13, ed. R. M. THOMSON (Auctores britannici Medii Aevi 11), Oxford, 1988, p. 6; R. W. HUNT, *The Schools and the Cloister. The Life and Writings of Alexander Nequam (1157-1217)*, edited and revised by M. GIBSON, Oxford, 1984, p. 9: «Clipeum solutionis quem perforare nequit iaculum entimematis, comminuit frequenter aut confringit ensis sillogistice necessitatis».

[9] Ed. M. A. HARRIS, *Alan of Tewkesbury and His Letters*, *op. cit.*, p. 321, lettre 31: «Unde, sicut creditur, nec te ipsum latet quorumdam etiam tuorum moveri conscientias, quas ab huiusmodi sanari suspicione tue prorsus expedit opinioni, ne quod forte fortioribus in disputando evolveris ad doctrinam, teneros adhuc et infirmos subruat ad ruinam».

t-il assumé la nature humaine? Est-il en tant qu'homme une personne, alors qu'il en est déjà une en tant que Dieu, ou bien est-il juste un *aliquid*, un existant (r. 34)? C'est le problème évoqué plus haut, qui avait été soulevé par Pierre Lombard. Il venait de la distinction de Boèce entre *esse*, le principe, et *esse aliquid*, la subsistance dans le principe. Il est évident qu'en théologie, étant donné la nature exceptionnelle du Christ, à la fois Dieu et homme, les vues habituelles de notre intellect sont bouleversées.

Il est apparu d'autre part dans la seconde moitié du siècle, semble-t-il, que, pour soutenir la *disputatio*, chaque science et chaque faculté d'enseignement avait besoin de règles d'évidence, ne demandant pas à être prouvées, ce qui permettait à la discussion d'avancer. On le voyait déjà dans le *De hebdomadibus* de Boèce, mais aussi dans le *Thesaurus philosophorum* d'un professeur d'Alexandrie nommé Aganafat, qui prétend assurer à tout coup la victoire de *l'opponens* sur le *respondens*[10], ou bien dans le *Liber de naturis superiorum et inferiorum*, que l'anglais Daniel de Morley écrit à Tolède entre 1175 et 1187/1200, qui rappelle cette exigence en ces termes:

> Chaque faculté a ses maximes et certaines conventions, comme 'le point est ce qui n'a pas de parties' ou 'la ligne est une longueur sans largeur' etc. qu'il n'y a pas à prouver, puisqu'on n'exige pas plus la raison d'un principe que la preuve d'une règle[11].

La *disputatio* s'accompagne donc de règles. Alors que la *Somme Quoniam homines* évoque les diverses opinions sur une question posée, les *Règles de théologie* donnent d'emblée la solution et ne mentionnent que rarement les avis divergents.

II. 2 Le *Liber de causis* et les *Règles de théologie*

Cette même époque est marquée par l'arrivée en Espagne du *Liber de causis*. Ce texte représente la réponse des musulmans au problème

---

[10] Ed. L. M. DE RIJK, *Die mittelalterlichen Traktate De modo opponendi et respondendi* (BGPhMA, N.F. 17), Münster, 1980, p. 106-158.

[11] DANIEL DE MORLEY, *Liber de naturis superiorum et inferiorum*, I, 7, 72, ed. G. MAURACH, in *Mittellateinisches Jahrbuch*, 14 (1979), p. 225; cf. F. HUDRY, «L'hebdomade et les règles», *op. cit.*, p. 321-324: «Unaqueque facultas suas habet maximas et fictiones quasdam, ut 'punctus est cui pars non est' et 'linea est longitudo sine latitudine' et huiusmodi, que non oportet probare, quia non est exigenda ratio principii quemadmodum nec regule probatio».

qui se pose depuis la fin de l'Antiquité du transfert des notions de philosophie naturelle à la théologie.

Le *Livre des causes* (IXe s.) offre une présentation dialectique des thèmes philosophiques convenant à la théologie. En vertu du syncrétisme néoplatonicien entre Platon et Aristote, les musulmans ne retiennent que le thème de la causalité aristotélicienne. La notion de cause est bien plus aisée à comprendre et à transposer du domaine naturel à celui de la théologie que celle d'un, d'être ou de substance. Les thèmes de la création, de la Cause première unique s'admettent ainsi plus facilement. Pour exposer son idée, l'auteur du *Livre des causes* s'appuie sur les *Eléments de théologie* de Proclus, leur empruntant les passages qui conviennent à son projet.

L'arrivée en Espagne de ce texte dans la seconde moitié du XIIe siècle pose donc le problème en termes nouveaux. Boèce, qui était et qui reste un modèle pour l'adaptation des acquis philosophiques au donné de la foi, n'est plus le seul recours méthodologique. Le *Livre des causes* – auquel il faut ajouter le *Livre des XXIV philosophes* qui apparaît vers le même temps – utilise un procédé démonstratif de lemmes argumentés qui s'ajoutent progressivement les uns aux autres, et non pas le système repris par Boèce des mathématiques, posant axiomes et définitions *a priori*, après quoi l'exposé de la pensée se fait d'une traite. Le système de Boèce est intellectuellement plus difficile à manier que ce système nouveau où il suffit de suivre le texte pas à pas[12].

La clarté didactique de ce procédé explicatif a sans doute séduit Alain de Lille, qui l'applique à la nature trinitaire de Dieu – question évidemment absente du *Livre des causes* – et l'étend à la théologie morale et à l'économie du salut, qu'il met en règles précises, souvent mnémotechniques, pour assurer une formation solide aux auditeurs et aux lecteurs. Les règles 1-67 traitent donc de Dieu, Un et Trine; de la règle 68 à la règle 99, c'est la théologie morale; les règles 100-115

---

[12] Cf. CH. H. LOHR, «The Pseudo-Aristotelian *Liber de causis* and Latin Theories of Science in the Twelfth and Thirteenth Centuries», in J. KRAYE, W. F. RYAN, C. B. SCHMITT (eds.), *Pseudo-Aristotle in the Middle Ages*, Londres, 1986, p. 53-62; M. DREYER, *Nikolaus von Amiens. Ars fidei catholicae* (BGPhThMA, N.F. 37), Münster, 1993, p. 30-33.

traitent des modalités de l'Incarnation du Christ et des sacrements qui la prolongent; enfin, les règles 116-134 reprennent la *Somme de Zwettl* de Pierre de Poitiers et sont amplifiées par Alain. On remarquera qu'il ne s'agit pas du plan habituel des Sentences ou des Sommes (Dieu, création, Rédemption, fins dernières). Les *Règles* sont un ouvrage avant tout destiné à préciser les notions des vérités théologiques essentielles: nature de Dieu, liberté de l'homme, salut obtenu par le Christ, et à en assurer la juste expression.

Sa grande originalité est donc qu'il ne pose pas, comme Boèce, un préalable de règles ontologiques qui trouvent ensuite leur application en théologie, mais qu'il met d'office toute la théologie sous forme de règles argumentées. Alain de Lille se réfère aux deux méthodes en présence pour intégrer les notions philosophiques dans la théologie; il se réclame dans son prologue des règles de Boèce et en particulier de la première: 'Communis animi conceptio est enuntiatio quam quisque intelligens probat auditam', 'Une pensée générale est une proposition que tout homme sensé approuve aussitôt entendue', mais il suit le procédé des propositions expliquées du *Livre des causes*[13]. Il expose longuement en effet, à travers les mots de Gilbert de Poitiers, l'idée de Boèce que les sciences ont chacune leurs règles, c'est-à-dire des vérités qui sont dès l'abord évidentes, soit naturellement soit en raison des connaissances antérieures. Mais Boèce, en posant en tête du *De hebdomadibus* neuf règles ontologiques, n'indique aucune dépendance, aucun enchaînement entre ces règles; il dit seulement:

> Les règles que nous venons de poser sont donc suffisantes: chacune sera adaptée à son argumentation par celui qui démêle avec intelligence un problème[14].

---

[13] CH. BURNETT, «Scientific Speculations», in P. DRONKE (ed.), *A History of Twelfth-Century Western Philosophy*, Cambridge, 1988, p. 151-176 (165-166); A. NIEDERBERGER, «Zwischen *De hebdomadibus* und *Liber de causis* – Einige Bemerkungen zu Form und Argumentation der *Regulae theologiae* des Alanus ab Insulis», in *Convenit Selecta – 5. Boethius and the Middle Ages*, herausgegeben vom Forschungsprojekt Die Umbrüche in der Wissenskultur des 12. und 13. Jahrhunderts. Johann Wolfgang Goethe-Universität Frankfurt am Main – 2000, p. 47-52.

[14] BOÈCE, *Quomodo substantiae in eo quod sint bonae sint, cum non sint substantialia* (ou *De hebdomadibus*), ed. H. F. STEWART, E. K. RAND, S. J. TESTER Londres/Cambridge (Mass.), 1918, p. 42, 53-55: «Sufficiunt igitur quae praemisimus; a prudente vero rationis interprete suis unumquodque aptabitur argumentis»; trad. fr. H. MERLE, *Boèce. Courts traités de théologie. Opuscula sacra* (coll. Sagesses chrétiennes), Paris, 1991, p. 105.

Le *Livre des causes* suit une démarche toute différente. Il expose une succession de propositions, en indiquant régulièrement la justesse des explications données à chaque proposition par rapport à ce qui a été dit précédemment[15]. Le *Livre des XXIV philosophes* de son côté donne généralement des explications très courtes de chaque sentence, mais il montre par quelques formules que telle définition dérive d'une précédente[16]. Il y a dans ces deux ouvrages une intention logique très forte.

De même, Alain de Lille prend soin, dans ses vingt-quatre premières règles, de préciser à chaque fois que la nouvelle règle est issue d'une règle antérieure.[17] Le procédé est ensuite suffisamment établi pour qu'il n'y ait plus besoin de le préciser.

Les médiévaux ont ressenti les *Regulae theologicae* comme un *Livre des causes* catholique: le texte n'ayant pas de titre officiel, il s'est trouvé même appelé *Liber de essentia bonitatis*,[18] du titre arabe du *Livre des causes.* Thomas d'York le cite dans son *Sapientiale* de 1256 comme des *Propositiones ecclesiastice*[19].

On peut se demander pourquoi cette filiation entre le *Liber de causis* et les *Regulae* n'est pas revendiquée par son auteur, au moins en passant, puisqu'Alain cite le *Livre des causes* sous le titre *Aphorismi de essentia bonitatis* dans son *Contra haereticos.* La réponse est simple, et elle est donnée à nouveau par Alexandre Nequam citant la proposition 2 de l'ouvrage d'origine arabe:

> Or certains, se glorifiant d'une vaine philosophie, rapportent qu'Aristote a dit 'Tout être supérieur ou bien est supérieur à l'éternité et avant elle, ou

---

[15] Par ex. prop. 3, 8, 14, 17, 22, 24-26, 28-32: «Iam ergo manifestum (ostensum) est (constat) quod»; prop. 6, 7, 12, 13: «sicut (secundum quod) ostendimus».

[16] Ainsi la sentence X 'patet per quartam et septimam', la XVIII 'sequitur ex secunda', et la XXIII 'cognoscitur per vicesimam primam', *Liber viginti quattuor philosophorum*, ed. F. HUDRY (CCCM 143A, Hermes latinus III/1), Turnhout, 1997.

[17] Cf. J. JOLIVET, «Remarques sur les *Regulae theologicae* d'Alain de Lille», in *Alain de Lille, Gautier de Châtillon, Jakemart Giélée et leur temps*, textes réunis par H. ROUSSEL et F. SUARD, Actes du Colloque de Lille, octobre 1978, p. 83-99 (93-94).

[18] Cf. *Magistri Alani Regulae*, VII, ed. N. M. HÄRING, *op. cit.*, p. 97-226 (117). Ce sont les manuscrits de Dublin et de Madrid.

[19] Par exemple, THOMAS EBORACENSIS, *Sapientiale*, I, 18, in *Liber viginti quattuor philosophorum*, *op. cit.*, p. 88, 27.

> bien est avec l'éternité, ou bien est après l'éternité et au-dessus du temps' [= *Livre des causes*, prop. 2].

suivie du début du commentaire; et il ajoute:

> Mais ces sortes de paroles sont, je crois, peu recommandables, car elles ont un goût presque hérétique[20].

Le *Livre des causes* est donc perçu à l'extrême fin du siècle comme un texte hétérodoxe. Destiné aux musulmans, non aux chrétiens, il implique une théologie qui n'est pas celle du Christ. C'est une 'vaine philosophie' (*inanis philosophia*), dont il est impossible à des auteurs chrétiens de se réclamer ouvertement.

Il y a donc un risque dans l'entreprise projetée, risque qui explique vraisemblablement pourquoi Alain se réfère si fortement à Boèce dans le prologue des *Regulae*, comme pour se prémunir contre toute attaque, alors que lui-même n'applique pas sa méthode. C'est sans doute pourquoi l'ouvrage n'a ni titre officiel ni dédicace à un personnage connu, et a parfois circulé sous l'anonymat.

III. Transfert des notions naturelles à la théologie

Le but clairement annoncé des *Regulae* est donc d'établir les règles de la théologie, en la situant par rapport aux autres sciences, c'est-à-dire qu'il n'est pas question d'exposer la Révélation, ni les dogmes catholiques. Ils vont de soi. Contrairement à l'*Ars fidei catholicae* de Nicolas d'Amiens, il ne s'agit pas de convertir les incroyants[21], ni non plus, comme dans le *Contra haereticos*, de réfuter rationnellement les hérétiques à l'aide des Pères de l'Eglise, mais de présenter les justifications rationnelles des dogmes, et surtout les aménagements du raisonnement et du langage nécessaires pour en parler avec justesse. La théologie catholique est présentée comme un objet d'enseignement, sous l'aspect intellectuel qui s'était développé au cours du XIIe siècle,

---

[20] ALEXANDRE NEQUAM, *op. cit.*, II, 35, 1, p. 164; R. W. HUNT, *op. cit.*, p. 70: «Quidam autem inani philosophia gloriantes dicunt Aristotelem dixisse 'Omne esse superius aut est superius eternitate et ante ipsam, aut est cum eternitate, aut post eternitatem et supra tempus'[...]. Huiusmodi autem verba reor esse minus digna commendatione quia fere heresim sapiunt».

[21] Cf. le prologue dans M. DREYER, *op. cit.*

chez Abélard, Gilbert de Poitiers, etc. grâce notamment à l'étude de Boèce.

Alain de Lille aborde donc successivement:

a) *l'un*. Chaque réalité est une (r. 1). L'un se multiplie sur lui-même et reste un (r. 3). L'un est simple (r. 5). Les règles 2 et 4 en font l'application à la théologie. Les propriétés de l'un s'appliquent à Dieu (r. 6-9). Conséquences dans le vocabulaire (r. 10-11). Le Dieu du christianisme est Trinité. Pour les chrétiens, la cause première ne suffit donc pas à rendre compte de la divinité. Il y faut aussi une spéculation sur le nombre 1. On peut mettre en parallèle les premières propositions du *Liber de causis* avec les premières règles d'Alain: 'Monas est qua quelibet res est una' (r. 1) en parallèle avec la hiérarchie des causes 'Omnis causa primaria plus est influens super causatum suum quam causa universalis secunda' (prop. 1). Dès l'entrée, le thème fondateur de chaque ouvrage est posé. Puis 'Omne esse superius aut est superius aeternitate et ante ipsam, aut est cum aeternitate, aut est post aeternitatem et supra tempus' (prop. 2) est à rapprocher de 'In supercelesti est unitas, in celesti alteritas, in subcelesti pluralitas' (r. 2).

Alain aurait pu s'appuyer entièrement sur les Pères de l'Eglise, en particulier sur saint Augustin, mais c'était manquer le but du travail, à savoir écrire sur la théologie chrétienne un ouvrage de compréhension rationnelle à l'aide de raisonnements et d'autorités rationnelles. Euclide fournit donc la définition de l'unité (r. 1), mais alors que la traduction d'Adélard de Bath des *Eléments* utilise le mot *unitas*, Alain emploie celui de *monas*, plus proche de la source grecque. Le mot 'monade' lui permet d'amener ensuite la formule issue du *Livre des XXIV philosophes:* 'La monade engendre la monade et renvoie sur elle-même son propre éclat' (r. 3), bien adaptable à la Trinité. L'unité, telle qu'elle est comprise par Euclide, est indivisible; elle est donc sans début ni fin, d'où analogue à une sphère, où l'on retrouve une seconde fois le *Livre des XXIV philosophes* (r. 7).

Mais dans le cas de la règle 7 'Deus est spera intelligibilis cuius centrum ubique, circumferentia nusquam', on observe un important détournement du *Livre des XXIV philosophes*. La sentence II de ce texte dit:

> Deus est sphera infinita cuius centrum est ubique, circumferentia vero nusquam,

et le commentaire ajoute:

> Hec diffinitio data est per modum ymaginandi ut centrum ipsam primam causam in vita sua. – Cette définition a été donnée selon le mode de se représenter comme centre la cause première elle-même dans sa vie propre[22].

Ici, Dieu est à la fois le centre et la circonférence, d'après une image classique du néoplatonisme citée par Damascius et destinée à figurer l'Un comme centre, et le *Noûs* ou second principe comme dernier cercle de la totalité de ce qui est, lors de sa conversion vers l'Un[23].

Alain de Lille d'une part remplace la sphère infinie par la sphère intelligible, mais surtout il met la création au centre de la sphère et Dieu à la périphérie, en tant que Providence. La sphère divine est ainsi brisée et n'est plus l'image de Dieu et de la génération à l'intérieur du principe, à la fois Un et *Noûs* chez les néoplatoniciens ou Dieu-Père et Dieu-Fils dans le *Liber XXIV philosophorum*. Elle devient une assez banale métaphore exprimant la relation du Créateur à la création et rapportant la sphère à l'éternité divine. Alain s'en explique:

> Lorsque nous disons que Dieu est sphère, il ne faut pas nous laisser entraîner à des images, au point de voir en lui une sphère à la ressemblance des corps[24].

---

22 *Le Livre des XXIV philosophes*, traduit du latin, édité et annoté par F. HUDRY, Grenoble, 1989, p. 93-95, qui publie le texte du manuscrit le plus ancien, Laon 412.

23 DAMASCIUS, *Dubitationes et solutiones*, 117, ed. C. E. RUELLE, Paris, 1889, t. I, p. 301, 29-302, 1; trad. P. HADOT, *Marius Victorinus. Traités théologiques sur la Trinité* (Sources chrétiennes 68), t. II, Paris, 1960, p. 878: «que l'Un d'une part est le centre de toutes choses, que d'autre part l'éloignement du centre – le second principe – est écoulement du centre, que le contour et la dernière circonférence après l'éloignement est une sorte de conversion vers le centre – l'esprit paternel – et le tout un cercle unique, ou il est plus exact de le dire une sphère». CF. DAMASCIUS, *De la procession*, ed. L. G. WESTERINK et J. COMBÈS, in id., *Traités des premiers principes*, Paris, 1991, p. 135, 23 – 136, 4.

24 *Magistri Alani Regulae*, VII, ed. N. M. HÄRING, *op. cit.*, p. 131: «Cum enim Deum speram esse dicimus, non oportet nos deduci ad ymagines, ut imaginemur eum esse speram ad similitudinem corporum». Trad. F. HUDRY, ALAIN DE LILLE, *Règles de théologie*, *op. cit.*, p. 110.

Et plus loin:

> le centre désigne la créature [...] et l'immensité de Dieu, c'est la circonférence: organisant tout, il fait en quelque sorte le tour de tout et embrasse tout en son immensité[25].

b) *l'être simple*. Son unité (r. 11). L'être simple n'est pas substrat (r. 12). Il est forme sans substrat et substance sans prédicat formel (r. 13). Les propriétés de l'être simple s'appliquent à Dieu (r. 14-16). Conséquences dans l'expression (r. 17-20).

L'être simple est le caractère essentiel de la divinité philosophique. Alain utilise ici Boèce et ses divers commentateurs pour forger ses propositions, mais le commentaire va en s'amenuisant. Il est clair qu'ici Alain n'est pas à l'aise, car ce n'est pas un théoricien pur. Il n'aime pas les concepts pour eux-mêmes et la métaphysique pure n'est pas son fait. Les concepts font aussitôt naître ou retrouver en lui des images fortes, comme celle de la monade lumineuse pour «animer» l'unité. Pour l'être simple, qui ne peut avoir de forme, l'image est impossible, et on a vu comment Alain détourne celle de la sphère infinie. Il passe donc rapidement à l'étude des conséquences de cette simplicité de l'être dans le langage théologique (r. 21-44).

c) *la cause*. Elle apparaît à propos des prépositions (r. 45-47) sous forme de distinction entre cause formelle et cause efficiente, ce qui relève d'Aristote.

Mais, dans l'étude de l'appropriation des noms aux personnes de la Trinité, à propos de la toute-puissance du Père, c'est la différence entre cause supérieure et cause inférieure, cause première et cause seconde, qui apparaît dans les règles 57-60: elle apparaît ainsi dans la règle 59 à propos de l'ânesse de Balaam, alors que cette distinction est absente sur le même sujet dans la *Somme Quoniam homines*[26]. Cette

---

[25] *Magistri Alani Regulae*, VII, ed. N. M. HÄRING, *op. cit.*, p. 132: «Centrum dicitur creatura [...] Immensitas vero Dei circumferentia dicitur quia omnia disponendo quodam modo omnibus circumfertur et omnia infra suam inmensitatem conplectitur». Trad. F. HUDRY, ALAIN DE LILLE, *Règles de théologie*, *op. cit.*, p. 110-111.

[26] ALAIN DE LILLE, *Summa Quoniam homines*, *op. cit.*, p. 230.

distinction vient directement de la prop. 1 du *Livre des causes*, que nous venons de rappeler. Elle est reprise dans les r. 66-67 sur la nécessité respective de ces deux causes, la supérieure et l'inférieure. On peut voir le progrès de la réflexion apporté par le *Livre des causes* en comparant avec les règles 116-134, reprises de la *Somme de Zwettl* de Pierre de Poitiers (†1205), qui traitent des causes de façon beaucoup plus brève et plus élémentaire. En ajoutant à la fin de son ouvrage ce texte d'un maître bien connu, Alain veut sans doute à la fois masquer la nouveauté de son propos en se rattachant à une tradition doctorale établie, et en marquer nettement le caractère didactique et l'objectif pédagogique.

IV. La théologie en danger à la fin du XIIe siècle

La reprise de la *Somme de Zwettl* de Pierre de Poitiers par Alain de Lille nous permet en effet de bien percevoir son point de vue. Il reprend de l'ouvrage antérieur – et à ce propos on voit que le système des règles était déjà pratiqué par le porrétain Pierre de Poitiers – les règles de philosophie naturelle, de la Nature, et il en fait une application systématique à la théologie, à «l'ordre divin». Ces applications reprennent le plus souvent ce qu'Alain a déjà dit précédemment, mais il insiste pour déterminer les règles qui sont communes aux deux facultés, celle des Arts et celle de Théologie, et les règles qui ne sont pas transposables de l'une à l'autre.

On voit par là que le problème qui se pose en cette fin de siècle, est bien l'application hâtive et inconsidérée aux textes sacrés de notions tant logiques que philosophiques développées à la faculté des Arts. La Bible est toujours au centre des études, au centre de la prédication, mais la *curiositas* a saisi les esprits et les pousse à lire les textes sacrés selon une grille philosophique profane. Il n'y a pas encore à cette époque de règlements pour contrôler les études, et l'enseignement est anarchique[27]: les maîtres sont trop jeunes et d'un niveau insuffisant; ils s'affrontent en disputes houleuses, flattant les penchants désordonnés de leurs élèves; les jeunes clercs recherchent les études lucratives...

---

[27] J. VERGER, «Des écoles à l'université: la mutation institutionnelle», in R.-H. BAUTIER (ed.), *La France de Philippe Auguste. Le temps des mutations*, Actes du colloque international organisé par le C.N.R.S. (Paris, 29 septembre-4 octobre 1980), Paris, CNRS, 1982, p. 817-846 (837-838).

Ainsi, la règle 70 distingue si le professeur d'Ecriture Sainte enseigne pour Dieu ou pour son salaire.

V. Conclusion: l'Université

Il apparaît donc qu'à l'extrême fin du XIIe siècle, le développement de la métaphysique dans la théologie, qui a été la grande conquête intellectuelle du siècle, depuis Abélard, Guillaume de Conches, Gilbert de Poitiers jusqu'à Alain de Lille, a trouvé ses limites, elles-mêmes posées par les *Règles de théologie*. Et c'est là sans doute la grande différence entre la *Summa Quoniam homines* et les *Regulae*.

L'autorité religieuse, si souvent alertée au cours du siècle (que l'on pense à saint Bernard contre Gilbert de Poitiers!), mais à un niveau local, va cette fois réagir vigoureusement sur le fond, en codifiant et contrôlant les études, l'enseignement, les publications dans un vaste système que l'on appellera l'Université, indépendante des autorités civiles et soumise à la Papauté.

Comme l'a souligné Luca Bianchi dans un article novateur sur la censure à Paris au XIIIe siècle:

> Le lien entre le refus des nouveautés théoriques, la fidélité au lexique des prédécesseurs et la dénonciation des mélanges entre logique, philosophie naturelle et théologie est fréquent dans la première moitié du XIIIe siècle, et mériterait d'être approfondi[28].

Or, tous ces éléments sont déjà présents dans les *Regulae theologicae* d'Alain de Lille; la règle 34 les résume bien:

> Toute expression théologique doit être catholique, générale, usuelle, sans désaccord avec l'intellect et en accord avec l'objet du discours[29].

et la distinction entre Nature et théologie fait l'objet des règles 116-134.

---

[28] L. BIANCHI, «Censure, liberté et progrès intellectuel à l'Université de Paris au XIIIe siècle», in *Archives d'histoire doctrinale et littéraire du moyen âge*, 63 (1996), p. 45-93 (67).

[29] *Magistri Alani Regulae*, VII, ed. N. M. HÄRING, *op. cit.*, p. 148: «Omnis sermo theologicus debet esse katholicus, generalis, usitatus, ab intellectu non dissonus, rei de qua loquimur consonus».

L'ouvrage d'Alain de Lille est destiné à la fois à donner un instrument fiable à ceux qui veulent introduire la métaphysique et la logique dans l'enseignement de la théologie et à tirer le signal d'alarme des risques grandissants pour la foi de ce genre de transfert. Il remplit donc bien sa mission, donnée dans le prologue, de poser des 'bornes assurées' (*certi termini*) à la théologie, qui est certes une science, mais si particulière qu'elle exige un traitement tout à fait spécifique.

Cependant, la forme adoptée au siècle suivant pour l'enseignement théologique sera la 'somme', où questions et objections seront exprimées et discutées par écrit selon un plan rigoureux, et non plus livrées à la fantaisie des orateurs, avec des règles comme seuls garde-fous. En raison même de l'évolution générale des conditions d'enseignement de la théologie, le texte d'Alain de Lille n'aura donc pas de postérité formelle[30]. Il demeure néanmoins comme la tentative médiévale la plus désintéressée de concilier la raison et la foi.

[30] Sur les réactions aux *Règles de théologie* et leur postérité, cf. ALAIN DE LILLE, *Règles de théologie*, *op. cit.*, p. 68-78.

INDEX OF ANCIENT AND MEDIEVAL NAMES